인물로 보는

경상우도 유학의 흐름

인물로 보는 경상우도 유학의 흐름

© 조덕제, 2024

1판 1쇄 인쇄__2024년 12월 20일
1판 1쇄 발행__2024년 12월 30일

지은이__조덕제
펴낸이__홍정표
펴낸곳__글로벌콘텐츠
       등록__제25100-2008-000024호

공급처__(주)글로벌콘텐츠출판그룹
       대표_홍정표 이사_김미미 편집_백찬미 권군오 홍명지 강민욱 남혜인 기획·마케팅_이종훈 홍민지
       주소__서울특별시 강동구 풍성로 87-6
       전화__02) 488-3280 팩스__02) 488-3281
       홈페이지__http://www.gcbook.co.kr
       이메일__edit@gcbook.co.kr

값 20,000원
ISBN 979-11-5852-511-8 93150

인물로 보는
경상우도 유학의 흐름

조덕제 지음

글로벌콘텐츠

서문

 2024년 갑진년을 마무리하면서 필자는 부끄럽지만 나름대로 그동
안 관심을 가지고 제법 긴 시간 동안 정성을 쏟았던 한 가지 일의 결실
을 이렇게 만들게 되어 감회가 깊다.

 돌이켜보면, 필자가 태어난 곳은 아니지만 제2의 고향이라 할 수
있는 창원에서 오랜 세월 거주하면서 몇 가지 일에 관심을 가지고 지
역과 소통해왔지만, 직장을 은퇴하고 나이가 들어가면서 창원향교를
중심으로 유림의 여러 선배와 인연을 맺은 지도 거의 20년이 되어간
다. 그 배경에는 20년 전에 직장을 은퇴하고 경상국립대학교 대학원
철학과에 동양철학전공으로 박사과정에 입학한 것이 있었다. 어려운
경서들과 긴 줄다리기 끝에 박사과정을 수료했다.

 그러나 마음 한곳이 텅 비어 있는 느낌을 지울 수 없었다. 그것은 수
많은 학자들이 연구한 기존의 실적이 너무 방대하기도 하였지만, 한
편으로 필자가 보기엔 뚜렷한 특징들을 찾아내기가 어려워 모두가 그
게 그것인 것처럼 보였기 때문이다. 이천 년 전의 글귀를 두고 아직도
이견이 있는 것을 보고 의문이 들 때도 있었던 것이다. 하지만, 얼마
지나지 않아 또 이러한 생각이 철부지 같은 것이었음을 깨닫게 되었
다. 이 땅의 유구한 역사는 우리로 하여금 무엇으로 살아갈 것인가에

대해서 늘 질문을 던진다. 그리고 시대마다 역사적 사명으로써 살아간 그들이 있었다. 선현들의 치열한 삶을 정밀히 들여다보지 못한 후학의 철없는 객기였던 것이다.

그래서 다시금 마음을 다잡아 보고자 생각을 고쳐먹었다. 그러면서 어디에서부터 시작할까를 고민하게 되었다. 그 결과 내가 몸담은 경남의 유학자들과 그들의 삶을 들여다보는 것에서 시작하는 것이 쉽고도 의미 있는 방법이라고 생각하였다. 필자는 우선 유학의 종지가 되는 수기(修己)의 관점에서 경남 유학자들을 살피기로 하였다. 이 과정은 스스로 자신의 몸을 닦는다는 것이 어떤 것인가에 대해서 깊이 있는 반성을 하게 되는 계기가 되었다.

그러면서 경남 유학의 중심인물은 누구일까라는 생각을 하게 되었고, 그 답은 너무나 자명하게도 남명 조식이라는 결론에 이르렀다. 그래서 이 책은 경남 유학의 흐름에 남명학을 중심축으로 두고서 서술하였다. 조선 시대 영남 유학은 경상우도와 경상좌도로 나누어지니, 우도는 남명 조식, 좌도는 퇴계 이황을 각각 영수로 하는 학맥이다. 이른바 남명학과 퇴계학이 그것이다. 하지만 역사의 승강부침은 두 학맥의 명암을 분명히 하였고, 현재까지도 해소되지 않은 역사적 오해와 소외가 남아 있다. 남명학의 분명한 점은 출처의리를 분명히 한 것이다. 단순히 개인적 수기의 차원을 넘어서 사회적 실천으로 과감히 나아가 나라를 위기로부터 구한 역사를 가진 학맥인 것이다. 필자가 보기에 이것은 현재의 유학자들도 본받아야 할 미래 가치가 틀림없어 보인다.

필자의 능력은 미약하다. 경남 유학을 전부 소화하는 것은 필자의 역량이 미칠 바가 아니다. 그럼에도 불구하고 경남 유학의 전반적 흐름과 그 흐름 속에서 드러나는 유학자들의 발자취를 수집하여 한 곳에 묶어 두는 것은 의미 있는 일이라고 생각하였다. 이 책은 경남 유학과 관련된 내용으로 그동안 조금씩 모아온 자료를 중심으로 편술한 것이다. 하나의 단초를 만들었다는 기쁨과 동시에 자료가 충실하지 못한 것에 부끄러운 마음이 앞선다. 경남 유학의 전반적 흐름을 확인하고 그에 해당하는 인물들을 시대 순으로 따라 내려가면서 소개하는 정도에 그쳤다. 앞으로의 보완은 소개된 인물들의 보다 생생한 선비 또는 학자의 모습을 담은 삶의 내용을 첨가하고자 한다. 그리하여 이 한 권으로도 경남 유학의 흐름과 인물들의 특색을 한눈에 확인할 수 있도록 보완하는 것이다. 보다 나은 내용으로 이 책이 결실을 볼 것이라는 기대 속에, 지금 서둘러 펴내게 되었음을 넓은 아량으로 이해해 주었으면 한다.

일러두기를 대신하여, 책의 체재에 대해 몇 가지 언급하고자 한다. 먼저 이 책의 수록 인물은 순전히 필자가 자의적으로 선별한 것임을 밝힌다. 수록된 인물 중에는 경상우도의 인물이 아닌 예도 있지만, 그들이 이 지역에 미친 학문적 영향력을 고려하여 포함했다. 다음은 수록한 모든 인물의 배열순서는 생년을 기준으로 하였다. 학덕의 우위나 영향력의 크고 작음도 고려해야 할 대상이지만 여기서는 오직 한 가지의 원칙 즉 태어난 순서에 따라 배열하였다. 그다음은 다소 민망스럽기도 하지만, 학덕으로는 큰 명성을 갖지 못했지만 필자의 조상 중에서 문집을 남기고 가문을 빛낸 인물로 꼽히는 분 몇을 포함했다.

이렇게 한 마음은 독자들께서 이해해주시리라 믿는다.

이제 몇 분들께 감사의 말씀을 드려야겠다. 이 책이 나오기까지 정성으로 도와주신 한국선비문화연구원의 김경수 박사님께 재삼 감사드린다. 김 박사님이 아니었으면 이 책의 탄생은 없었다고 해도 과언이 아니다. 경남 유학 전반에 대한 시야를 넓혀 주고 맥락을 잡아주신 가르침은 필자의 안목을 한 단계 높게 만들어 주었다. 아울러 이 책을 읽어 주실 경남의 여러 선배와 동지 그리고 후진 유림께도 감사와 부끄러움의 말씀을 드리면서 많은 질정을 당부 드린다. 부족한 책의 출판을 흔쾌히 수락해주신 글로벌콘텐츠출판사의 홍정표 대표님과 실무를 총괄해주신 김미미 이사님께도 감사의 뜻을 표한다. 마지막으로 집안일은 모르고 바깥일에만 신경 쓰는 남편을 묵묵히 가정에서 뒷바라지해 준 아내에게도 감사와 사랑의 마음을 전한다.

2024년 12월 20일

창원시 사림동 茶泉房에서
趙 德 濟 삼가 쓰다

차 례

서문 | 4

1부 경상우도 유학의 형성

1) 고운(孤雲) 최치원(崔致遠, 857- ?) | 16
2) 정천익(鄭天益, ?-?)과 삼우당(三憂堂) 문익점(文益漸, 1329-1398) | 21
3) 호정(浩亭) 하륜(河崙, 1347-1416) | 24
4) 교은(郊隱) 정이오(鄭以吾, 1347-1434) | 28
5) 통정(通亭) 강회백(姜淮伯, 1357-1402) | 29
6) 춘정(春亭) 변계량(卞季良, 1369-1430) | 30
7) 임곡(霖谷) 최윤덕(崔潤德, 1376-1445) | 35
8) 경재(敬齋) 하연(河演, 1376-1453) | 39
9) 인재(仁齋) 강희안(姜希顔, 1419-1464) | 40
10) 어계(漁溪) 조려(趙旅, 1420-1489) | 41
11) 사숙재(私淑齋) 강희맹(姜希孟, 1424-1483) | 44

2부 성리학의 수용

12) 점필재(佔畢齋) 김종직(金宗直, 1431-1492) | 60

13) 일두(一蠹) 정여창(鄭汝昌, 1450-1504) | 63

14) 한훤당(寒暄堂) 김굉필(金宏弼, 1454-1504) | 66

15) 탁영(濯纓) 김일손(金馹孫, 1464-1498) | 68

16) 옥봉(玉峰) 조순(趙舜, 1465-1527) | 71

17) 송당(松堂) 박영(朴英, 1471-1540) | 72

18) 학고(鶴皐) 이장곤(李長坤, 1474-1519) | 74

19) 무심옹(無心翁) 성일휴(成日休, 1485-?) | 76

3부 사림파와 관학파를 통합한 남명학

20) 삼족당(三足堂) 김대유(金大有, 1479-1551) | 82

21) 소요당(逍遙堂) 박하담(朴河淡, 1479-1560) | 84

22) 모암(茅菴) 박희삼(朴希參, 1486-1570) | 85

23) 안분당(安分堂) 권규(權逵, 1496-1548) | 86

24) 송계(松溪) 신계성(申季誠, 1499-1562) | 88

25) 갈천(葛川) 임훈(林薰, 1500-1584) | 90

26) 강응두(姜應斗, 1501-1558) | 100

27) 청향당(淸香堂) 이원(李源, 1501-1568) | 102

28) 황강(黃江) 이희안(李希顔, 1504-1559) | 103

29) 칠봉(七峯) 김희삼(金希參, 1507-1560) | 104

30) 옥계(玉溪) 노진(盧禛, 1518-1578) | 105

31) 모촌(茅村) 이정(李瀞, 1541-1613) | 106

4부 남명학파의 형성과 침체

32) 덕계(德溪) 오건(吳健, 1521-1574) | 113

33) 개암 강익(介庵 姜翼, 1523~1567) | 119

34) 약포(藥圃) 정탁(鄭琢, 1526-1605) | 123

35) 탁계(濯溪) 전치원(全致遠, 1527-1596) | 126

36) 원당(源塘) 권문임(權文任, 1528-1580) | 130

37) 수우당(守愚堂) 최영경(崔永慶, 1529-1590) | 131

38) 동곡(桐谷) 이조(李兆, 1530-1580) | 134

39) 영모정(永慕亭) 하진보(河晋寶, 1530-1585) | 138

40) 내암(來菴) 정인홍(鄭仁弘, 1535-1623) | 139

41) 황암(篁嵒) 박제인(朴齊仁, 1536-1618) | 142

42) 대소헌(大笑軒) 조종도(趙宗道, 1537-1597) | 144

43) 각재(覺齋) 하항(河沆, 1538-1590) | 148

44) 양성헌(養性軒) 도희령(都希齡, 1539-1566) | 150

45) 동강(東岡) 김우옹(金宇顒, 1540-1603) | 151

46) 송암(松庵) 김면(金沔, 1541-1593) | 156

47) 모촌(茅村) 이정(李瀞, 1541-1613) | 158

48) 한강(寒岡) 정구(鄭逑, 1543-1620) | 161

49) 송암(松巖) 이로(李魯, 1544-1598) | 170

50) 부사(浮查) 성여신(成汝信, 1546-1632) | 173

51) 망우당(忘憂堂) 곽재우(郭再祐, 1552-1617) | 177

52) 능허(陵虛) 박민(朴敏, 1566-1630) | 187

53) 동계(桐溪) 정온(鄭蘊, 1569-1641) | 188

54) 무민당(无閔堂) 박인(朴絪, 1583-1640) | 193

55) 겸재(謙齋) 하홍도(河弘度, 1593-1666) | 196

56) 태계(台溪) 하진(河溍, 1597-1658) | 199

57) 설창(雪窓) 하철(河澈, 1635-1704) | 200

58) 갈암(葛庵) 이현일(李玄逸, 1627-1704) | 201

59) 서계(西溪) 박태무(朴泰茂, 1677-1726) | 204

60) 어은(漁隱) 박정신(朴挺新, 1705-1769) | 205

61) 성재(性齋) 허전(許傳, 1797-1886) | 205

5부 개화기의 남명사상

62) 정재(定齋) 유치명(柳致明, 1777-1861) | 212
63) 한주(寒州) 이진상(李震相, 1818-1886) | 214
64) 만성(晩醒) 박치복(朴致馥, 1824-1894) | 222
65) 월고(月皐) 조성가(趙性家, 1824-1904) | 222
66) 후산(厚山) 허유(許愈, 1833-1904) | 227
67) 심재(心齋) 조성렴(趙性濂, 1836-1886) | 229
68) 계남(溪南) 최숙민(崔淑民, 1837-1905) | 230
69) 자암(紫巖) 조성원(趙性源, 1838-1891) | 233
70) 물천(勿川) 김진호(金鎭祜, 1845-1908) | 235
71) 자동(紫東) 이정모(李正模, 1846-1875) | 237
72) 교우(膠宇) 윤주하(尹冑夏, 1846-1906) | 238
73) 복암(復庵) 조원순(曺垣淳, 1850-1903) | 239
74) 소눌(小訥) 노상직(盧相稷, 1855-1931) | 240
75) 물와(勿窩) 김상욱(金相頊, 1857-1936) | 242
76) 심재(深齋) 조긍섭(曺兢燮, 1873-1933) | 242
77) 중재(重齋) 김황(金榥, 1896-1978) | 245
78) 추연(秋淵) 권용현(權龍鉉, 1899-1988) | 250

6부 구국의 경상우도 유학

79) 단계(端磎) 김인섭(金麟燮, 1827-1903) | 261
80) 서비(西扉) 최우순(崔宇淳, 1832-1911) | 263
81) 노백헌(老栢軒) 정재규(鄭載圭, 1843-1911) | 263
82) 면우(俛宇) 곽종석(郭鍾錫, 1846-1919) | 268
83) 약헌(約軒) 하용제(河龍濟, 1854-1919) | 274

84) 신암(愼菴) 노응규(盧應奎, 1861-1907) │ 275

85) 진암(眞庵) 이병헌(李炳憲, 1870-1940) │ 277

86) 회봉(晦峰) 하겸진(河謙鎭, 1870-1946) │ 281

참고문헌 │ 282

1부

경상우도
유학의 형성

I. 경상우도 유학의 형성

　유학이 우리나라에 전래된 시초를 정확히 알 수 있는 자료는 없다. 다만 중국과 국경을 접하고 있었던 고구려에 태학이 372년에 설립되었다는 기록을 통하여 그 전래시기를 어림할 수 있을 뿐이다. 경남의 역사에서 보면, 이 시기는 가야시대에 해당한다. 그리고 오늘날 가야시대의 유학에 대한 정보는 찾아볼 수 없다. 가야는 562년에 신라에 최종적으로 병합되면서 역사의 무대에서 사라졌다. 역사학자들이 비정하는 바로는, 물론 시대에 따라 다소 차이는 있지만, 대체로 가야와 신라 및 백제의 국경은 거의 낙동강과 섬진강을 경계선으로 하고 있다. 이곳을 통칭하여 영남의 강우지역이라고 하는데 오늘날의 경상남도 전역과 경상북도의 고령 및 성주를 포함하는 권역이다.

　신라는 가야를 병합하고 약 100년 뒤에는 백제를 멸망시키고 곧이어 고구려까지 통일한다. 당나라와의 연합으로 이룬 삼국통일이라 한반도에서의 지배권은 대동강 이남으로 한정되고 그 이북은 잠시 당나라의 지배하에 있다가 다시 대조영이 건국한 발해에 속하게 되어 우리역사는 남북조시대를 맞이하였다. 신라는 당나라와의 연합을 도모하면서 당의 문물제도를 많이 수입하였는데, 이 시기에 특히 정치 문화 교육 등의 제도에 당의 색채가 많이 반영된 것으로 보인다. 따라서 당과의 교류 중에서도 외교문서는 중요한 역할을 하였으므로 이에 유교적 내용과 형식이 필연적이었을 것임은 의문의 여지가 없다.

이때에 외교문서에 뛰어난 능력을 갖춘 인물인 강수(强首, ?-692)가 크게 활약했다. 강수에 대한 기록을 종합하면 그는 실로 우리역사에서 유학자라고 부를 수 있는 최초의 인물이 아닐까 생각된다. 이 시기의 또 다른 대표적인 유학자로는 설총(薛聰)[1]이 있다. 설총은 중국의 경서를 우리말로 읽는 방법을 만들어 이른바 이두(吏讀)의 창시자로 알려져 있고, 이로 인하여 유학이 크게 보급되었다고 전한다. 『삼국사기』에 '방언으로 9경을 읽고 후생을 훈도하였다'[2]라고 한 구절을 이와 같이 해석한 것으로 보인다. 이두란 경서를 중국식 발음이 아닌 신라식 발음으로 읽는다는 뜻으로, 중국의 장안(長安)을 '경(京)' 즉 서울로 본 것에 대비해서 신라의 서라벌을 '향(鄕)' 즉 '이(吏)'로 보는 관점이다. 그러나 실제로는 설총이 이두의 창시자가 아니라는 사실은 이미 밝혀진 바이다. 설총은 이두의 '집성자'라고 할 수 있다. 이로부터 중국의 경서에 대한 이해가 보다 쉽게 되었고, 그러한 공부 방법은 지금

---

1) 설총의 생몰연대는 분명하지 않다. 경주설씨의 원류가 본래 신라로 귀화한 위구르족이었다는 이야기를 설씨로부터 들은 바 있지만 사실 여부는 확인할 수 없다. 그 집안의 내력은 『삼국사기』에 전하고 있지만, 그의 아버지 원효가 요석공주와의 사이에서 낳은 설총의 생년은 654년에서 660년 사이로 추정될 뿐이다. 그가 남긴 업적이 비추어보면 그의 사망시기가 분명하지 않은 것도 특이하다. 그는 만년에 아버지 원효에 대한 애틋한 정을 가졌던 것으로 나타나는데, 그의 자식 대 이후 집안의 맥이 전하지 않는다.

2) 以方言讀九經 訓導後生.

까지도 이어지고 있는 것이다. 따라서 설총이야말로, 그의 아버지 원효가 불교 교리 이해의 종조인 것과 같이, 우리나라 유학의 宗主라고할 수 있다. 이로부터 신라의 유학은 크게 진흥되었다. 통일신라시대 이후로는 불교를 공부하기 위한 유학생과 더불어 유학을 공부하기 위한 유학생이 당나라로 끊임없이 이어졌다. 그리고 그들 중에는 당나라에서 외국인 유학생들을 대상으로 치루는 과거시험인 빈공과(賓貢科)에 급제하여 벼슬길에 나간 사람들도 있었다.

1) 고운(孤雲) 최치원(崔致遠, 857- ?)

본관은 경주(慶州)이다. 자는 고운(孤雲), 해운(海雲), 해부(海夫)이고, 시호는 문창후(文昌侯)이다. 고운(孤雲) 최치원(崔致遠, 857- ?)은 857년 (헌강왕 1)에 경주에서 태어났다. 12살에 당나라로 유학하여 18세에 빈공과(賓貢科)에 합격하였다. 빈공과는 당(唐)에서 처음 실시하였다. 당은 주변의 많은 종족, 국가들과 관계를 맺으면서 국제적인 사회로 발전했다. 그래서 당시 당나라에는 외국에서 온 사람들이 많았다. 당시 당나라 조정은 이들 외국인을 상대로 빈공과라는 과거를 시행했다. 특히, 통일 신라는 당과 활발한 교류를 하였다. 때문에 많은 학생들이 당으로 유학길에 올랐다. 이들 유학생 중에는 빈공과에 응시하여 당에서 관직 생활을 하는 사람도 있었다. 빈공과에 합격한 사람을 빈공이라 하는데, 신라 출신 빈공은 80여 명에 이르렀다. 신라 출신 빈공은 주로 골품제 사회에서 출세에 한계가 있었던 6두품 출신이 많았다.

대표적인 인물로는 최치원(崔致遠, 857-?), 최승우(崔承祐), 최언위(崔彦撝, 868-944) 등이 있다. 신라 출신 중에는 수석 합격한 사람도 많았다. 최치원은 20세부터 벼슬에 나아가 약 9년간 당나라의 벼슬을 하였다. 그 과정에서 「토황소격문(討黃巢檄文)」을 지었다. 「토황소격문」의 내용은 다음과 같다.

"광명 2년 7월 8일에, 제도도통검교태위(諸道都統檢校太尉) 아무는 황소(黃巢)에게 알린다.

대범 바른 것을 지키고 떳떳함을 행하는 것을 도(道)라 하는 것이요, 위험한 때를 당하여 변통할 줄을 아는 것을 권(權)이라 한다. 지혜 있는 이는 시기에 순응하는 데서 성공하게 되고, 어리석은 자는 이치를 거스르는 데서 패하게 되는 것이다. 비록 백 년(百年)의 생명에 죽고 사는 것은 기약할 수가 없는 것이나, 만사(萬事)는 마음이 주장된 것이매, 옳고 그른 것은 가히 분별할 수가 있는 것이다. 이제 내가 왕사(王師)를 거느리고 정벌(征伐)은 있으나 싸움은 없는 것이요, 군정(軍政)은 은덕을 앞세우고 베어 죽이는 것을 뒤에 하는 것이다. 앞으로 상경(上京)을 회복하고 큰 신의(信義)를 펴려 함에 공경하게 임금의 명을 받들어서 간사한 꾀를 부수려 한다. 또 네가 본시 먼 시골의 백성으로 갑자기 억센 도적이 되어 우연히 시세를 타고 문득 감히 강상(綱常)을 어지럽게 하였다. 드디어 불측한 마음을 가지고 높은 자리를 노려보며 도성을 침노하고 궁궐을 더럽혔으니, 이미 죄는 하늘에 닿을 만큼 극도로 되었으니, 반드시 크게 패하여 망할 것이다. (중략) 살상(殺傷)하는 것을 급한 임무로 생각하여 헤아릴 수 없는 큰 죄만 있고, 속죄될 조그마한 착함은 없었으니, 천하 사람들이 모두 너를 죽이려고 생각할 뿐만 아니라 아마도 땅 가운데 귀신까지 가만히 베어 죽이려고 의론하리라. 비록 잠깐 동안 숨이 붙어 있으나, 벌써 정신이 죽었고, 넋이 빠졌으리라. 대범 사람의 일이란 것은 제가 저를 아는 것이 제일이다. 내가 헛말을 하는 것이 아니니, 너는 모름지기 살펴 들으라. (중략) 이제 너는 간사한 것도 감추고 사나운 것을 숨겨서 악이 쌓이고 앙화(殃禍)가 가득하였는데도 위험한 것으로 스스로 편케 여기고 미혹하여 뉘우칠 줄 모르니, 옛말에 이른바 제비가 막(幕) 위에다 집을 지어 놓고 불이 막을 태우는데도 방자히 날아드는 거나 물고기가 솥[鼎] 속에서 너울거린들 바로 삶아 데인 꼴을 보는 격이다. (중략) 나의 명령은 천자를 머리에 이고 있고, 믿음은 강물에 맹세하여 반드시 말이 떨어지면 그대로 하는 것이요, 원망만 깊게 하지는 않을 것이다. (중략) 너는 모름지기 진퇴(進退)를 참작하고 잘된 일인가 못된 일인가 분별하라. 배반하여 멸망되기보다 어찌 귀순하여 영화롭게 됨과 같으랴. 다만 바라는 것은 반드시 그렇게 하라. 장사(壯士)의 하는 짓을 택하여 갑자기 변할 것을 결정할 것이요, 어리석은 사람의 생각으로 여우처럼 의심만 하지 말라. 아무는 알린다."

그는 17년간의 당나라 생활을 마치고 885년 귀국하여 신라에서 벼슬을 하였다. 하지만 망해가는 나라에서 온전히 뜻을 펴지 못하는 불운한 관직 생활을 하였다. 13년간 신라에서의 벼슬은 진성여왕의 죽음과 함께 마무리되었다. 그는 경남 함양군인 천령군(天嶺郡)의 태수를 지냈고, 벼슬을 버린 후에는 주로 가야산 해인사에 머물면서 여러 곳을 유랑하였다. 현재, 하동의 쌍계사를 비롯하여 부산의 해운대와 창원의 월영대 등에서 그의 흔적을 발견할 수 있다. 특히, 가야산과의 인연이 깊었다. 이와 같은 인연으로 최치원을 경남 유학의 종주로 여기는 인식이 생기게 되었다.

최치원이 지은 하동 쌍계사에 있는 '당해동고진감선사비(唐海東故眞鑑禪師碑)' 일명, 진감선사탑비(眞鑑禪師塔碑) 비문의 내용은 다음과 같다.

"무릇 도(道)는 사람에게서 멀리 있지 않고 〈도를 구하는〉 사람은 나라의 다름에 구애받지 않는다. 그러므로 우리 동방의 사람들이 불교를 배우거나 유교를 배울 때에는 반드시 서쪽으로 큰 바다를 건너가 외국어로 배움을 좇았다. 〈그들은〉 목숨을 통나무배[刳木]에 의지하고서 마음을 보배의 땅으로 향하여, 빈손으로 갔다가 채워서 돌아오니 처음에는 어려웠지만, 나중에는 얻음이 있었다. (중략) 부처님의 말씀과 마음의 법(法)에 이르러서는 현묘하고 또 현묘하여, 이름하려 해도 이름할 수 없게 설명하려 해도 설명할 수 없다. 비록 달을 얻었지만 〈그 달을 가리킨〉 손가락을 잊어야 하니, 끝내 〈그물을 엮어〉 바람을 잡는 것 같고 그림자를 붙잡는 것처럼 어렵다. 그러나 먼 데 이르는 것은 가까운 데서부터 시작해야 하니 비유를 취한들 무엇이 해로우랴. 또한 공자께서 제자에게 말하기를 "나는 말하지 않으련다. 하늘이 무슨 말을 하려하더냐."고 하였는데, 불교에서 유마거사가 침묵으로 문수보살에게 대답하고 부처님[善逝]이 가섭존자에게 〈말없이〉 은밀히 전하여 혀를 움직이지도 않고도 능히 마음을 도장 찍듯 옮겼으니, '하늘이 말하지 않는다'고 한 것은 이것이 아니고 무엇이겠는가. 멀리서 현묘한 도를 전해와 우리나라에 널리 빛낸 사람이 어찌 다른 사람이겠는가. 선사(禪師)가 바로 그러한 사람이다. (중략)

음식은 소박히 하고 옷도 갖추어 입지 않고
비바람에 자신을 감추며 처음과 끝이 한결같았네.
지혜의 가지가 바야흐로 뻗어나는데 법의 기둥이 갑자기 무너지니,
깊은 골짜기 처량하고 아지랑이와 풀들이 초췌하구나!

사람은 갔어도 도(道)는 남았으니 끝내 감추지 못하리,
상사(上士)들이 바람을 말하고 임금이 은혜를 베푸셨네.
법등이 바다 건너에 전해져 탑이 구름 속에 우뚝하니
천의(天衣)가 스쳐 큰 바위가 다 닳도록 길이 사찰[松門]을 빛내리라.

최치원 학문의 특징은 삼교회통적 성격이라고 할 수 있다. 「난랑비서문」에서 말하고 있는 '풍류도'가 그와 같은 점을 대변하고 있다. 일찍이 신라의 원광법사가 화랑의 '세속오계(世俗五戒)'를 말하면서 유교

불교 선도 세 사상의 융합을 말했지만, 그것을 풍류도라는 이름으로 구체적으로 밝힌 것은 최치원이다. 『삼국사기』권4, 「신라본기」4 진흥왕 37년에 실려 있는 「난랑비(鸞郎碑)」 서문은 다음과 같다.

> "나라에 현묘(玄妙)한 도(道)가 있으니, [이것을] 일러 풍류(風流)라고 한다. 가르침의 근원은 『선사(仙史)』에 자세히 실려 있는데, 실로 곧 삼교(三教)를 포함하여 뭇 백성을 교화하는 것이다. 이를테면 집에 들어와서는 효를 행하고 나가서는 나라에 충성을 하는 것이 노(魯)나라 사구(司寇)의 가르침이요, [주어진 여건 속에서] 자연 그대로 일을 하면서도 말없이 가르침을 실천하는 것이 주(周)나라 주사(柱史)의 근본[뜻]이요, 모든 악(惡)을 만들지 말고 모든 선(善)을 받들어 행하는 것이 축건 태자(竺乾太子: 석가모니)의 가르침이다."

최치원의 행적이 말해주듯이 유학을 공부하였으면서도 승려와의 교류가 깊었다. 또한 선인(仙人)과 같은 자취도 남겼다. 우리 전통의 풍류도가 유교 불교 선도의 특징적 요소들을 모두 포함하고 있는 우수한 사상이라는 사실도 명확히 하였다. 전체적으로 볼 때, 경남지역의 유학이 다른 지역에 비해 보다 개방적이라는 점은 인정할 수 있는데, 이러한 배경에는 다 국가 체제를 유지했던 가야의 특징과 최치원이 경남에서 남긴 학문적 흔적도 일정부분 영향을 끼쳤을 것으로 유추할 수 있다.

약 50년간에 걸친 후삼국 시대에 경남은 후백제와 신라의 격렬한 쟁탈전이 있었던 곳이다. 그리고 고려의 건국은 황해도와 전라도 나주 일대 호족의 연합으로 이루어졌다고 할 수 있으며, 현종 때에 이르러서는 나주 세력이 안동 세력에 밀리게 되어 새로운 정권 구조로 재편된다. 이 시기에 경남은 정치와 학문에서 뚜렷한 흔적을 남기지 못하고 있었다. 오늘날의 경북에 해당하는 성주지방은 고려 건국에 기여한 공로로 인하여 벌족이 배출되었지만, 경남지역은 권력으로부터 소외되었던 것으로 보인다. 이러한 현상은 고려 후반기의 무신정권 시기에 진양 지역이 최씨 집안의 식읍지로 전락한 데서 그 실상을 더 잘 알 수 있다. 그 와중에 거란의 침입에 큰 전공을 세운 강민첨은 장군으로서 이름이 알려졌지만, 사실은 문과에 급제한 문인이었다.

고려 말에 이르러 경남지역 출신이 과거를 통하여 본격적으로 벼슬에 진출하기 시작한 것으로 나타난다. 그리고 그 대표적인 사례가 바로 진양을 대표하는 3대 성씨인 하씨, 정씨, 강씨라고 할 수 있고, 더불어 문씨도 두각을 나타낸다. 여말선초의 대표적인 경남 출신 유학자로는 정천익, 문익점, 강회백, 하륜, 정이오, 하연, 강희안, 강희맹 등을 꼽을 수 있고, 무인 출신으로 정승에까지 오른 최윤덕도 빼놓을 수 없는 인물이다.

2) 정천익(鄭天益, ?-?)과 삼우당(三憂堂) 문익점(文益漸, 1329-1398)

문익점의 본관은 남평(南平)이다. 자는 일신(日新), 호는 삼우당(三憂堂)이며 시호는 충선공(忠宣公)이다. 정천익(鄭天益, ?-?)은 고려 공민왕 때의 하급 관료 출신이다. 정천익은 문익점의 장인이다. 문충공(文忠公)의 시호를 받았고 진양군(晋陽君)에 봉하여 졌다. 청계서원에 배향되었다.

목화와 관련한 정천익과 문익점에 대한 고사는 『고려사』와 『태조실록』에서 확인할 수 있다.

　삼우당(三憂堂) 문익점(文益漸)은 진주(晉州) 강성현(江城縣) 사람이다. 공민왕(恭愍王) 때 과거에 급제하여 여러 번 옮겨 정언(正言)이 되었다. 사신이 되어 원(元)에 갔다가 그곳에 머물면서 덕흥군(德興君)에게 붙었다가 덕흥군이 패하자 곧 돌아왔다. 목면(木緜)의 종자(種子)를 얻어 돌아와서 그의 장인 정천익(鄭天益)에게 부탁하여 심게 하였다. 처음에는 배양(培養)하는 기술을 알지 못하여 거의 말라 죽고 다만 1줄기만 남았는데, 3년 만에 마침내 크게 번식하였다. 취자차(取子車)와 소사차(繅絲車)는 모두 정천익이 만들었다. 창왕(昌王)이 즉위하자 좌사의시학(左司議侍學)으로 글을 올려 학문하는 도리를 논하였다. 그때 간관(諫官) 이준(李蓴) 등이 사전(私田)을 되돌려 주어서는 안 된다고 글을 올려 간쟁(諫爭)하자, 문익점은 이색(李穡), 이림(李琳), 우현보(禹玄寶) 편에 붙어서 병을 핑계로 서명하지 않았다. 다음날 곧바로 서연(書筵)에 나가자 대사헌(大司憲) 조준(趙浚)이 탄핵하여 말하기를, "문익점은 본래 유일(遺逸)로서 진주(晉州) 구석진 곳에서 몸소 농사짓던 사람이었습니다. 전하(殿下)께서 덕행을 갖춘 사람이라고 하여[賢良] 불러 간대부(諫大夫)로 임명하여 곁에 두고 자문하도록 하였으니, 마땅히 마음을 다하여 충언(忠言)을 올리고 치도(治道)를 아룀으로써 전하의 다스림[聖治]을 보좌해야 할 것입니다. 그러나 매일 경연(經筵)에서 전하를 모시면서 아부하고 비굴하게 굴면서 충직(忠直)한 모양을 꾸미고 순종하며 영합하여 간쟁(諫諍)하는 절개 없이 허리를 굽혀 손을 맞잡고 '예예'나 '옳사옵니다.'라고만 하였습니다. 근래에 동사랑(同舍郎) 오사충(吳思忠)과 이서(李舒)는 각각 상소(上疏)하여 시사(時事)를 거리낌 없이 말했지만, 문익점은 받고 있는 녹봉을 잃을까 걱정하여 한마디도 하지 않았습니다. 또 동사랑들이 연명으로 상소하여 전제(田制)를 철저하게 논의하였지만, 문익점은 권세가의 편에 붙어서 병을 핑계로 근무하지 않아 그 의논에 참여하지 않았습니다. 여러 사람의 비방을 피하는 것으로써 스스로 좋은 꾀를 얻었다고 하여, 위로는 전하의 사람을 알아보는 안목에 누를 끼치고 아래로는 사림(士林)의 기대하는 뜻을 저버린 것입니다. 이는 마땅히 그의 작위(爵位)를 삭탈(削奪)하여 시골로 돌려보냄으로써 언관(言官)으로 있으면서 말하지 않는 자들의 경계로 삼으십시오."라고 하였더니, 이에 그를 파직시켰다. 아들은 문중용(文中庸), 문중성(文中誠), 문중실(文中實), 문중진(文中晋), 문중계(文中啓)이다.

-『고려사』

　　(문익점은) 계품사(計稟使)인 좌시중(左侍中) 이공수(李公遂, 1308-1366)의 서장관(書狀官)이 되어 원(元)나라 조정에 갔다가, 장차 돌아오려고 할 때 길가의 목면 나무를 보고 그 씨 10여 개를 따서 주머니에 넣어 가져왔다. 갑진년(1364, 공민왕 13)에 진주에 도착하여 그 씨의 반을 전객령(典客令)을 지낸 고향 사람 정천익(鄭天益)에게 주어 이를 심어 기르게 하였는데 단 한 개만이 살아남았다. 정천익이 가을이 되어 씨를 따니 100여 개나 되었다. 해마다 더 심어서 정미년(1367) 봄에는 그 종자를 마을 사람들에게 나누어 주면서 심어 기르도록 권장하였다. 문익점 자신이 심은 것은 모두 꽃이 피지 않았다. 중국 승려 홍원(弘願)이 정천익의 집에 이르러 목면을 보고는 너무 기뻐 울면서 말하기를, "오늘 다시 본토의 물건을 볼 줄은 생각하지 못했다" 하였다. 정천익이 (홍원을) 머물게 하여 며칠 동안 대접한 후 실을 뽑고 베 짜는 기술을 물으니, 홍원이 그 상세한 것을 자세히 말하여 주고 또 기구까지 만들어 주었다. 정천익이 자기 집 여종에게 가르쳐서 베를 짜 1필을 만들었다. 이웃 마을에 전하여 서로 배워 알아서 한 고을에 보급되고, 10년이 되지 않아서 또 한 나라로 널리 퍼졌다. 이 사실이 알려지자 나라에서는 홍무(洪武) 을묘년(1375) 문익점을 불러 전의주부(典儀注簿)로 삼았다. 벼슬이 여러 번 승진되어 좌사의대부(左司議大夫)에 이르렀다가 70세에 죽었다.

-『태조실록』 권14, 7년 6월 13일(정사)

경남 진주에는 문익점과 정천익에 관한 전설이 전해온다. 문익점이 원나라에 사신으로 갔다가 목면의 종자를 가지고 왔다는 첫 번째 기록은 권근(權近)의 상소문에도 보인다. 주요 내용을 정리하면 다음과 같다. '문익점은 고려 공민왕 때의 관리이고, 정천익(鄭天益)은 문익점의 장인이다. 문익점은 전국에 면업을 일으킨 공로를 인정받아 조선시대에 강성군(江城君)으로 봉해졌다. 그런데 목화 시배에 관해 문익점과 정천익 집안 사이에 시비(是非)가 있었다. 붓에 목화씨를 숨겨온 문익점이 소남(召南) 관정이란 곳에 살고 있는 장인 정천익에게 이렇게 부탁했다고 한다. "내가 목화 종자를 가져오기는 했는데 목면(木綿)이 아니고 초면(草綿)입니다. 이 초면은 한 해 살고 한 해 죽는 것이니, 이것을 재배해 보십시오." 그래서 정천익이 목화를 재배했는데, 첫해에는 겨우 몇 개만 살아 꽃이 피었다. 그 씨를 까보니 여남은 낱이 되었다. 그런데 물에 담그니, 잔뿌리가 나오지 않아 스스로 영양소를 섭취 못하고 시들어 죽었다. 그런 우여곡절 끝에 정천익은 삼 년 만에 재배에 성공했다. 한편, 강성군으로 봉해진 문익점이 목화씨를 배양(培養)해서 재배했다는 말도 전해지고 있다. 그래서 문익점과 정천익이 두 집안 자손들 사이에서는, '씨는 문익점이 가져왔지만 재배는 정천익 집안에서 했다', '문익점이 재배까지 다 했다'는 시비가 벌어졌다고 한다.'

3) 호정(浩亭) 하륜(河崙, 1347-1416)

본관은 진양이다. 자는 대림(大臨), 호는 호정(浩亭)이다. 1347년(충목

왕 3)에 진주[晉陽] 하씨 가문에서 태어났다. 그의 선조는 여러 대에 걸쳐 과거에 합격하지만, 고위직으로 나아가지는 못했다. 가문의 위상은 진주 지역의 토착 세력이다. 하륜의 출사 이후에 더 높아졌다.

하륜의 아버지는 순흥부사(順興府使) 하윤린(河允潾)이고, 어머니는 진주 강씨이다. 부인은 성산 이씨이다. 하륜이 명문 세족인 성산 이씨 가문과 혼인하게 된 데에는 이인복(李仁復)의 역할이 컸다. 하륜은 1365년(공민왕 14)에 19세의 나이로 문과에 급제하였는데, 그때 과거를 주관한 지공거(知貢擧)가 이인복이었다. 그는 하륜을 보고 남다르다고 여겨 자기 아우인 이인미(李仁美)의 딸과 혼인하게 했다. 이로써 이인복, 이인임(李仁任), 이인민(李仁敏) 등은 하륜에게 처삼촌이 되었다. 그리고 동지공거(同知貢擧) 이색(李穡)의 손녀는 하륜의 아들 하구(河久)와 혼인하기도 했다. 과거 급제 이후에는 춘추관검열(春秋館檢閱)을 맡아 관직 생활을 시작하였고, 감찰규정(監察糾正)이 되었을 때는 신돈(辛旽) 문객의 비행을 탄핵하다가 파직되었다. 하지만 1371년(공민왕 20) 신돈이 죽임을 당한 후에 지영주사(知榮州事)로 복직되었고, 치적을 인정받아 중앙 정계로 소환되었다. 이후 고공좌랑(考功佐郎), 사헌지평(司憲持平), 교주도안렴사(交州道按廉使), 성균관사성(成均大司成), 밀직제학(密直提學) 등의 여러 관직을 역임하였다. 우왕 시기에 하륜은 1380년(우왕 6)에 모친상으로 인해 3년간 정계를 떠난 것 외에는 1388년(우왕 14) 이인임이 제거되기 이전까지 꾸준히 관직 생활을 이어나갔다. 이인임은 우왕 시기 내내 정치 권력을 장악했다. 그러나 우왕은 1388년에 최영(崔瑩), 이성계(李成桂) 등의 도움을 받아 이인임을 비롯하여 염흥방(廉興邦), 임견미(林堅味) 등을 축출하였다. 이때 하륜도 이인임의 인척이라는 이유로 유배되었다. 이러한 내용은 하륜의 묘지명(墓誌銘)에는 기록되어 있지 않았다. 대신 최영의 요동 공벌 주장에 반대하였다가 양주(襄州)로 추방되었다고 전한다. 그는 위화도회군 이후 유배에서 풀려났다. 하륜은 조선 건국 이후에도 정국에 적극적으로 참여하였다. 1393년(태조 2)에 경기좌도관찰사(京畿左道觀察使)에 임명되었고, 그 후에도 천도(遷都), 표전(表箋) 문제 등에 깊숙이 개입했다. 그는 계룡산 천도 관련 공사를 중지시켰고, 대신 새 수도로 무악(毋岳)을 주장하였다. 끝내 무악 천도를 실행에 옮기지는 못했지만, 태조가 깊은 관심을 기울였던 천도 문제에 하륜이 많은 의견을 제시하고 있었던 것은 주목할 만하다. 명에서 조선의 외교문서인 표전(表箋) 내용을 문제 삼자 하륜이 사신으로 가서 해명하기도 했다. 다만 하륜이 표전 작성자인 정도전(鄭道傳)을 함께 사신으로 파견할 것을 주장하여 그의 원망을 받았다고 하는데, 이러한 내용은 정도전과 하륜의 정치적 이해관계가 상충하고 있었던 당시의 분위기를 전해준다고 할 수 있다. 얼마 후 하륜은 계림부윤(鷄林府尹)으로 좌천되었고, 박자안(朴子安) 옥사에 연루되어 약 4개월간 수원에 안치되었다. 398년(태조 7), 하륜이 충청도도 관찰사로 임명되고 나서 한 달여가 지났을 무렵 조선의 새 수도 한양에서는 제1차 왕자의 난이 벌어졌다. 그날의 실록 기사에 하륜의 역할은 서술되어 있지 않지만, 하륜의 졸기(卒記)에는 그가 일찍이 이방원에게 "먼저 공격하여 그 무리를 제거해야 합니다."라고 조언했음이 기록되어 있다. 변란이 일어난 직후 하륜은 충청도에서 한양까지 말을 타고 달려와서 군사를 내어 적극적으로 도왔다고 한다. 결국 왕자의 난은 이방원 세력의 승리로 마무리되었고, 정도전, 남은(南誾)

등은 죽임을 당했다. 그리고 태조 이성계는 왕위를 둘째 아들인 이방과(李芳果)에게 물려주었고, 정종은 새 수도를 떠나 다시 개경으로 돌아갔다. 1400년(정종 2)에는 제2차 왕자의 난이 일어났다. 이전 제1차 난은 이방원이 신덕왕후(神德王后) 소생의 이복동생인 세자 이방석(李芳碩)을 공격하는 것이었다면, 제2차 난은 신의왕후(神懿王后)가 낳은 동복형제끼리의 권력 쟁탈전이었다. 이방간(李芳幹)과 이방원의 대결은 개경 시내에서 치열한 전투 양상으로 전개되었는데, 결국에는 이방원의 승리로 끝났다. 당시 참찬문하부사(參贊門下府事)였던 하륜은 이방원을 세자로 세우도록 청하였고, 정종은 이를 받아들였다. 이로써 이방원은 확실하게 왕권을 보장받게 되었다. 하륜은 문하시랑찬성사(門下侍郞贊成事)를 지내면서 도평의사사(都評議使司) 중심의 고려 관제를 의정부(議政府) 체제로 개편하였고, 사병을 혁파하여 중추원 대신 설립된 삼군부(三軍府)의 기능을 강화하였다 몇 개월 후 정종은 이방원에게 왕위를 넘겨주었고, 하륜은 두 차례 왕자의 난을 주도한 결과로 정사공신(定社功臣), 좌명공신(佐命功臣)에 책봉되었다.

경상남도 진주시 대곡면 단목리 단목마을에서 전승되는 죽은 하륜(河倫)의 부탁을 들어준 병사(兵使)에 관한 설화가 있다. 『한국구비문학대계(韓國口碑文學大系)』에 채록되어 있다. 그 내용은 다음과 같다.

"하륜은 진성부원군으로 진주에 하향해 살았던 인물이다. 옛날 진주 성내 병영(兵營)에 병사(兵使)만 들어서면 그날 저녁에 죽어 칠병사(七兵使)가 죽어 나갔다는 이야기가 있었다. 어느 날은 담력이 센 한 병사가 불을 환하게 켜놓고 있는데, 큰 소리가 나며 대문이 열렸다. 병사가 누구냐고 묻자 하륜이라고 하며, 상담하러 찾아왔는데 올 때마다 병사가 죽어 말을 못 했다고 했다. 병사가 찾아온 이유를 묻자 자신의 구역 안에 성가신 귀신이 있다고 했는데 누군가 하륜의 묘 밑으로 밀장을 해서 넣었기 때문이었다. 하륜은 이후로도 자주 병사를 찾아왔는데, 병사가 귀신이 가장 싫어하는 것을 묻자 고추와 목화씨, 소금이라고 알려줬다. 병사는 고추와 목화씨, 소금을 태워 연기를 내서 귀신을 쫓았는데, 하륜은 말로 하면 될 것을 독한 냄새를 피운다며 다시는 오지 않았다."

4) 교은(郊隱) 정이오(鄭以吾, 1347-1434)

　　본관은 진주(晉州)이다. 자는 수가(粹可), 호는 교은(郊隱), 우곡(愚谷)이다. 시호는 문정(文定)이다. 아버지는 찬성사 정신중(鄭臣重)이고, 아들은 정분(鄭苯)이다. 정이오는 어려서부터 학문을 좋아했고 성품도 질박하고 겉치레가 없었다. 일찍이 목은(牧隱)과 포은(圃隱)의 문하(門下)에 들어 학문을 닦았는데 문장이 뛰어나 동료들로부터 부러움을 사기도 했다.

　　그는 1374년에 문과에 급제하여 1376년에 예문관 검열이 되고, 공조와 예조의 정랑, 전교부령 등을 역임하였다. 1394년(태조 3) 지선주사(知善州事)가 되었고, 이첨(李詹), 조용(趙庸) 등과 함께 군왕의 정치에 도움이 될 만한 경사(經史)를 간추려 올리고, 곧 봉상시 소경(奉常寺少卿)이 되었다. 1398년 조준(趙浚), 하륜(河崙) 등과 함께 『사서절요(四書節要)』를 찬진(撰進)하였다. 1400년(정종 2) 성균관 악정(成均館樂正)이 되었으며, 병조 의랑(兵曹議郎), 예문관 직제학, 예문관 사성을 역임하였다.

1403년(태종 3) 대사성으로 승진하였고, 1405년 3월에 김과(金科)와 함께 생원시를 관장하였다. 1409년 병서습독제조(兵書習讀提調)를 거쳐 동지춘추관사를 겸임, 『태조실록』의 편찬에 참여하였다. 1413년 『태조실록』 편찬에 대한 노고로 예문관 대제학이 되면서 지공거(知貢擧)를 겸하였다. 1418년 72세로 치사(致仕)하였다. 세종이 즉위하자 태실증고사(胎室證考使)가 되어 진주 각처를 다녔고, 속현인 곤명(昆明)을 태실소로 정하게 하였다. 노성(老成)한 덕이 있다 하여 숭정대부(崇政大夫)에 올랐다. 젊어서는 이색(李穡), 정몽주(鄭夢周)의 문인과 교유하였고 늙어서는 성석린(成石璘), 이행(李行) 등과 교유하였다. 특히 정이오는 시(詩)에 재능이 뛰어났다 한다. 영의정에 추증되었다. 조선 태종의 명으로 『태조실록』 편찬에 참여하였고, 1413년에 예문관 대제학과 지공거를 겸했으며, 세종 때에 성균관 대제학과 의정부 찬성사에 이르렀다. 저술로는 『교은집』, 『화약고기(火藥庫記)』 등이 있다.

5) 통정(通亭) 강회백(姜淮伯, 1357-1402)

본관은 진주(晋州)이다. 자는 백부(伯父), 호는 통정(通亭)이다. 할아버지는 중대광(重大匡) 강군보(姜君寶)이며, 문하찬성사(門下贊成事) 강시(姜蓍)의 아들이다. 강종덕(姜宗德), 강우덕(姜友德), 강석덕(姜碩德), 강순덕(姜順德)을 아들로 두었다.

1376년(우왕 2) 문과에 급제하여 성균좨주[成均祭酒]가 되었으며, 밀직사의 제학, 부사, 첨서사사(簽書司事)를 역임하였다. 1385년 밀직부사로서 명나라에 다녀왔으며, 1388년 창왕이 즉위하자 밀직사로 부사 이방우(李芳雨)와 함께 명나라에 다녀왔다. 뒤에 창왕을 폐할 때 지밀직(知密直) 윤사덕(尹師德)과 함께 부고(府庫)를 봉한 공이 있어, 1389년 공양왕이 즉위하자 추충협보공신(推忠協輔功臣)의 호를 받았다. 이해에 조준(趙浚), 서균형(徐均衡), 이지(李至)와 함께 세자사(世子師)에 임명되었으나 나이 어린 것을 이유로 사퇴하였다. 이어 판밀직사사(判密直司事) 겸 이조판서에 있을 때, 상소하여 불교의 폐해를 논하고 한양천도를 중지하게 하였으며, 이어 교주강릉도도관찰출척사(交州江陵道都觀察黜陟使)로 나갔다가 돌아와 정당문학 겸 사헌부대사헌(政堂文學 兼 司憲府大司憲)이 되었다. 이때 정몽주(鄭夢周)의 사주를 받은 간관(諫官) 김진양(金震陽) 등이 조준, 정도전(鄭道傳) 등을 탄핵할 때 이에 동조, 대관을 거느리고 상소하였는데, 1392년(공양왕 4) 정몽주가 살해된 후, 처음에는 막냇동생인 강회계(姜淮季)가 공양왕의 부마였기 때문에 탄핵을 면했다가, 곧 진양(晋陽)에 유배되었다. 조선 건국 후 1398년(태조 7) 동북면도순문사(東北面都巡問使)가 되었다.

-『진양지(晋陽誌)』권3 「인물조(人物條)」

6) 춘정(春亭) 변계량(卞季良, 1369-1430)

본관은 초계(草溪: 혹은 밀양(密陽))이다. 자는 거경(巨卿), 호는 춘정(春亭)이다. 1369년(공민왕 18) 태어났다. 증조부는 변주(卞珠), 할아버지는 증찬성사 변원(卞元)이고, 아버지는 검교판중추원사(檢校判中樞院事) 변옥란(卜玉蘭)이다. 어머니는 제위보부사(濟危寶副使) 조석(曺碩)의 딸이다. 그러나 일부 기록에는 형인 변중량과 함께 어머니가 성공필(成公弼)의 딸이라고 나오기도 한다. 형제로는 형인 변중량(卜仲良)이 있으며, 정종대 노비와 사통하고 무고한 죄로 사형을 받은 누이가 확인된다. 정처 소생의 아들은 없으며, 비첩(婢妾) 소생인 아들 변영수(卜英壽)가 있다. 변계량은 1382년(우왕 8) 진사시에 합격하였고, 1385년 문과에 급제하여 전교주부(典校注簿) 비순위정용랑장(備巡衛精勇郎將) 겸 진덕박사(進德博士)가 되었다. 태종 초에는 성균관학정, 사제감소감 겸 예문관응교와 직제학을 역임하였다. 1407년(태종 7) 문과중시에 을과 제1인으로 뽑혀 고려와 조선에서 모두 과거에 합격하여 당상관에 오르고 예조우참의가 되었다. 이듬해 세자좌보덕(世子左輔德)이 되고, 그 뒤 예문관제학 춘추관동지사 겸 내섬시판사 경연동지사 등을 거쳐 1415년 세자우부빈객이 되었다. 1420년(세종 2) 집현전이 설치된 뒤 그 대제학이 되었고, 1426년에 우군도총제부판사(右軍都摠制府判事)가 되었다. 특히 문장에 뛰어나 거의 20년간 대제학을 맡아 외교문서 작성을 책임지고 나라의 문형(文衡)을 관장하였다. 그러나 그가 지은 글 중에는 조선의 건국을 찬양하는 내용이 많았던 것이 흠이다. 과거 시관으로 지극히 공정을 기해 고려 말의 폐단을 개혁하였다. 그의 공적을 정리하면 다음과 같다. 첫째, 과거제 개혁과 공정한 과거의 주관이다. 여러 차례 그가 과거를 주관하면서 매우 공정하여, 고려 시기의 부정한 관행들을 근절하였다는 점이었다. 또한 그는 1417년(태종 17) 예조판서가 되어 이 무렵 과거제도 개혁에도 관여하여 봄, 가을로 제술 시험을 보는 제도를 마련하기도 하였다. 이후에도 여러 차례의 과거제 개혁

논의 때마다 참여하며, 조선 초 과거제를 정립시키는 데 한 역할을 담당하였다. 대체로 강경보다는 제술을 강조하는 입장이었다. 과거제뿐만 아니라, 학문을 장려하고 인재를 뽑기 위한 여러 가지 조처를 건의하였는데, 성균관(成均館), 교서관(校書館)의 권지(權知)를 지방에 보내어 생도 교육을 하라고 한다든지 5부 학당의 공억(供億)을 마련하자는 등의 건의가 대표적이며, 기타 여러 논의에 참여하였다. 둘째, 주요 도서 편찬 참여이다. 태종대 초반까지 국가에서 필요로 하는 각종 글을 작성한 사람이 권근(權近)이었다면, 태종대 후반부터 세종대까지 주요 글을 작성하고 실록을 비롯한 각종 도서의 편찬에 참여한 인물이 바로 변계량이었다. 직책상으로도 임금의 말이나 명령을 대신하여 짓는 것을 담당하는 예문관의 대제학을 오래 맡아, 국가에서 필요로 하는 사대교린의 사명(詞命)은 물론 나라의 문헌과 왕실의 문서를 거의 도맡아 주관하였다. 무학대사 비명, 문묘중수비문, 돈화문루종명, 태종의 신도비명, 낙천정기, 기자묘비명 등이 모두 변계량의 손에서 나왔다. 한편 당대의 주요 편찬사업에도 빠짐없이 관여하고 있었다. 실록의 경우『태조실록(太祖實錄)』부터 『정종실록(定宗實錄)』, 『태종실록(太宗實錄)』의 편찬을 주도하였으며 『국조보감(國朝寶鑑)』 편찬에 참여하였다. 또한 태종대부터 세종대에 이르기까지 여러 차례에 걸쳐 이루어진『고려사』의 개수에도 관여하였다. 이외에도 여러 악장 가사를 지었는데, 『하성명가』, 『화산별곡(華山別曲)』 등이 대표적이며, 『청구영언』에는 시조 2수가 전하기도 한다. 셋째, 대마도 정벌이다. 변계량이 의정부에 재직 중이던 1419년(세종 1) 5월 5일 왜선 39척이 명나라에 가던 도중 비인현(庇仁縣) 도두음곶(都豆音串)을 침탈하고, 12일에도 황해도 해주에 왜선 7척이 침입하는 일이 벌어졌다. 이에 대한 대책이 논의된 끝에 14일 태종과 세종이 대신들을 모아 대마도 정벌을 결정하게 되었다. 이종무(李從茂)를 앞세운 기해동정(己亥東征)이 시작된 것이다. 6월 말에서 7월 초까지 2주가량의 정벌은 비록 실제로 박실의 패군 등 전황에 대해서는 논란의 여지가 있으나 정벌 이후 대규모 왜구는 소멸하고, 대마도와의 평화적 왕래가 구축된 것으로 평가된다. 1421년(세종 3) 4월 대마도주 '소 사다모리'(宗貞盛)가 사절을 보내오는 것을 계기로 정벌 국면이 종결되었으나 그전까지는 1419년(세종 1) 6월과 같은 실제 정벌은 결행되지 않았으나 재정벌 논의가 지속해서 있었다. 이러한 정벌 국면에서 변계량은 태종이 정벌 결정을 내리는 데 있어 주요한 역할을 한 것으로 평가받고 있으며, 1419년(세종 1) 정벌 직후 병조판서 조말생이 대마도 수호(守護) 도도웅와(都都熊瓦)에게 보낸 글을 작성한 것도 변계량이었다.

다음은 『세종실록』에 수록된 화산별곡이다.

> "화산 남 한수 북은 조선의 명승지
> 백옥경(白玉京)이요 황금궐(黃金闕)이라.
> 평탄하고 통달한 데 봉은 솟고 용은 날도다.
> 하늘이 지으신 형세이니 음양이 고를세라.
> 위, 도읍 경 긔 어떠하니잇고.
> 태조, 태종이 창업하사 큰 경륜을 물려주시니, (두 번 창 한다.)
> 위, 가져 지키는 경 긔 어떠하니잇고."
> "안으로 물려받고 우흐로 명을 받아 광명 정대하올시고,
> 도적을 금하시고 상고를 융통케 하시며
> 왜국(倭國)을 회유하시니 선계(善繼) 선술(善述)하샷다.

천지가 교태(交泰)하고 국내가 안녕하도다.

위, 태평한 경 긔 어떠하니잇고.

지성이신 충성이여 효도여

이웃과 친목하되 도의로써 하옵시니, (두 번 창 한다.)

위, 두 길이 다 옳은 경 긔 어떠하니잇고."

"항심(恒心)에 경외(敬畏)하사 안일과 탐욕이 혹시나 있을세라

인과 의를 몸소 실행하옵시고,

경연을 열으사 경서와 사기를 보옵시니,

학문은 하늘과 사람에 통달하시고,

집현전 두옵시어 사시로 학문을 강구하옵시고 봄 가을로 짓고 적으시니,

위, 문학을 숭상하는 경 긔 어떠하니잇고.

하늘이 내신 성인이시니 학문도 거룩하다. (두 번 창 한다.)

위, 예와 이젯 경 긔 어떠하니잇고."

"병서를 읽히며 진법(陣法)을 가르치사 좌작진퇴(坐作進退) 연습하고,

때를 따라 넓고, 빈 훤한 터전 가려내어 사양함도 마지아니하옵시니,

만기(萬騎)가 우뢰같이 치달린다.

죽여도 씨를 두고, 즐겨도 한도가 있나니,

위, 강무(講武)하는 경 긔 어떠하니잇고.

길이 걱정하옵시되 뒤를 돌아보지 말고,

평안할 때 위태함을 행여 잊지 말으소서. (두 번 창 한다.)

위, 예비하는 경 긔 어떠하니잇고."

"천재(天災)를 두려워하고 사람 곤궁 민망하사 제사할 일 삼가시며,

충직한 이 골라 쓰고 간사한 자 물리치며,

형벌을 조심하고 삼가하여 옛일을 상고하고 이제를 논란하사,

낮으로 밤으로 다스리기 도모할 새 날로 날로 삼가시고 또 삼가신다.

위, 방일(放逸)함이 없으신 경 긔 어떠하니잇고,

하늘이 성군(聖君)을 내이시사 우리 동방에 은혜로 주시니, (두 번 창 한다.)

위, 천세(千歲)를 누리소서."

"경회루, 광연루 높기도 높을사 넓으나 넓어 시원도 하다.

인애는 걷히고 맑은 기운 불어든다.

하늘 밖에 눈을 놀리니 강산풍월 경개도 천만 가지

답답한 심회를 활짝 풀어준다.

위, 올라보는 경 긔 어떠하니잇고.

봉래(蓬萊) 방장(方丈) 영주(瀛州) 삼신산 (두 번 창 한다.)

위, 어느 시대에 찾아 볼꼬.”

“자애하심 효성하심은 천성으로 같이 즐기시고,

어지심과 공경하심은 밝은 임금 어진 신하 서로 맡아 만나시니,

세상 앞서 먼저 근심하옵시고 세상 뒤에 나중 즐겨하옵신다.

즐기신들 도에 넘을손가.

위, 모시고 잔치하는 경 긔 어떠하니잇고.

하늘이 성주(聖主)를 내이시사 동방의 부모되옵시니, (두 번 창 한다.)

위, 만세를 누리소서.”

“농사짓기 뽕 기르기 권장하사

국민 생활 넉넉하게 하옵심은 나라 근본 배양하심이오.

예의와 사양함을 숭상하고 충성과 기쁨을 존중하여 민심을 굳이 맺게 하
옵시니,

덕택이 빛남과 풍화의 다스림은 칭송 소리 넘쳐 흐른다.

위, 길이 다스리는 경 긔 어떠하니잇고.

화산 한수 조선 왕업 (두 번 창 한다.)

위, 다 함께 오래 지닐 경 긔 어떠하니잇고.”

7) 임곡(霖谷) 최윤덕(崔潤德, 1376-1445)

본관은 통천(通川)이다. 자는 여화(汝和), 백수(伯修)이며 호는 임곡(霖
谷)이다. 1376년(고려 우왕 2년) 최운해(崔雲海)의 아들로 태어났다. 최운
해는 고려말 무장으로 이름을 날린 인물로 참판승추부사를 역임하였

다. 최윤덕의 조부는 호군을 지낸 최녹(崔祿)이었다. 최윤덕은 아래로 최윤복(崔閏福), 최윤온(崔閏溫), 최윤례(崔閏禮)의 세 동생이 있었다.

최윤덕은 음서를 통해 관직에 진출하였다. 1396년(태조 5년) 아버지를 따라 영해도호부(寧海都護府)에서 근무하며 왜적과 싸워 전공을 올렸다. 이후 1400년(정종 2년) 태종이 최윤덕을 역마로 불러 몸소 접견하여 과거 영해에서 싸운 정황을 묻고, 부사직으로 제수하여 훈련관에서 근무하도록 하였다. 1402년(태종 2년)에는 무과에 응시하여 합격하였다. 그런데 최윤덕은 과거 합격 이후 바로 아버지를 따라 이성의 수비를 위하여 지방으로 파견되었기 때문에 국왕이 친히 참석하는 전시에는 참여하지 못하였다. 그러나 태종은 이를 잊지 않고 전시를 마친 이후, 전시 합격자 방 맨 아래에 최윤덕을 써 넣도록 하였다.

1432년(세종 14년)에는 파저강 유역에 거주하는 여진 부족이 조선의 변경을 침략하는 일이 발생하였다. 이에 세종은 최윤덕을 평안도 도절제사로 삼아 정벌의 책임자로 임명하고 다음 해인 1433년(세종 15년) 본격적인 정벌을 단행하였다. 최윤덕은 평안도의 병력 1만 명과 황해도 군마 5천을 징발하여 이순몽(李順蒙), 최해산(崔海山), 이각(李恪), 이징석(李澄石), 김효성(金孝誠), 홍사석(洪師錫) 등과 함께 군사행동을 개시하여 수백 명을 사살하거나 생포하는 전과를 올렸다. 그러나 파저강 유역의 여진 추장이던 이만주를 사로잡는 것은 실패하였다.

이처럼 여러 번의 군사작전을 매번 성공으로 이끈 최윤덕은 태종뿐 아니라 세종에게도 큰 신뢰를 얻게 되었다. 세종은 당시 신임하던 승지 김종서와의 대화에서 최윤덕의 인품을 거론하였다. 김종서는 최윤덕이 학식은 없으나 마음이 정직하고 무용과 재략이 뛰어나다고 평가하였다. 이에 세종은 최윤덕이 정직하고 착실한 인사라고 거론하며, 태종 역시 인재라고 여겼다고 언급하였다. 그리고 최윤덕을 재상에 등용할 뜻을 은근히 시사하였다.

이러한 세종의 의사는 최윤덕이 파저강 야인 정벌을 성공적으로 마치고 돌아오자 곧 실현되었다. 1433년(세종 15년) 최윤덕은 의정부 우의정에 올랐다. 무장으로 정승의 지위에까지 오른 예는 조선 전체 역사에서 세종대 최윤덕, 중종대 박원종(朴元宗), 인조조 신경진(申景禛), 효종조 구인후(具仁垕), 현종조 이완(李浣)의 다섯 차례에 불과한데 최윤덕이 그 첫 번째였다. 세종은 그를 우의정으로 임명하며 전공만으로 지위에 오른 것이 아니라 그의 인품 또한 정승에 걸맞은 것임을 강조하였다.

세종 당시, 파저강(婆豬江) 야인(野人) 이만주(李滿住) 등이 변경을 침범하였다. 최윤덕(崔潤德) 등에게 명하여 [야인을] 공격하여 평정하게 하였으며, 김종서(金宗瑞)를 함길도 관찰사(咸吉道觀察使)로 삼아 북쪽 변경을 개척하여 경원(慶源), 회령(會寧) 등의 6진을 설치하였다.

『동문선』에는 이때 당시 내린 교서가 실려 있다.

"왕은 말하노라. 우리 태조 강헌대왕(康獻大王)께서 하늘의 운수에 응하여 개국한 이래로, 안으로는 정치를 닦고 밖으로는 적을 물리쳐 우리 동토(東土)를 평안케 하니, 북쪽 변방의 야인(野人)들이 위엄을 두려워하고 덕을 사모하여 마치 개가 꼬리를 흔들 듯이 하면서 어여삐 여겨 달라고 애원하였다. 이로 인해 국경 안에 밥 짓는 연기가 서로 이어지고 사람과 가축이 들에 퍼졌으며 (싸움으로) 닭이 울고 개가 짖는 경보가 없어졌다. 태종 공정대왕(恭定大王)께서 대통(大統)을 잇고 기업(基業)을 지키면서 포용해 주고 고루

덮어 주어서 다른 종족을 길들여 굴복시켜, 섬 오랑캐(島夷, 왜인)와 산 오랑캐(山戎, 만주의 여진족)가 모두 복종하였다. 내가 부덕함으로 조종(祖宗)의 귀감을 이어 받들어 야인을 기르고 대우함에 특별히 불쌍하게 여겨 때때로 그들의 굶주리고 궁핍함을 구제하였다. 근래에 파저강(婆猪江) 근처에 사는 용주(龍住) 이만주(李滿住)가 명나라의 반적(叛賊) 양목답올(楊木答兀)과 결탁하여, 요동(遼東) 개원(開原) 방면의 사람들을 잡아 노비로 만들었다. 노비가 된 자들이 혹독한 고통을 견디지 못하여 목숨을 보전하려고 우리나라로 도망하여 오는 것이 잇따라 끊어지지 않았다. 이에 나는 사대(事大)의 정성으로 모두 상국으로 돌려보냈는데, 야인들이 이것을 원망하고 분하게 여길 것을 어찌 뜻하였겠는가. (저들이) 우리 강토를 엿본 지가 여러 해가 되었다. 선덕(宣德) 7년(1432, 세종 14년) 11월에 국경이 공허한 틈을 타서 강계(江界) 여연구자(閭延口子)에 돌입하여 군사와 백성을 살해하고 사람과 가축과 재산을 약탈하였으니, 베푼 은혜를 배반하고 극도로 흉악한 죄가 있어 죽임을 벗어날 수 없게 되었다. 그런데 오히려 속여 말하기를, "홀라온(忽剌溫)이 멀리 와서 도둑질하고 약탈한 사람[人口]과 마필을 빼앗아 잡아 두었다" 하며 조정을 속였다. 이미 적의 패악한 정세를 기록하여 명나라 천자에게 아뢰고, 올해 4월에 장수에 명하여 죄를 묻게 하며 동시에 길을 나누어 함께 진군하여 적의 소굴을 부수게 하였다. 오히려 싸움을 그치는 무(武)에 마음을 쓰고 죽이지 않는 인(仁)을 품어 여러 장수에게 시키기를, "저들이 만약 손을 들고 항복하거든 곧 항복을 받고, 특별히 위엄을 보이어 뉘우치고 두려워하게 하며, 보복을 가하여 죄 없는 사람까지 죽이지 못하게 하라. " 하였다. 그러나 저들이 개 같은 성질을 고치지 않고 짐승의 마음이 변함이 없어서 벌처럼 뭉치고 개미처럼 모여 감히 저항하였다. 이에 우리 군사가 곧 쳐들어가서 이르는 곳마다 승리하여 머리를 베거나 사로잡은 자가 모두 500여 명이나 되었고, 죽음을 겨우 벗어나 넋이 나간 자들은 모두 달아나 흩어지거나 숨었으니 적의 무리가 평정되었다. 내가 생각건대, 병기(兵器)는 비록 어지러움을 구제하고 사나운 자를 베는 기구이기는 하나, 겨울과 여름은 백성을 수고롭게 하고 군사를 움직일 때가 아니다. 그러나 주(周)나라 선왕(宣王)이 6월에 정벌한 것은 험윤(玁狁)의 세력이 몹시 왕성하였기 때문으로, 일이 위급한 경우에 닥치면 사람들이 폭거라고 여기지 않는다. 어리석은 저 오랑캐가 지형이 험한 것만을 믿고 천리(天理)를 거역하여 내 변방 백성들을 침해하였으니, 저들의 화(禍)는 자초한 것이다. 내 어찌 노여워하지 않으랴. 출병(兵出)은 명분이 있어야 하고, 군사는 곧고 굳세어야 한다. 조종의 신령에 힘입어 군사들이 용감하고 민첩하게 전진하였으며, 의분을 품고 저들의 경계로 쳐들어갔다. 아, 깊숙한 소굴을 소탕하였으니 정히 추악한 적의 무리가 모두 사라질 때요, 국경을 숙청하였으니 한번 수고하여 영원히 평안함을 거두었다. 중외에 포고하여 모두 듣고 알게 하노라."

- 『동문선』 권24 「교서」 '정건주야인후파고교서'

8) 경재(敬齋) 하연(河演, 1376-1453)

　본관은 진주(晉州)이다. 자는 연량(淵亮)이며, 호는 경재(敬齋), 신희(新稀)이다. 하즙(河楫)의 증손으로, 할아버지는 대사헌 하윤원(河允源)이고, 아버지는 부윤 하자종(河自宗)이며, 어머니는 정우(鄭寓)의 딸이다. 정몽주(鄭夢周)의 문인이다. 과거에 합격해 벼슬이 영의정에 이르렀으며 호를 경재(敬齋)라고 했으니 종신토록 경(敬)으로써 일을 처리했고 일세의 명유(名儒)가 되어 삼조(태종, 세종, 문종을 역사했다)의 묘정에 배향되고 시호를 문효(文孝)라 했다. 이른 나이에 포은(圃隱)의 문하에 출입하여 충효가 순일 지극하고 성품은 고요하고 간결하면서도 강직하고 분명하며 풍도와 위의가 단아했다. 정도(正道)를 부식하고 유학을 일으키는 것을 자기의 소임으로 삼았다. 평상시에는 닭이 울면 세수하고 머리 빗고 의관을 정제하고서 가묘에 절하고 대궐을 향해 앉았다. 손에서 책을 놓지 않았고 반드시 학자나 군자를 본받으려 했다. 일찍이 스스로 경책(警策)하여 이르기를 "존귀하게 되면 재앙이 가까워지고 부유하게 되면 어질지 못하게 되나니 어떻게 하겠는가? 운학(雲壑)에서 정신을 기르고 한 개의 표주박으로 안항(顏港)에 살더라도 즐거움이 있고 삼경(三逕)의 도원(陶園)에도 밝은 달과 맑은 바람은 그대로 있다. 성현도 오히려 그러했거늘 하물며 작은 선비는 어떠하랴? 8~9칸이면 잔약한 일신을 용납할 것이요, 밭은 수십 이랑만 있으면 굶주림을 위로하기에 족할 것이니 나는 나의 분수를 지킬 것이요, 이욕(利欲)에 달려가지 않을 것이다."라고 했다. 그는 나이가 많아지고 지위가 높아져도 스스로 경책(警策)함이 이와 같았다. 『동국여지승람(東國輿地勝覽)』에 나와 있다. 1454년에 문종의 묘정에 배향되고, 숙종 때 진주의 종천서원(宗川書院), 합천의 신천서원(新川書院)에 제향되었다.

9) 인재(仁齋) 강희안(姜希顔, 1419-1464)

본관은 진주이다. 자는 경우이며, 호는 인재(仁齋)이다. 서예가, 화가, 시인으로 알려져 있다. 심온의 외손자이자 소헌왕후의 조카로 세종은 그의 이모부이며 문종, 세조 등은 사촌이다. 친동생으로 강희맹이 있으며 또 다른 사촌으로 노사신, 박중선 등이 있다. 1441년(세종 23년) 문과 식년시에 정과 13등위로 급제하여 집현전 직제학 등을 지냈다. 1455년 원종공신에 녹훈되었는데 1456년 단종복위운동에 관련된 혐의로 신문(訊問)을 받기도 했다. 그는 그림에 능했을 뿐 아니라 글씨도 잘 썼다. 전서와 예서, 산수화와 인물화에 뛰어나 삼절로 불렸다. 세종이 옥새의 글씨를 맡길 정도로 당시에 그를 따를 만한 사람이 없었다. 만년에는 시, 서, 화로 소일하였으나 천기(賤技)라 하여 타인의 청에는 응하지 않았다 한다. 그는 집현전에서 신숙주, 성삼문, 정인지 등과 함께 훈민정음에 대한 해석을 붙이는 일에 직접 참여하였으며 『용비어천가』에 대한 주석을 붙이는 일에도 참여하였다. 그는 시, 글씨, 그림의 3절로서 이름이 높았다. 대표작으로 오두연수도(橋頭烟樹圖), 산수인물도(山水人物圖), 고사관수도(高士觀水圖), 고사도교도(高士渡橋圖), 강호한거도(江湖閑居圖)가 있으며, 저서로 우리나라 최초의 원예 전문서인 『양화소록(養花小錄)』이 있다.

10) 어계(漁溪) 조려(趙旅, 1420-1489)

본관은 함안(咸安)이다. 자는 주옹(主翁)이며 호는 어계(魚溪)이다. 시호는 정절(貞節)이다. 조려(趙旅)는 조선전기 문신이다. 생육신의 한 사람이며, 어계은자(魚溪隱者)라고 불렸다. 세종 2년 경자(1420)에 태어나 성종 20년(1489)에 향년 70의 나이로 졸하였다. 할아버지는 고려 공조전서(工曹典書) 조열(趙悅)이고, 아버지는 증사복시정(贈司僕寺正) 조안(趙安)이다. 부인은 흥양 이씨(興陽李氏) 현감(縣監) 운(運)의 따님이다. 정숙한 행실이 있어서 부녀의 도리를 매우 잘 갖추었기에, 모두가 이르기를 "천생연분의 배필"이라 칭송하였다. 아들 셋을 두었는데, 큰 아들 조동호(趙銅虎)는 군수를 지냈고, 둘째 아들 조금호(趙金虎)는 첨지(僉知)를 지냈으며, 막내아들은 조야호(趙野虎)인데 일찍 졸했다.

1453년(단종 1) 성균관 진사가 되어 당시의 사림 사이에 명망이 높았으나, 1455년 단종이 세조에게 선위(禪位)하자 성균관에 있다가 함안으로 돌아와서 지금의 원북리 서산(西山) 아래에 살았는데, 이 서산을 후세 사람들이 백이산(伯夷山)이라고 불렀다. 단종 승하 후 3년간 상복을 입고 3년상을 치렀고 1489년 70세에 세상을 떠났다. 세조는 그를 여러 차례 관직에 불렀으나 끝까지 거절하고 나가지 않았다. 이후 독서와 낚시로 세월을 보냈다. 그는 벼슬을 하지 않고, 다만 시냇가에서 낚시질로 여생을 보냈기 때문에 스스로 '어계'라 칭호 하였다. 단종이 유배지에서 사사 당하자 위험을 무릅쓰고 찾아가 시신을 수렴하였다고 전한다. 1698년(숙종 24)에 노산군(魯山君)이 단종으로 추복(追復)되자 이조참판에 추증되었다. 1703년 경상도 유생 곽억령(郭億齡) 등이 성삼문(成三問), 박팽년(朴彭年) 등 사육신의 예에 따라 생육신인 조려도 사당을 세워 제향하도록 건의하였던바, 1706년에 그대로 시행되었다. 고향인 함안의 서산서원(西山書院)에는 그를 비롯하여 김시습(金時習), 이맹전(李孟專), 원호(元昊), 남효온(南孝溫), 성담수(成聃壽) 등이 제향 되어 있다. 1781년(정조 5)에 이조판서 겸 동지의금부사 오위도총부 부총관에 가증(加贈)되었다. 저서로는 후손 증 이조참판 조영석이 정리한 어계집(漁溪集)이 전한다. 함안의 서산서원과 동학사 숙모전에서 제향하고 있다. 함안 출신 인물 중에 최초로 문집이 발간되었으며, 강혼(姜渾)이 서문을 찬한 중종 11년 판본의 『어계선생집(魚溪先生集)』은 현존하지 않는다. 박필주(朴弼周)가 서문을 찬한 영조 18년의 판본과 송병선이 서문을 찬한 광무 6년 판본의 속집(續集)이 전한다. 함안군 군북면 원북리에는 생육신 조려 유적이 있다. 함안 조려 묘는 경상남도 함안군 법수면 강주리 산53번지에 있다. 2015년 3월 19일 경상남도 기념물 제283호로 지정되었다. 『어계선생문집』 시 한 수를 옮겨본다.

구월 구일에 높은 언덕에 올라(九日登高)

9월 9일은 중구절
좋은 계절 즐기고자 산등성이에 올랐네.
흰 구름 뭉게뭉게 기러기 떼 날아오고,
난초 잎 빼어나고 국화꽃 향기롭네.
산 밝고 물 푸른데 연기는 참담(慘憺)하고,
바람 불고 햇살 맑은데 가을 기운 처량(凄凉)하네.
갈대꽃은 강가에 눈발처럼 휘날리고,
단풍잎은 양지쪽을 비단같이 물들였네.
두목(杜牧)은 이미 푸른 산등성이에 올랐고,
도연명(陶淵明)은 안타까이 심부름꾼 오기를 기다렸네.
천 년 전의 풍류(風流)가 어제 일 같은데,
지금도 호탕한 기상(氣像) 서릿발처럼 엄숙하네.
머리 돌려 해 저문 강산을 바라보니,
땅 넓고 하늘 높아 생각이 아득하네.
희헌(羲軒)의 세상 멀어져 슬프기 한이 없고,
요순(堯舜)시절 못 만나니 마음 절로 상하구나.
침통히 읊조리는 붓끝에는 천지가 광활한데,
흠뻑 취한 술잔 앞에 세월은 유유하네.
가엾어라, 이 늙은이 오래 삶이 괴롭구나.

11) 사숙재(私淑齋) 강희맹(姜希孟, 1424-1483)

　　본관은 진주(晉州)이다. 자는 경순(景醇), 호는 사숙재(私淑齋), 운송거사(雲松居士), 국오(菊塢), 만송강(萬松岡)이다. 1424년(세종 6) 강석덕(姜碩德)과 세종 비 소헌왕후(昭憲王后)의 여동생인 청송(靑松) 심씨(沈氏) 사이에서 태어났다. 강희맹의 증조부는 강시(姜蓍), 할아버지는 동북면순무사(東北面巡撫使) 강회백(姜淮伯)이다. 강시(姜蓍)는 공양왕과 사돈 관계였으며, 강회백은 고려 말 유신들과 사상적 지향을 공유하고 있기는 하였으나 개국 과정에서는 이성계 세력과 반대 입장을 취하여 장(杖) 1백 대와 함께 먼 지방으로 귀양을 가게 되었다. 그러나 개국에 반대한 인물 중 하륜 등이 태종이 실권을 잡으며 중용되자, 강회백 역시 이때 중용되었으나 비교적 이른 나이인 46세의 나이로 1402년(태종 2) 사망하였다. 강회백에게 강종덕(姜宗德), 강우덕(姜友德), 강진덕(姜進德), 강석덕(姜碩德), 강순덕(姜順德)이 있었는데, 이중 강희맹의 아버지인 넷째 강석덕(姜碩德)은 심온(沈溫)의 사위가 되어 세종과 동서지간이 됨으로써 강희맹은 문종, 세조 등의 이종사촌이 되었다. 한편 강석덕의 동생 강순덕(姜順德)은 태종이 총애하던 이숙번의 사위가 되었다. 이런 혼인 관계는 정계에서 중요한 토대가 되기도 하였지만, 역으로 태종대 말에 이숙번이 정치적으로 몰락하고 세종대 초반 심온이 숙청되었을 때 도리어 곤란한 처지가 되어, 강석덕과 순덕 모두 관직에서 물러나야 했다. 강희맹은 강석덕이 정치적으로 곤궁한 때인 1424년(세종 6)에 태어났는데, 3세도 되기 전에 강순덕의 양자로 입양되어 경기 일원에서 성장하였다. 생부 강석덕은 1428년(세종 10) 무렵부터 관직에 다시 진출하였고, 강희맹이 11살 때에 양근군사로 있으면서 희맹을 군학(郡學)에 보낼 것을 요청하였지만 양어머니의 반대로 이루어지지는 않았다. 하지만 늦게까지 학문에 입문하지 않고 있던 상태를 벗어나 이듬해인 1435년(세종 17) 성유(省柔) 스님에게 배우기 시작하였고, 광교산(光敎山) 창성사(昌盛寺), 금주산(衿州山), 황산(黃山) 사나사(舍那寺) 등등 산사(山寺)에서 본격적으로 학업을 하게 된다. 그러던 중 1440년(세종 22) 이숙번이 사망하고, 상당한 재산이 양어머니 이씨에게 상속되었다. 이듬해 1441년(세종 23)에 강희맹은 사마시에 합격하고, 그의 친형인 강희안은 이 해에 문과에 합격하였다. 강희안은 3년 전인 1438년(세종 20) 사마시를 통과하였었는데, 이때부터 함께 합격한 서거정과 공부를 하였기에 왕래가 잦았고 형을 통해 강희맹과 서거정 사이도 교분이 두터워졌다. 사마시에 합격한 후 양어머니 이씨가 강희맹에게 경상도 함양 지역의 농장을 포함한 일부 재산을 상속하였는데, 이를 계기로 강희맹은 함양에 잠시 체류하게 되었다. 이는 그가 김종직 형제를 만나 평생을 지속하는 친분을 맺는 계기가 되었다. 사마시에 합격한 이듬해인 1442년(세종 24)에는 안숭효(安崇孝)의 딸과 혼인하였는데, 2년 후인 1444년(세종 26) 문과에 실패하였다. 이에 장인과 생부 강석덕이 모두 충순위(忠順衛)를 거쳐서 음직(蔭職)으로 나아갈 것을 권유하였으나 강희맹은 사양하고 1447년(세종 29) 24세의 나이로 문과 별시를 장원으로 급제하였다. 당시 좌주는 하연(河演)이었으며, 장원 급제를 축하하는 언문 편지를 수양대군이 보내기도 하였다.

강희맹의 관직 경력 중 가장 중요한 것은 예조에서의 경력이었다. 그에게는 "예조가 본관(本館)이나 다름없다"라고 평가될 정도였고, 양친의 복상 중인 상황에서도 최항이 『경국대전』의 편찬과정에서 예전 (禮典)의 편집을 위하여 강희맹의 기복(起復)이 필요하다고 건의할 정도였다. 따라서 성종 5년 『국조오례의』를 간행하면서 편찬 책임을 맡고 서문을 작성한 것도 이런 상황과 무관하지 않은 것이었다. 그는 이외에도 당대 굵직굵직한 각종 편찬사업에서 활약하였다. 세조 때 『신찬국조보감(新撰國朝寶鑑)』의 편찬에 참여하였고, 사서삼경의 언해를 담당하였다. 그리고 성종 때에는 『동문선』, 『동국여지승람』, 『국조오례의』, 『국조오례의서례(國朝五禮儀序例)』 등의 편찬에 모두 참여했다. 이 책들이 조선 초 문물과 제도를 정비하는 과정에서 성립된 정수라는 점에서 그 참여는 특별한 의미를 갖는 것이다. 강희맹은 형인 강희안과 마찬가지로 그림에도 소질이 있어, 소나무와 대나무 및 산수화를 특히 잘 그렸다고 하는데, 일본의 오구라문화재단(小倉文化財團)에 소장되어 있는 「독조도(獨釣圖)」이 그의 작품으로 알려져 있다. 글씨로는 원각사비(圓覺寺碑)의 액전(額篆), 아버지와 강지돈(姜知敦) 묘표의 액서(額書), 합천홍류동체필암각(陜川紅流洞泚筆巖刻) 등이 유명하다. 그리고 『용재총화(慵齋叢話)』에서 당대의 문장가로 언급할 정도로 문장력이 뛰어났고, 중국에까지 이름을 떨쳤다고 전한다. 강희맹의 저술 활동 가운데 가장 독특한 것은 『금양잡록』이다. 이는 세종대 편찬된 『농사직설(農事直說)』과 함께 조선 전기의 대표적인 농서다. 특히 『금양잡록』은 『농사직설』과 달리 관찬이 아니라 개인이 편찬하였다는 점에서 특이하다 '금양'은 경기도 금양현, 즉 지금의 시흥 지역으로서 이곳에서 저자가 체험하고 보고 들은 것을 모아 저술하였다. 농가곡품(農家穀品), 농담(農談), 농자대(農者對), 제풍변(諸風辨), 종곡의(種穀宜), 농구(農謳) 등 총 6개

항목으로 구성되어 있으며, 작물의 품종에서부터 농사법, 농사 정책, 풍수해 대비에 관한 것, 농사에 적합한 토양 등을 서술하였다. 또한 생활 주변에서 채집한 농요를 모아 정리한 농구 십사장은 농민들의 애환과 당시 농정(農政)의 실상이 잘 묘사되어 있다고 평가받는다. 또한 인조 때 신속(申洬)이 『농가집성(農家集成)』을 만들 때 『농사직설』, 『사시찬요초(四時纂要抄)』와 함께 기본서로 사용되기도 하였다.

고려 시대의 지방은 호족에 의해서 중앙정권과 연결되어 있었던 것에 비해 조선 시대에 접어들어서는 토지개혁을 통해 권력과 경제력이 분리되는 경향을 가져와 이른바 재지사족이 자리 잡게 된다. 고려가 망하면서 경남지역으로 낙향하는 사족들이 늘면서 이 지역에 재지사족들이 증가하는 현상이 가속화되었다.

이후 조선 초기부터 경남지역의 유학은 관학과 사림파가 공존하면서 전개되는 양상을 보인다. 진양을 중심으로 관학이 조선 건국과 더불어 계속 이어지고, 낙동강 하류에 속하는 청도와 밀양을 중심으로 사림파의 전통이 형성되고 전개되는 상황이었다. 사림파의 인물로는 김종직과 그의 문하인 김굉필, 김일손, 정여창이 중심을 이루고, 한편에서는 박영과 그 문하인 박하담과 신계성 등이 독특한 학풍을 형성해가고 있었고, 김일손의 조카인 김대유도 그와 같은 학풍의 일원이었다.

조선 중기가 시작되면서 경남의 유학 전통은 새로운 국면으로 접어든다. 진주목이 관할하는 13개 군현은 이른바 서부 경남권으로 관학이 중심을 이루고 있었고, 낙동강 중하류 연안 지역은 사림파 중심으로 전개되던 학풍이 남명 조식이 등장함으로써 하나로 통합되는 모습으로 전개되었다. 이제 영남 유학은 강좌와 강우로 분리되면서 퇴계와 남명이라는 거대 학파로 통합되어 가면서, 그 중간지대인 강안지역은 두 학파의 학문이 절충되는 양상으로 발전하였다.

남명의 등장으로 경남 유학은 그 이전과 이후라는 두 시점으로 완전히 나뉜다. 남명으로 인하여 경남 유학의 특징은 새로운 모습으로 통합되었던 것이다. 우리나라 유학사에서 거대 학파의 형성은 남명과 퇴계로부터 비롯되었다. 그것은 두 인물의 위상과 영향력이 그만큼 컸다는 사실을 반증하는 것이다. 남명으로 인하여 경남 정신의 근간이 정립되고, 경남 유학의 골격이 완성되었다고 하여도 과언이 아니다.

유학은 경세학(經世學)이다. 그리고 경세를 위해서 선행되어야 할 것이 '자기 수양'이다. 따라서 '수기치인(修己治人)' '내성외왕(內聖外王)' '극기복례(克己復禮)' 등의 개념은 유학에서 가장 중시하는 근본 가치이다. 그러나 이러한 가치는 언제 어느 시대에서나 통하는 보편적인 것이 될 수는 없다. '치세(治世)'와 '난세(亂世)'가 있기 때문이다. 남명이 정립한 가장 소중한 유학의 가치는 '출처(出處)'였다. 치세에는 나아가 큰일을 이루고, 난세에는 물러나 지조를 지켜야 하는 것이 선비의 본분이라고 판단한 것이다. '나아가서는 하는 일이 있어야 하고, 물러나서는 지조를 지킴이 있어야(出則有爲 處則有守)' 하는 것이 선비의 자세라고 강조했다. 남명은 그 시대를 난세로 규정하고 스스로 '지조를 지키는' 선비로 남고자 했다. 그와 같은 자세는 남명학파의 우뚝한 전통이 되었으며, 그를 '선비의 전형'으로 만들었다. 그에게 있어 '유위

(有爲)'는 '제자를 기르는 일' 즉 교육으로 대치되었고, '유수(有守)'는 '열세 번에 걸친 벼슬에의 부름에 단 한 번도 나아가지 않은 삶'으로 나타났다. 그러면서도 그가 제자들에게 가장 강조한 것은 '때가 되면 나아가 큰일을 할 수 있는 역량을 갖추는 것'이라고 하여 '나아가기 위한 만반의 준비'를 하여 언제든지 능력을 발휘할 수 있어야 한다는 점이었다.

남명 이전과 이후로 대별되는 경남 유학의 맥락은 다음과 같이 나누어 볼 수 있다. 경남과 직접적으로 관련되는 유학의 자취는 고려 말기부터 나타나기 시작해서 조선 초기에 두드러진다. 경남의 유학은 성리학의 도입과 더불어 그 내용을 알 수 있다. 역사적 맥락을 따라서 이것을 크게 4시기로 나눌 수도 있다. 첫째 시기는 성리학 수용으로부터 사림파의 등장까지이고, 둘째 시기는 사림파의 등장으로부터 사화의 시기를 거쳐 남명학파의 형성까지이며, 셋째 시기는 인조반정으로부터 무신 사태를 거쳐 개화기에 이르기까지 남명학파의 침체기이며, 넷째 시기는 1862년의 단성민란으로부터 비롯되는 근대 개화기 전후로 전통 유학의 쇠퇴기이다. 그리고 결론적으로, 경남 유학의 가장 두드러진 특징이 '불의에 저항하는 구국정신'이라고 할 수 있으므로, 그 내용을 별도로 검토하고자 한다.

2부
성리학의
수용

Ⅱ. 성리학의 수용

    우리나라에 성리학이 도입된 시기를 통상적으로는 고려 말의 안향으로부터라고 하지만 이는 사실과 다를 가능성이 크다. 실제로 고려는 건국 후에 중국의 북송과 상당한 교류가 있었음을 알 수 있다. 북송에서 간행된 불교『대장경』이 고려에 도입되었고, 이것이 다시 중국에서 후대에 간행된『대장경』의 기본 자료가 되었다는 사실은 주지의 일이다. 고려 초에도 중국으로 유학한 승려가 상당수 있었으니 의천(義天, 1055-1101)과 같은 인물이 대표적이다. 북송 시대의 학풍은 유불도가 조화를 이루고 있었다고 할 수 있는데,3) 유학은 성리학의 시대로 접어들고, 불교는 선종의 5가 7종이 주류를 이루고, 도교는 내단도교가 그 이론체계를 완성해가고 있었던 때이다. 이 시기에 고려에서도 중국의 성리학에 대한 기본적인 이해가 있었다는 기록을 확인할 수 있다.4)

    북송 후반기에 이르러 중국의 정세가 혼란해지면서 고려와의 문화적 교류가 끊어지게 되어 더 이상 성리학의 학풍이 고려에 전해지지

---

3) 김경수, 『북송초기의 삼교회통론』(예문서원, 2013)에서 그 내용을 상세히 설명하고 있다.
4) 최영성, 『한국유학통사』(심산, 2006) 제5부 제4장에서 이에 대해 상세히 논하고 있다.

않았던 것으로 보인다. 고려와 국경을 접하고 있던 북송 지역이 거란족의 요나라와 여진족의 금나라 등의 각축장으로 변하여 결국 몽고족인 원나라에 의해 통일되고, 북송은 양자강 이남으로 밀려나 임안(臨安)을 수도로 하는 지방의 소국인 남송으로 전락하게 된다. 성리학은 이른바 주희에 의해 '북송오자(北宋五子)'로 추숭 받는 주렴계, 장횡거, 소강절, 정명도, 정이천 등에 의해 유학의 새로운 형태로 자리 잡게 되지만 실제로는 국가적 차원의 학문으로는 성장하지 못한 것이 사실이다. 남송의 주희에 의하여 집대성된 이 학문은 '성리학=주자학'이란 개념으로 인식되고 있지만, 사실은 다양한 이론체계를 가지고 발전하고 있는 양상이었다. 주희도 동시대의 육상산과 더불어 성리학에 대해 커다란 인식의 차이를 드러내고 있었던 것이다. 뿐만 아니라, 주자학도 주희 말년에 위학(僞學)으로 간주되어 배척받는 지경에 이르렀다. 정이천과 소동파의 대립으로 인한 '낙촉분당(洛蜀分黨)'과 주희로 인해 일어난 사건인 '경원당안(慶元黨案)' 등이 이를 잘 말해주고 있다. 그리고 다양한 성리학적 학풍을 우리는 『송원학안』이나 『명유학안』에서 쉽게 확인할 수 있다.

원나라가 중국의 북부를 지배하면서부터 국가 차원의 사상에 혼란이 일어났다고 할 수 있는데, 원의 지배층은 라마불교를 신봉하고 있었고, 중국의 북부는 도교 전진교파가 세력을 크게 확장하면서 원나라 정부의 비호를 받게 되었다. 원나라 정부는 중국을 통치하기 위한 이념적 수단으로 전진교를 지원하다가 결국은 주자학을 도입하게 되었던 것이다. 주자학을 국교로 채택하게 되었다는 말은, 과거시험 과목으로 주희가 집성한 사서오경을 기본 텍스트로 사용하게 되었다는

말이다. 경전의 해석에서 주희가 정론으로 채택한 교재 즉『주자집주
(朱子集註) 사서오경(四書五經)』이 과거시험 출제와 답안의 기준이 되었
다는 말이다. 주자학이 이민족에 의한 중국통치의 요긴한 수단으로
사용되었다는 것이다.

　고려는 북송의 성리학을 온전히 도입하지 못한 상태 즉 성리학의
다양한 이론적 체계들을 접해보지 못한 채, 중국의 지배자로 새로 등
장하고 고려마저도 속국으로 굴복시킨 원나라를 통하여 주자학을 성
리학으로 받아들인 것이다. 이것은 우리나라 성리학의 협소성을 불러
온 요인이 되었으며, 시간이 갈수록 주자학이 아니면 모두 '사문난적
(斯文亂賊)'으로 매도하는 현상까지 초래하게 된 근본 이유가 되었다.

　고려 말에 도입된 성리학은 조선 초에 이르기까지 '성리설'에만 몰
두하지 않는 양상으로 발전하였다. 이른바 정도전 권근 하륜 등으로
대표되는 경세파(經世派) 유학이 그것이다. 이러한 경향은 조선의 건국
에서 국가의 안정기까지 중앙의 정계를 중심으로 하는 학문의 흐름이
었다. 세종 때의 집현전을 중심으로 하는 학문의 양상과 우아한 문장
력을 자랑하는 학자들의 창작활동이 관학파의 특징이었다. 그런데 한
편으로는 고려의 몰락과 조선의 건국이라는 혁명의 와중에서 싹
트게 된 '절의(節義)'의 개념이 성리학의 한 흐름을 이으면서 '절의파=
도학파'라는 도식을 형성하게 되었다. 이 절의파의 주류가 이른바 영
남 사림파로 분류되면서 조선의 도학 즉 성리학은 정몽주 - 길재 - 김
숙자 - 김종직 - 김굉필 정여창 김일손 - 조광조라는 계보를 만들어내
고, 이후에는 이언적과 이황까지 포함하는 불변의 계통도로 정착하게
된다. 사림파가 정계에 등장하면서부터 조선의 성리학은 주자학 일변

도로 기울어지게 되었다.

고려 말에 주자의 성리학이 도입된 이후 이를 이념화한 신흥사대부들에 의해 개혁이 추진되고, 그 종착역은 고려의 망국과 조선의 개국이었다. 주자의 성리학은 하나의 거대한 통일체로서의 국가조직이었다. 어려서부터의 『소학』 교육으로 유교적 이념을 체화하고, 본격적으로 학문을 할 시기에는 『근사록』을 기본 교재로 삼아 바탕을 정립하며, 벼슬에 나아가고자 하면 반드시 『주자집주』 사서오경을 공부해야만 하는 시스템을 구축한 것이다. 나아가 유교는 예학이라고 할 수 있는 만큼, 예를 통한 질서로 통치되는 이상국가 건설을 위해 『주자가례』를 만들어 사서인(士庶人)에 이르기까지 모든 사람의 사상과 행동을 통제할 원리를 보급하였다. 사고와 행동이 하나의 원리로 통제되는 이상국가, 그것이 바로 주자학의 가장 큰 특징이라고 할 수 있다.

이러한 이념을 습득한 젊은 신진사대부들의 눈에 불교를 통치의 수단으로 삼는 고려 정권은 표리가 일치하지 않는 제도로 인식되었다. 또한 무신정권을 거치고 원의 속국으로 지낸 세월 동안 국론은 분열되고 권세가들에 의한 부의 독점현상은 더욱 두드러지게 되어 더 이상 지탱할 수 없는 상황으로 여겨졌다. 그들에게 필요한 것은 역성혁명을 통한 새로운 이상국가의 건설이었다.

한편, 고려의 정치조직은 중앙의 귀족과 지방의 호족이 연합하여 나라를 통치하는 방식이었다. 그런데 고려 말에 이르면 지방의 호족으로서 중앙으로 올라가 벼슬을 하는 경우가 늘어나게 되고, 더구나 과거제도를 통한 인재 등용으로 중앙귀족의 세력을 견제하고자 하는 정책과 맞물려 지방 출신 신진 인물들의 정계 진출이 확대되었다. 그리고 이들은 중앙에서 새롭게 등장한 사학 즉 9재학당과 같은 교육기관에서 새로 유입된 성리학을 공부하게 되었다. 이 시기부터 한 사람의 스승과 그로부터 배운 제자들이 집단을 이루게 되는 초기 학파의 개념이 형성되기 시작한다. 이 '학파'는 다시 세대를 넘어 지속하는 '학맥'의 개념으로 발전하게 된다. 이들은 대체로 과거를 통하여 정치에 몸을 담게 되면서 이른바 신흥사대부의 주축을 이룬다. 지방 출신 신흥사대부들이 중심이 되어 이성계의 무력을 앞세워 성공한 혁명이 조선의 건국이었다.

조선의 건국과 더불어 재경 호족들은 몇 가지 길 중 하나를 선택하게 된다. 첫째는 개혁에 동참하여 새로운 세상을 열어가고자 하는 길, 둘째는 고려에 절의를 지켜 은거하거나 순국하는 길, 셋째는 원래의 세거지로 귀향하여 시국을 관망하는 길 등이다. 아이러니하게도 유학은 '불사이군(不事二君)'과 '역성혁명(易姓革命)'을 둘 다 긍정하는 이중적 잣대를 가지고 있기에, 당시 귀족이나 벼슬아치들의 어떠한 처신도 자신들의 행위를 정당화할 수 있었다고 하겠다. 개국공신이 되거나 두문동에 은거하거나 고향으로 낙향하거나 모두 다 나름대로 명분이 되었던 것이다.

그런데 고려 시대에 경남은 상대적으로 소외된 지역이었다고 할 수 있다. 중앙으로부터 멀리 떨어진데다가 북방 오랑캐의 계속되는 침략에 대응해야 하는 상황이었기 때문이다. 게다가 고려 초기의 정권은 황해도 일대와 전라도 나주 일대의 호족이 연합하고, 그 외의 지역 호족들이 협력하여 세운 것이다. 그런데 이 시기에 경남지역의 호족으로서 중앙 정계에 등장하고 있는 인물은 별로 확인되지 않는다. 또한 남부지역은 고려 말에 이르러 왜구들이 자주 출몰하여 백성들의 삶이 안정을 얻기 어려운 실정이었다. 고려 때에 경남지역이 거론되고 있는 일은 원나라의 일본 정벌 때 출발지로서 합포가 이용되었다는 사실이 아마도 가장 큰 사건일 것이다.

고려 말에 이르러 이성계 등에 의하여 삼남을 침략한 왜구들이 대거 토벌되어 이 지역이 안정을 얻게 되었고, 지방의 호족 자제들이 상경하여 사학에서 공부하여 과거를 통하여 벼슬에 나가면서 경남지역도 진양을 기반으로 하는 인물들이 중심이 되어 정권에 진출하게 된다. 조선으로 접어들면서 이제 고려 시대의 호족은 서서히 사라지고 대신 과거를 통하여 벼슬에 나아가 출세하는 시대적 분위기가 형성되었다. 이제 지방의 권력은 토지와 권력을 동시에 소유하였던 호족이 아니라 중앙에서 파견된 지방관들이 가지게 되었다. 그러면서 한편으로는 일정한 정도의 토지를 소유하고 있으면서 학문을 하여 과거를 통해 벼슬에 나가는 재지사족(在地士族)들의 영향력도 무시할 수 없었다. 그들은 언제든지 과거에 합격하여 벼슬에 나갈 수 있었고, 또한 벼슬에 있다가도 마음에 들지 않으면 낙향하여 세거지에서 일정한 세력을 유지할 수 있었다. 조선 초기에 이르러 경남지역은 다수의 재지사족이 중앙으로 진출하였으며, 한편으로는 다수의 중앙 사족들이 이 지역으로 낙향하여 토지를 개간하여 재지사족으로서 기반을 형성한 시기로 보고되고 있다.

그런데 이 당시 경남지역 사족들의 활동 양상을 보면, 두 가지 부류로 지역적으로 나누어지는 현상을 알 수 있다. 진양을 중심으로 하는 오늘날의 서부 경남 인물들이 호족 세력으로 있다가 재지사족으로 전환하면서 고려 말부터 조선 전기에 이르도록 계속 중앙의 벼슬에 나가는 관학파 계통이 있고, 낙동강 연안 지역을 중심으로 조선 초기에 벼슬을 버리고 낙향하여 새로운 재지사족으로 기반을 구축하는 사림파 계통이 있다.5) 이 두 계통에 대한 종합적 이해가 있어야만 오늘날 일반적인 관점에서 이해하는 조선 시대 경남의 선비정신의 원형을 알 수 있다. 남명에 의해 정립된 경남정신 내지는 경남의 선비정신은 지금까지 남명이 그 원류인 것으로 알려지고 있다. 그러면서 남명학의 연원을 정확히 밝히는 학문적 연구는 거의 이루어지지 않았던 것이 사실이다.

선비정신이란 어떤 것인가? 스스로의 내면적 함양을 통하여 얻어지는 '부동심(不動心)'의 확립과 외면적으로 발휘되는 '호연지기(浩然之氣)'가 함께 갖추어져야만 가질 수 있는 인격적 자세가 바로 선비정신이다.6) 선비란 학문을 하여 인격을 수양해서 도덕적 품성을 갖추고 외부의 어떤 유혹에도 흔들리지 않으면서 자신의 지조를 지키고 그리하여 맑은 향기를 세상에 내뿜는 존재이다. 벼슬에 나아가거나 산림에 처해 있거나 어느 한쪽으로 치우친 삶이 올바른 선비의 모습은 아닌 것이다. 경남 선비정신의 형성은 진양을 중심으로 하는 서부지역의 관학파적 전통과 낙동강 연안을 중심으로 하는 동부지역의 사림파

---

5) 오늘날 학계에서는 낙동강 연안 지역의 독특한 학풍을 퇴계학과 남명학의 절충 지대로 보고서 강안학(江岸學) 또는 낙중학(洛中學)이라는 명칭으로 정리하려는 움직임이 있다. 물론 이러한 분류도 중요한 구분이 될 수 있지만, 그보다 먼저 강하학(江下學)이라는 이름의 분류가 있었다는 사실이 중요하다. 경북지역의 낙동강을 강상으로, 경남지역의 낙동강을 강하로 구분한 것이다. 필자는 이번 연구를 통하여 강하학의 독특한 성격과 유래에 대하여 깊이 있는 연구가 필요함을 절감하였다.
6) 이러한 선비 개념은 『맹자』의 '대장부론'에서부터 확립된 것이다.

적 전통이 남명을 통하여 결합함으로써 만들어진 '출처의리(出處義理)'의 원리로 정착되었다고 할 수 있다는 것이 필자의 주장이다. 그것이 남명에게는 '경(敬)'과 '의(義)'로 드러났던 것이다. 이제 그 배경에 대해 인물을 중심으로 접근해보자.

여말선초(麗末鮮初)에 경남 출신으로 과거에 급제하여 중앙에서 요직을 역임한 인물로는 하연(河演, 1376-1453), 정이오(鄭以吾, 1347-1434), 강희안(姜希顔, 1417-1464), 강희맹(姜希孟, 1424-1483), 강자평(姜子平, 1430-1486), 유순정(柳順汀, 1459-1512) 등이 유명하다. 특히 이들은 진양을 본관으로 하는 대표적 성씨들로서 조선 초에 '나라 인재의 절반이 영남에 있고, 영남 인재의 절반이 진양에 있다'는 말이 있게 한 장본인들이다. 이들은 고려 말 또는 조선 초에 모두 과거에 급제하여 벼슬에 나갔으니 유학에 대한 소양이 상당하였음을 알 수 있다. 이들은 모두 관학파로 분류되는 인물로 탁월한 행정능력을 펼쳤다. 그 외에는 밀양 출신의 변계량이 학문에 뛰어났다. 오늘날 다른 인물들은 남아있는 문집이 없어 그 학문의 내용을 살피기 어렵지만, 하륜과 변계량은『호정집』과『춘정집』이 있어 그 대략이나마 짐작할 수 있다. 호정(浩亭) 하륜(河崙, 1347-1416)은 조선 초 영의정을 지냈고, 춘정(春亭) 변계량(卞季良, 1369-1430)은 20여 년간 대제학을 지냈다.

하륜은 고려 문하시랑 하홍진(河拱辰)의 후손으로 순흥부사 윤린(允麟)의 아들이다. 그는 19세인 1365년(공민왕 14)에 과거에 급제하였고, 목은(牧隱) 이색(李穡)을 스승으로 섬겼다. 1371년(공민왕 20) 영주목(榮州牧)을 잘 다스려 안렴사(按廉使) 김주(金湊)는 그의 치적(治績)을 가장 높이 평가하여 보고했다. 고공좌랑(考功佐郎)을 거쳐 첨서밀직사사(簽

書密直司事)에 이르러 최영(崔瑩)의 요동 공격 정책을 극력 반대하다가 양주(襄州)로 귀양을 갔다. 조선 건국 후 경기좌도관찰사가 되어 부역 제도를 개혁하여 전국적으로 실시하게 하였다. 1393년(태조 2) 경기도 도관찰사가 되어 계룡산 천도를 반대하고 한양 천도를 적극 주장하였다. 1398년 충청도 도관찰사로서 '제1차 왕자의 난' 때 이방원을 도왔다. 정종이 즉위하자 정사공신 1등이 되고 정당문학으로서 진산군(晉山君)에 봉해졌다. 그는 외교적 역량도 뛰어나 국초에 명나라와의 어려운 문제들을 해결하였는데, 특히 영락제(永樂帝)의 등극사로 가서는 조선왕조의 완전한 인준을 받는 절차인 고명인장(誥命印章)을 받아오기도 했다. 하륜은 진주의 촉석루 중건을 주도하였고 기문을 지었으며, 진주를 중심으로 한 서부 경남의 유풍(儒風)을 진작하는데 크게 기여했다.

12) 점필재(佔畢齋) 김종직(金宗直, 1431-1492)

본관은 선산(善山)이다. 자(字)는 계온(季昷), 호(號)는 점필재(佔畢齋)이다. 점필재(佔畢齋) 김종직(金宗直, 1431-1492)은 정몽주(鄭夢周, 1337-1392), 길재(吉再, 1353-1419), 김숙자(金叔滋, 1389-1456)로 이어지는 한국 유학의 정통을 계승한 영남 사림파의 종장(宗匠)이다. 생전에 지은 「조의제문(弔義帝文)」이 사후에 문제가 되어 1498년(연산군 4) 무오사화(戊午士禍)가 일어나 부관참시(剖棺斬屍)를 당하였다.

어세겸(魚世謙)이 일찍이 그의 시를 보고 감탄하면서 칭찬하기를, "나는 그를 위해 채찍을 쥐고 마부를 하더라도 결코 사양하지 않을 것이다."라고 하였다. 성종은 문학(文學)을 하는 선비 십 수 명을 선발하여 처음으로 경연(經筵)을 개최하였는데, 김종직은 그중 가장 뛰어난 사람으로서, 학문과 문장으로 한 시대 유학의 종사(宗師)라고 추앙받았다. 그의 문하에서 유명한 유학자들이 많이 배출되었다. 대표적 인물이 김굉필(金宏弼), 정여창(鄭汝昌)이다. 이들은 도학으로 이름을 얻었다. 김일손(金馹孫), 유호인(俞好仁), 조위(曺偉), 이종준(李宗準), 남효온(南孝溫) 등은 문장으로 널리 알려졌다. 성종 23년, 62세의 나이로 세상을 떠났다. 문간(文簡)이라는 시호를 받았다. 『점필재집(佔畢齋集)』, 『이존록(彝尊錄)』, 『동문수(東文粹)』 등의 저작이 있다. 연산군 4년 무오년에는 유자광(柳子光)의 무고로 무오사화(戊午士禍)가 일어나서 김일손, 김굉필 등은 유배되어 참수되었다. 그리고 김종직은 부관참시 되었다.

그가 지은 조의제문은 그가 26세 때 지은 글이다. 김종직은 1457년 10월 어느 날 의제가 나타난 꿈을 꾼 뒤 이런 역사적 비극을 슬퍼하는 내용을 담아 「조의제문」을 지었다. 이 「조의제문」은 김종직의 사후에 『성종실록』의 편찬과 관련되어 표면화되고 정치적인 문제를 야기하였다. 1498년(연산군 4)에 『성종실록』의 수찬을 위해 실록청 당상관 등이 사초를 검토하였다. 이때 이극돈(李克墩) 등이 김종직의 제자인 김일손(金馹孫)이 제출한 사초 중의 「조의제문」을 두고 "의제에 빗대어 세조가 단종으로부터 왕위를 찬탈한 일을 은밀하되 격렬히 비판했다."고 해석한 후 김종직을 역신으로 규정하면서 무오사화를 일으키고 그의 제자 등 사림파 관료를 대대적으로 숙청하였다. 「조의제문」의 내용은 다음과 같다.

"정축년(1457년, 세조 3) 10월 어느 날 나는 밀성(密城: 현 경상남도 밀양)에서 경산을 거쳐 답계역(踏溪驛: 현 경상북도 성주[星州])에서 잤다. 그때 꿈에 한 신령이 일곱 가지 무늬가 들어간 예복[七章服]을 입은 헌칠한 모습으로 와서 "나는 초 회왕의 손자 심(心)인데, 서초패왕항우에게 살해되어 침강(郴江)에 빠뜨려졌다."고 말하고는 홀연히 사라졌다. 나는 깨어나서 놀라며 중얼거렸다. "회왕은 중국 남쪽에 있는 초 사람이고 나는 동이(東夷) 사람이니, 거리는 만 리 넘게 떨어져 있고 시간의 선후도 천 년이 넘는다. 그런데도 꿈에 나타났으니 이것은 얼마나 상서로운 일인가. 또 역사를 상고해 보면 강에 빠트렸다는 말은 없는데, 혹시 항우가 사람을 시켜 몰래 쳐 죽이고 그 시체를 물에 던진 것일까. 알 수 없는 일이다." 마침내 글을 지어 조문했다. 하늘이 만물의 법칙을 마련해 사람에게 주었으니, 누가 하늘, 땅, 도(道), 왕(王)의 네 가지 큰 근본[四大]과 인의예지신(仁義禮智信)의 다섯 가지 윤리[五倫]를 높일 줄 모르겠는가. 그 법도가 어찌 중화에는 풍부하지만 동이에는 부족하며, 예전에는 있었지만 지금은 없겠는가. 그러므로 나는 천 년 뒤의 동이 사람이지만 삼가 초 회왕을 조문한다. 옛날 진시황이 포학을 자행해 사해가 검붉은 피바다가 되니, 큰 나라나 작은 나라나 모두 그 폭정을 벗어나려고 허둥댈 뿐이었다. 전국시대 여섯 나라의 후손들은 흩어져 도망가 보잘것없는 백성으로 전락했다. 항량은 남쪽 초나라 장군의 후예로 진승(陳勝)과 오광(吳廣)을 뒤이어 대사(大事)를 일으킨 뒤 왕을 구해 세우니, 백성의 소망에 부응하고 진시황에 의해 끊어졌던 나라의 제사를 다시 보존했다. 그의 도움에 힘입어 회왕은 하늘이 내려준 제왕의 상징을 쥐고 왕위에 오르니, 천하에 진실로 미씨(羋氏: 초 왕족의 성씨)보다 높은 사람이 없었다. 회왕은 항우 대신 유방을 관중(關中)에 들여보냈으니 그 인의(仁義)를 충분히 알 수 있다. 그러나 회왕은 항우가 상장군(上將軍) 송의(宋義)를 멋대로 죽였는데도 어째서 그를 잡아다가 처형하지 않았는가. 아, 형세가 그렇게 할 수 없었으니 회왕에게는 더욱 두려운 일이었다. 끝내 배신한 항우에게 시해를 당했으니 하늘의 운세가 크게 어그러졌다. 침강의 산은 하늘을 향해 우뚝 솟았지만 햇빛은 어둑어둑 저물어가고, 침강의 물은 밤낮으로 흘러가지만 넘실넘실 되돌아오지 않는다. 하늘과 땅이 끝이 없듯 한(恨)도 어찌 다하리오. 회왕의 혼은 지금까지도 떠돌아다니는구나. 내 충성된 마음은 쇠와 돌도 뚫을 만큼 굳세기에 회왕이 지금 홀연히 내 꿈에 나타났다. 주자(朱子)의 원숙한 필법을 따라 떨리는 마음을 공손히 가라앉히며 술잔 들어 땅에 부으며 제사하노니, 바라건대 영령은 와서 흠향하소서."

13) 일두(一蠹) 정여창(鄭汝昌, 1450-1504)

본관은 하동(河東)이다. 자는 백욱(伯勗), 호는 일두(一蠹), 수옹(睡翁)이다. 판종부시사(判宗簿寺事) 정지의(鄭之義)의 증손이다. 할아버지는 판전농시사(判典農寺事) 정복주(鄭復周, 1367-?), 아버지는 함길도병마우후 증한성부좌윤 정육을(鄭六乙, ?-1467)이다. 정여창의 아버지인 함길도 우후(虞侯) 정육을은 1467년(세조 13) 5월 이시애(李施愛, ?-1467)의 난을 평정하다가 목숨을 잃었다. 어머니는 경주최씨(慶州崔氏)로, 목사 최효손(崔孝孫)의 딸이다.

정여창은 일찍이 아버지를 여의고 혼자서 독서에 힘쓰다가 김굉필(金宏弼, 1454-1504)과 함께 김종직(金宗直, 1431-1492)의 문하에서 학문을 연마하였다. 『논어』에 밝았고 성리학의 근원을 탐구하여 체용(體用)의 학을 깊이 연구하였다. 1480년(성종 11)에 성종이 성균관에 유서를 내려 행실을 닦고 경학에 밝은 사람을 구하자 성균관에서 그를 제일로 천거하였다. 그러나 정작 무오사화 때 김일손과의 친교와 관련하여 1498년 7월 19일 정여창이 심문을 받을 때 "저는 종직에게 수업을 받은 적은 없습니다. 다만 저의 어머니가 함양에 거주하고 계시는데 종직이 본군의 수령으로 내려와 있었기 때문에 때때로 가서 보았을 뿐입니다."라고 진술하였다. 김종직의 공식 문하생 신분으로 수업을 받기보다는 한 번씩 만나 대화 과정에서 학문 영향을 받았을 것으로 추정된다. 정여창의 저서로『일두유집(一蠹遺集)』이 있다. 1504년(연산군 10) 4월 1일 귀양지인 함경도 종성에서 세상을 떠났다. 정여창의 나이는 55세였고, 제자들이 함경도 종성에서 경상남도 함양으로 시신을 운구하였다. 2개월 운구 끝에 1504년 6월 고향인 경상남도 함양군 수동면 승안동(昇安洞)에서 반장(返葬)[객지에서 죽은 사람을 그가 살던 곳이나 그의 고향으로 옮겨서 장사를 지냄]하였다. 갑자사화 때 부관참시되었으나 중종반정으로 연산군이 폐위되고 중종 즉위 후 복작추증(復爵追贈)[벼슬아치가 죽은 뒤에 빼앗은 벼슬을 다시 돌려주고 품계를 올려 줌]되어 명예가 회복되었다.

정여창의 학행은 남다른 바가 있어 성종 11년(1480) 국가에서 '경명행수자(經明行修者)'를 구할 때 성균관 유생의 압도적인 천거를 받았다. 이 밖에 길일손(金馹孫)이 자신의 교우관계를 열거하면서 도덕문사로서 교우관계를 맺고 있는 자 중에 정여창이 포함된 사실과 어머니의 상을 당했을 때 보여 준 정여창의 행적에서 분명히 확인된다. 그는 이런 사인(士人)으로서의 철저한 독행(篤行)으로 성종 21년에 천거를 받아 소격서 참봉(昭格署參奉)에 제수되었지만 이 또한 응하지 않았다.

유자로서의 행동도 그러하였지만 그 전제가 되는 학문 또한 돈독한 것이었다. 그의 학문에 대한 자세는 그가 남긴「입지론(立志論)」에서는 물론 행장 곳곳에서도 드러났다. 그는 성종 13년에『경국대전(經國大典)』,『오례의주(五禮儀注)』를 펴낸 윤효손(尹孝孫)과 주서(朱書)를 강론하였다. 여기서 주서는『주자가례(朱子家禮)』나『예기(禮記)』에 해당되는 것이다. 정여창은 폭 넓고 깊이 성리학을 이해하고 있었으며, 특히『중용

(中庸)』이나 『예기(禮記)』에 정통하였다. 이런 점은 오늘날 일문(逸文)으로 남아 있는 「중학주소(庸學註疏)」의 제목을 통해서도 알 수 있다. 이처럼 정여창은 김굉필 등이 심학(心學)의 실천과 직결되는 소학에 치중한 것과는 달리 심학에 근거한 이학에 치중하였다.

정여창의 학행은 수학기에 이미 동학(同學)은 물론 중외에 널리 알려져 있었다. 이미 조정에서는 그를 등용하려 하였으나 수기에만 전념할 뿐 관직에는 눈을 돌리지 않았다. 그러나 어머니의 간곡한 요청에 정여창의 마음을 돌리게 하였다. 이에 정여창은 성종 14년에는 진사과(進士科)에 합격한 데 이어 성종 21년 12월에는 문과별시(文科別試)에 합격하여 치인(治人)의 길로 나아갔다.

다음은 정여창의 글 가운데서 [입지론(立志論)]이다.

"배움이란 성인(聖人)을 배우는 것이요, 뜻이란 그 배움을 이루는 것이다. 그러므로 세우지 않아서는 안 되는 것이 뜻이지만, 뜻이 섰다 해도 굳세지 않으면 물욕(物欲)에 흔들려 뜻을 빼앗기거나 여러 사람의 견해에 의해 뜻이 바뀌지 않는 경우가 드물다. 그런데 뜻이 굳센 것은 알기를 분명하게 하고 지키기를 굳게 하는 데에 달려 있는 것이지, 억지로 마음을 다잡는다고 정해지는 것은 아니다. 사람은 형체가 있으면 마음이 있기 마련이어서 외물(外物)에 마음이 감동하지 않을 수 없으니, 외물에 감동될 때에 그 욕심을 절제하지 않으면 도리어 외물이 사람을 유인하여 외물로 변화시킨다. 그러므로 성인은 중정인의(中正仁義)로써 뜻을 정해서 만세에 교훈을 드리워서 학자들로 하여금 알고서 행하여 그 본연의 성품을 회복하게 하려고 하였다. 그러니 학문에 뜻을 둔 자라면 순(舜) 임금처럼 인(仁)과 예(禮)에 마음을 다 쏟지 못할까 근심하지 않을 수 있겠으며, 장부(丈夫) 이긴 매한가지이니 성인을 두려워할 것이 없다는 뜻에 힘쓰지 않을 수 있겠는가. 그러나 선(善)을 따르기는 산에 오르는 것처럼 힘들고 욕심을 따르기는 물이 낮은 곳으로 흐르는 것처럼 쉬운 법이다. 세대가 멀어지고 성인이 돌아가신 뒤로는 근대의 이른 바 학자라는 자들은 휩쓸리듯 공리(功利)의 설(說)에 빠져들었다. 그러니 누가 능히 산을 오르는 것처럼 어려운 일을 억지로 힘써 천리(天理)를 보존하며, 물이 아래로 흐르는 것처럼 쉬운 일에서 탈피하여 인욕(人欲)을 막겠는 가. 이로써 본다면 질풍노도와 같은 세태에 굴하지 않고 의연히 맞서고, 공명(功名)을 일삼는 세상에서 변치 않고 꿋꿋이 정도(正道)를 지켜서, 그 배움을 이룰 자가 천하에 과연 몇이나 되겠는가. 여기에서 입지(立志)가 강하지 않으면 성인을 배울 수 없다는 것을 알 수 있는데, 이는 모두 평소에 알기를 분명하게 하지 못하고 지키기를 견고하게 하지 못해 억지로 다잡아 뜻을 정한 데에서 연유한다. 기약하지 않았어도 모인 제후(諸侯)가 800여 나라가 되었던 무왕(武王)의 시대에는 천하의 마음이 통일되어 한 사람도 다른 생각을 품은 자가 없었다. 그런데도 백이(伯夷)와 숙제(叔齊)는 단신의 몸으로 황월(黃鉞)을 짚고 백모(白旄)를 펄럭이며 주(紂)를 치러 나가는 무왕의 나는 듯한 말을 멈춰 세우고 직간(直諫)하여 그 시비를 겨루었다. 이는 비유하자면, 마치 만 길[丈] 의 제방이 터져 사나운 물결이 콸콸 쏟아지매 고산도 암벽도 모두 무너지는 상황인데도 물살에 휩쓸리지 않고 만 길로 우뚝 솟은 돌기둥처럼 강한 것이었으니, 그 굳셈이 어떠한가. 학자가 뜻을 세움에 있어 그 굳건함이 이와 같다면, 반드시 흔들려 뜻을 빼앗길 걱정이 없어 성인을 배우는 공을 보게 될 것이다. 그렇지만 마땅히 강(强)해야 할 것에 강한 것은 군자(君子)의 강이요, 강해서는 안 될 것에 강한 것은 강자(强者)의 강이니, 명선(明善)의 공부에 힘을 다하지 않으면 안 된다."

14) 한훤당(寒暄堂) 김굉필(金宏弼, 1454-1504)

본관은 서흥(瑞興)이다. 아명(兒名)은 김효동(金孝童), 자는 대유(大猷), 호는 한훤당(寒暄堂), 사옹(蓑翁)이다. 아버지는 호군(護軍)을 지낸 김유

(金紐), 어머니는 청성군(淸城君) 한승순(韓承舜)의 딸 숙부인(淑夫人) 청주한씨(淸州韓氏)이다. 김굉필은 김종직(金宗直, 1431-1492)의 문하에 들어가 학문을 배웠다. 김굉필은 특히 『소학(小學)』에 심취하여 자신을 스스로 '소학동자(小學童子)'라고 자처하였다. 김굉필이 『소학』 이외의 다른 책을 읽기 시작한 것은 30세 이후였다고 한다. 1498년(연산군 4) 무오사화로 인해 곤장 80대를 맞고 평안도(平安道) 희천군(熙川郡)에 유배되었다가, 1500년(연산군 6) 순천 지역으로 유배지를 옮겼다. 그리고 1504년 갑자사화로 유배지 순천에서 죽었다. 김굉필이 5년간 순천 지역에 머물면서 순천 지역 사족들에게 끼친 학문적인 영향은 매우 컸다. 당시 순천 지역에 거주하던 류계린(柳桂隣, 1478-1528), 류맹권(柳孟權), 장자강(張自綱, 1461-1526) 등이 김굉필에게 사사하였다. 이후 순천 지역의 성리학은 그 근원을 김굉필에서 찾게 되었다. 1563년(명종 18) 순천부사로 부임한 이정(李楨, 1512-1571)은 김굉필 관련 사적을 대폭 정비하는 한편 『경현록(景賢錄)』을 간행하였다. 16세기 이후 순천 지역에 입향한 신흥사족들은 이정의 이러한 성리학 진흥 사업에 적극적으로 참여하면서, 점차 순천 지역 향권(鄕權)에 접근하기 시작했다. 자신들의 학문적인 연원을 김굉필에서 찾았다. 김굉필은 1507년(중종 2) 신원 된 후 통정대부(通政大夫) 승정원도승지(承政院都承旨)로 추증(追贈)되었다. 1517년(중종 12) 대광보국숭록대부(大匡輔國崇祿大夫) 의정부우의정 겸 영경연사(議政府右議政兼令經筵事)에 추증되었다. 1575년(선조 8) 문경(文敬)이라는 시호가 내려졌으며, 1610년(광해군 2) 정여창(鄭汝昌, 1450-1504), 조광조(趙光祖, 1482-1519), 이언적(李彦迪, 1491-1553), 이황(李滉, 1501-1570)과 함께 문묘 종사가 이루어졌다. 이와 함께 아산의 인

산서원(仁山書院), 서흥의 화곡서원(花谷書院), 희천의 상현서원(象賢書院), 순천의 옥천서원(玉川書院)[전라남도 문화재자료 제4호], 현풍의 도동서원(道東書院)[사적 제488호] 등에 배향되었다.

15) 탁영(濯纓) 김일손(金馹孫, 1464-1498)

본관은 김해(金海)이다. 자는 계운(季雲), 호는 탁영(濯纓) 또는 소미산인(少微山人)이다. 대대로 청도에서 살았다. 할아버지는 김극일(金克一)이고, 아버지는 집의(執義) 김맹(金孟)이며, 어머니는 이씨이다. 김일손은 1464년(세조 10) 경상북도 청도군 상북면 운계동에서 태어났다. 어머니 용인 이씨의 꿈에 세 용마(龍馬)를 보고 세 아들을 낳아, 아들의 이름을 모두 마(馬)변이 있는 글자를 넣어서 각각 준손(駿孫), 기손(驥孫), 일손(馹孫)이라 하였다. 아버지 김맹(金孟)은 세종조에 집현전 교리가 되었다가 계유정란에 사직하고 귀향하였다가 성종 때에 좌랑공신이 되었다. 벼슬은 사헌부 집의이다. 큰형 김준손은 성종조에 홍문관 직제학을 지냈고 유배지에서 연산군의 학정을 규탄하는 격문을 선시하였고 작은 형 김기손은 사헌부감찰과 병조, 이조좌랑, 창녕 현감을 지냈으며, 효성의 귀감으로 후세에 알려지는 김극일(金克一)의 손자이다. 17세 때까지는 할아버지 김극일(金克一)로부터 『소학(小學)』, 사서(四書), 『통감강목(通鑑綱目)』 등을 배웠으며, 이후 김종직의 문하에 들어가 평생 사사하였다. 김종직의 문인 중에는 김굉필(金宏弼), 정여창 등과 같이 '수기(修己: 자기 자신을 닦으면서 수양함)'를 지향하는 계열과, 사장(詞章)을 중시하면서 '치인(治人: 남을 다스리는 정치)'을 지향하는 계열이 있었는데, 후자의 대표적 인물이었다.

그의 호는 탁영이다. 탁영(濯纓)은 '갓끈을 씻는다'는 뜻이다. 이는 중국 전국시대 초나라의 굴원(屈原)이 쓴 어부사(漁父詞)에서 따온 문구이다.

> 창랑의 물이 맑다면 (滄浪之水淸兮)
> 내 갓끈을 씻고 (可以濯吾纓)
> 창랑의 물이 흐리다면 (滄浪之水濁兮)
> 내 발을 씻으리라 (可以濯吾足)

그가 '탁영'을 호로 삼은 이유는 바로 자신이 갓끈을 씻을 수 있을 정도로 깨끗한 세상을 만들겠다는 뜻이었다.

무오사화의 발단은 바로 김일손이 성종 재위시 사관(史官)으로 있으면서 썼던 사초(史草)에서 비롯되었다. 사초란 바로 조선왕조실록의 기초가 되는 자료들로, 한 왕의 재위 시절에 써두었던 사초들을 그 왕 사후에 모아서 정리하여 실록이 되는 것이다. 문제는 성종실록을 편수하는 실록청(實錄廳)의 당상이 김일손과 사이가 좋지 않은 이극돈(李克墩)이었던 것이었다. 김일손은 사간원헌납(司諫院獻納)으로 있을 때에 이극돈에 대해 비판하여 이미 이극돈이 좋지 않은 감정을 가지게 된 바 있었다. 그런데 이극돈이 실록청의 당상이 되어 사초를 살펴보니, 김일손이 쓴 사초에 자신에 대한 좋지 않은 평가가 그대로 실려 있는 것이었다. 대표적으로는 정희왕후(貞熹王后)의 국상 당시 장흥의 관기(官妓)와 가까이 했던 사건, 뇌물을 받은 사건, 세조 앞에서 불경을 잘 외워 출세했다는 평가가 바로 그것이었다. 이극돈은 자신에 대한 부정적인 평가가 천세 만세 남을 역사서에 실릴 수도 있다는 사실에 대경실색하였다. 이에 염치 불고하고 김일손에게 사초를 고쳐주기를 청하였으나, 역사관이 분명한 김일손이 고쳐줄 리가 없었다. 이에 이극돈은 세조의 총신이었던 유자광(柳子光)과 사초 문제를 논의했다. 유자광은 당시의 훈구 대신들과 이 문제를 논의한 후, 다시 이를 연산군에게 고하였다. 연산군은 국왕이 사초를 보지 않는다는 원칙을 깨고 사초를 들여오라 명하였다. 이극돈은 사초 자체를 들이는 것은 원칙에 어긋나는 것이라 하면서도 김일손의 사초 일부를 절취하여 연산군에게 올렸다. 사초를 본 연산군은 진노하여 김일손을 붙잡아오도록 명했다. 세조 대의 일을 함부로 사초에 썼다는 것이 그 이유였다. 예를 들어, 덕종의 후궁인 권귀인을 세조가 불렀으나 권씨가 분부를 받들지 않았다는 내용의 사초가 있었는데, 덕종은 바로 세조의 아들이므로 이 사초가 혹시라도 실록에 실리게 된다면 인륜을 저버리는 큰 문제가 될 것이었다. 마침 김일손은 소릉 복위를 청하였던 전력이 있었으므로, 연산군은 김일손이 세조의 왕위 찬탈을 반대하는 견해를 가지고 있다고 판단하였다. 김일손은 당시 모친의 상을 당해 고향에 내려가 있다가 풍질을 앓던 중이었다. 그는 사초 문제로 붙잡혀 가는 것임을 직감했다고 한다. 국문이 계속되면서 김일손이 스승 김종직의 조의제문을 사초에 실은 것 또한 문제가 되었다. 조의제문은 '의제(義帝)를 조문하는 글'이라는 뜻으로, 김종직이 꿈속에서 항우(項羽)에게 살해당한 의제(義帝)를 만난 후 그의 넋을 위로하기 위해 쓴 글이다. 결국 모진 형신 끝에 김일손은 온몸이 찢기는 형벌에 처해졌고, 스승 김종직은 무덤에서 꺼내어져 시신의 목이 잘리는 형벌을 당하였다. 김일손의 동료들도 대거 화를 입었다. 김일손이 형벌을 당할 때, 그의 고향에 있는 냇물이 별안간 붉게 물들어 3일 동안이나 되돌아오지 않았다고 한다. 이에 그 냇물은 붉은 시내라는 뜻의 자계(紫溪)라 불리게 되었다. 김일손은 연산군을 물러나게 한 중종반정(中宗反正) 이후에나 복권될 수 있었다. 이후 그를 기리기 위해 고향 청도에 세워진 서원은 냇물의 이름을 따 '자계서원'이라 명명되었다. 저서로는 『탁영집(濯纓集)』이 있으며, 「회로당기(會老堂記)」, 「속두류록(續頭流錄」 등 26편이 『속동문선(續東文選)』에 수록되어 있다. 자계서원(紫溪書院)과 도동서원(道東書院) 등에 제향되었다. 시호는 문민(文愍)이다.

16) 옥봉(玉峰) 조순(趙舜, 1465-1527)

본관은 함안이다. 자는 요경(堯卿)이며, 호는 옥봉(玉峰)이다. 조순(趙舜)은 조선 전기 문신이다. 증 사복시정 조안(趙安)의 증손으로, 할아버지는 증 이조판서 조려(趙旅)이고, 아버지는 조동호(趙銅虎)이며, 어머니는 이증(李增)의 딸이다. 1492년(성종 23)에 식년 문과에 병과로 급제하여 1497년(연산군 3) 정언(正言)이 되었다. 이후 1511년(중종 6) 홍문관 직제학(弘文館直提學)에 오르고 1513년(중종 8) 충청도병마절도사(忠淸道兵馬節度使)가 되어 임지로 나아갔다. 1515년(중종 10) 대사헌(大司憲), 1522년(중종 17) 도승지(都承旨), 1523년(중종 18) 예조참판(禮曹參判), 이조참판(吏曹參判), 1524년 경기관찰사(京畿觀察使)를 거쳐 1525년 동지

중추부사(同知中樞府使)에 이르렀다. 그리고 충청병사(忠淸兵使), 김해부사(金海府使), 사헌부 대사헌(司憲府大司憲), 예조참판(禮曹參判), 이조참판(吏曹參判), 개성부유수(開城府留守) 등을 역임하였다. 그는 숭문원(崇文院)에 선임된 후 연산군 4년 무오(1498)에 사간원 정언(司諫院正言)에 배명되어 당시의 영상(嶺相) 노사신(盧思愼)을 탄핵하다가 면직되기도 하였다. 중종반정 후에 복직되었다. 중종 22년(1527) 6월 28일에 돌아가시니 향수(壽)는 63세이다. 배(配) 정부인(貞夫人)은 경주정씨(慶州鄭氏) 진사(進士) 희영(希英)의 따님이다. 묘소는 함안 하림 고묘(考墓) 아래이다. 회봉(晦峰) 하겸진(河謙鎭)이 서문을 지은 『옥봉일고집(玉峯逸稿集)』 1책이 전한다. 『옥봉일고집』의 시 한 수이다.

박연폭포를 구경하다.(觀朴淵瀑布)

깎아지른 푸른 단애 누가 쪼아 만들었나?
하늘에서 날아 내리는 만 길의 파도
머지않아 화산 땅에 되돌아가는 날
기이한 이 경관을 친구에게 자랑하리라.

17) 송당(松堂) 박영(朴英, 1471-1540)

본관은 밀양(密陽)이다. 자는 자실(子實), 호는 송당(松堂)이다. 할아버지는 안동대도호부사 박철손(朴哲孫)이고, 아버지는 이조참판 박수종(朴壽宗)이며, 어머니는 양녕대군 이제(李禔)의 딸이다. 어릴 때부터 무예에 뛰어나 담 너머 물건을 쏘아도 반드시 맞히므로 아버지가 기이하게 여겨 이름을 영(英)이라 하였다.

　박영의 학문과 사람됨을 알려주는 다음의 일화가 전해온다. 선산에 내려온 박영은 신당(新堂) 정붕(鄭鵬)에게 『대학(大學)』을 강의받고 비봉산(飛鳳山) 아래 미봉사(彌峯寺)라는 절에서 오랜 세월 문을 굳게 닫고 공부에만 열중하고 있었다. 어느 날 『대학』을 읽은 횟수가 점차 늘어 『대학』의 참뜻인 '격물치지(格物致知, 사물의 이치를 연구하여 그 참뜻을 깨닫는다는 뜻)'를 알 무렵 정붕이 찾아와 "그동안 만 번을 읽었지?"하고 묻자 "모레면 끝날 듯합니다." 하였다. 며칠 후 다시 찾아와 "지난가을 내가 저 냉산(冷山)을 가리키며 저 산 바깥에 무엇이 있겠느냐고 물었을 때 자네는 아무런 대답을 하지 못했네. 이제 그만큼 공부를 하였으니 짐작이 있을 것이야, 다시 한번 대답해 보게." 하자, "산 밖에는 다시 산이 있을 것입니다."라고 대답하였다. 대답을 들은 정붕은 박영을 크게 칭찬하고 손을 잡으며 "자네 글 읽은 공을 알겠다." 라 하였다고 한다. 이것이 유명한 '냉산문답(冷山問答)'이다. 또 이어 "이제 어떤 공부를 원하는가?" 라는 질문에 "의학을 공부해야겠습니다."라고 대답했다. 그 이유로 마을에 훌륭한 의원이 없어 귀중한 생명을 잃는 사람이 많으며 의원이 있다 해도 이름 있는 양반 집에만 드나들고 가난한 백성은 부모에게 약 한 첩 못 쓰는 형편이라 불우한 사람들을 돕기로 했다고 하자, 정붕은 박영의 높은 뜻에 탄복하였다고 한다. 그 후 실제로 의학을 공부하여 병에 시달리는 많은 생명을 구했다. 후세 사람들이 이러한 박영의 높은 덕을 기려 '대학동자(大學童子)'라 불렀다고 한다.

　1492년 무과에 급제한 뒤 선전관(宣傳官)이 되었다. 1514년 황간현감(黃澗縣監), 1516년 강계부사(江界府使), 1518년 동부승지(同副承旨)를 지냈다. 의술에도 능하였으며, 내의원제조(內醫院提調)를 역임하였다. 1519년 성절사(聖節使)로 명나라에 다녀와 기묘사화(己卯士禍)를 모면하였다. 1520년 김해부사(金海府使), 영남좌절도사(嶺南左節度使)를 지냈다. 시호는 문목(文穆)이다. 송당 박영은 무인으로 출발하였으나 영남 유학의 일대를 이룬 정붕과의 교우와 사숙을 통해 대학공부에 통달하여 문인으로 전환을 하게 된다. 사후 조정에서 문인에게 내리는 시호로서 문목공(文穆公) 시호를 내렸고, 경북 구미시 선산읍 신기리에 있는 문목사(文穆祠)에 위패를 모시고 향사한다. 미수(眉叟) 허목(許穆)이 신도비를 찬술하였으며 금오서원(金烏書院)에 향사되었다. 생전에 공부하던 경상북도 구미시 선산읍 신기리 낙동강 변의 송당정사(松堂精舍)에서 제향하고 있다. 저서로서는 『송당집(松堂集)』, 『경험방(經驗方)』, 『활인신방(活人新方)』, 주희의 백록동규(白鹿洞規)를 풀이한 『백록동규해(白鹿洞規解)』가 전해진다.

18) 학고(鶴皐) 이장곤(李長坤, 1474-1519)

본관은 벽진(碧珍)이다. 자는 희강(希剛), 호는 학고(鶴皐), 금헌(琴軒), 금재(琴齋), 우만(寓灣)이다. 시호(諡號)는 정도(貞度)이다. 10대조가 진현관 대제학(進賢館大提學)을 지낸 이견간(李堅幹)이다. 증조할아버지는 이신지(李愼之)이고, 할아버지는 지흥해군사(知興海郡事)를 지낸 이호겸(李好謙)이다. 아버지는 한성 참군(參軍) 이승언(李承彦)이고, 어머니는 이조참판 이래(李徠)의 딸이다. 형은 이장길(李長吉)이다. 이장곤(李長坤, 1474-1519)은 형 이장길(李長吉)과 함께 어려서부터 한훤당(寒暄堂) 김굉필(金宏弼, 1454-1504) 문하에서 수학하였다. 1495년(연산군 1) 생원시에 장원으로 합격하고, 진사시에도 합격하였다. 1502년(연산군 8) 알성 문과에 을과로 급제하였다. 사마시 합격 후 입학한 성균관에서 음애(陰厓) 이자(李耔, 1480-1533) 등과 가까워졌다. 1504년(연산군 10) 교리로서 갑자사화(甲子士禍)에 연루되어 이듬해 거제도로 유배되었다. 이때 연산군이 무예와 용맹이 있는 이장곤이 변을 일으킬까 두려워해 서울에 잡아 올려 처형하려 하자, 이를 눈치 채고 함흥으로 달아나 양수척(楊水尺)[떠돌아다니면서 천업에 종사하던 무리] 무리에 숨어 지낸 이야기는 유명하다. 중종반정(中宗反正) 이후에 복권되었다. 1510년(중종 5) 평안도 절도사가 되었다. 1512년(중종 7) 중국 산동에서 도적이 일어나자 우리나라에 화가 미칠 것을 미리 짐작하고 비변사에 보고하여 이를 방비하도록 건의하였고, 7월에 야인(野人) 2,000명이 창성(昌城)으로 쳐들어오자 이를 쳐부수고 이듬해 이조참판이 되었다. 1514년(중종 9년) 예조참판으로 정조사(正朝使)가 되어 명나라에 다녀와 대사헌을 거쳐 좌찬성에 올랐다. 기묘사화(己卯士禍) 발생에 관련되기도 하였지만 기묘사화의 목적이 조광조(趙光祖, 1482-1519)를 비롯한 신진 사류들의 숙청임을 알고 이들의 처형을 반대하였다. 이 때문에 기묘사화에서 중심역할을 한 심정(沈貞, 1471-1531) 등의 미움을 사서 결국 관직을 삭탈 당하였다. 그 후 경기도 여강(驪江)과 경상도 창녕에 은거하였다. 기본적으로 조선 전기의 전형적인 관료였지만 사림들과 교유하며 사림에게 우호적이었다. 문집으로 『금헌집(琴軒集)』이 있다.

경상남도 창녕군 성산면 후천리에 있던 연암서원(燕巖書院)에 배향되었다. 신도비문은 대산(大山) 이상정(李象靖, 1711-1781)이 1781년에 지은 것이다. 행장 역시 이상정이 지었다. 묘에서 남서쪽으로 1㎞ 떨어진 곳에 위패를 둔 금호재(琴湖齋)가 있다.

19) 무심옹(無心翁) 성일휴(成日休, 1485-?)

본관은 창녕(昌寧)이다. 자는 자경(子慶), 호는 무심옹(無心翁)이다. 교리(校理) 성안중(成安重)의 셋째아들이다. 『진양지(晉陽誌)』권3 「인물조(人物條)」에 따르면 "자는 자경(子慶)이요 본관이 창녕(昌寧)이니 교리 성안중(成安重)의 셋째 아들이다. 발자취를 강호에 숨기고 뜻을 영달과 이욕에서 끊었으며 자호를 무심옹(無心翁)이라 하고 초당(草堂)을 무심정(無心亭)이라 이름했다. 방당(方塘)에 임하고 명월(明月)을 대해도 모두 무심으로써 이름지었다. 손수 한 구절을 벽 사이에 써서 부쳤으니 "띠를 엮어 집을 삼고 대나무로 울을 삼아, 푸른 이끼 속을 파헤쳐서 못을 만들었는데 세간의 명리에는 무심한지 오래지만, 다만 맑은 바람과 밝은 달이 있어 아는 척 하는구나.[編茅爲屋竹爲籬 鑿破蒼苔作小池 世間名利無心久 只有淸風明月知]"라 했다. 구암(龜巖) 이정(李楨)이 묘명을 지어 이르기를 "한 세상 소요하면서 영리를 구하지 않았네.[逍遙一世 不求榮利]"라 했다. 구동(龜洞)에 살았다."라고 되어 있다.

3부

사림파와 관학파를
통합한 남명학

Ⅲ. 사림파와 관학파를 통합한 남명학

  하륜과 변계량이 조선 초기 경남 출신 관학파를 대표하는 유학자라면 그들 이후에 등장한 사림파의 중요 인물로는 영남 사림파의 종조(宗祖)인 점필재(佔畢齋) 김종직(金宗直, 1431-1492)이 있다. 1431년 경북 선산으로부터 경상남도 밀양으로 이주한 부친 강호(江湖) 김숙자(金叔滋, 1389-1456)의 막내로 태어나 성리학에 밝았던 부친에게서 학문을 익혔다. 1453년(단종 1) 23세에 진사가 되고, 1459년(세조 5) 식년문과에 급제하여 이듬해 사가독서(賜暇讀書)를 했으며, 정자 교리 감찰 경상도병마평사 도승지 이조참판 경연동지사(經筵同知事) 한성부윤 형조판서 중추부지사 등을 역임했다. 문장과 경술(經術)에 뛰어나 이른바 영남학파의 종조가 되었고, 조선 초 성리학의 대가로 평가되었다. 문하생으로는 정여창 김굉필 김일손 유호인 남효온 등이 있다. 정치적으로는 성종의 특별한 총애를 받아 자기의 문인들을 관직에 많이 등용시켰으므로 훈구파와의 반목과 대립이 심하였다. 김종직은 공자와 맹자의 가르침을 실현하는 도학정치를 펼치기 위해 급진적인 개혁을 요구하였으므로 결국 훈구파 세력과 대립할 수밖에 없었다.

  그가 죽은 후인 무오년(1498, 연산군 4)에 1457년 지었던 「조의제문

「弔義帝文)」을 사관(史官)인 제자 김일손이 사초(史草)에 적어 넣은 것이 훈구파의 거물급이었던 이극돈(李克墩)에게 발각되었고, 같은 훈구파 인물인 유자광 등이 일을 주도하여 조선 시대 최초의 사화인 무오사화(戊午史禍)가 일어나게 되었다. 김종직이 지은 「조의제문」은 세조의 왕위 찬탈을 비판하고 억울하게 죽임을 당한 단종을 애도하는 마음을 우회적으로 빗대어 표현한 글이었다. 이미 죽은 그는 부관참시(剖棺斬屍)를 당하였으며 그의 문집은 모두 소각되고, 김일손, 권오복(權五福) 등 많은 제자와 사림파 인물들이 죽임을 당하였다. 중종이 즉위하여 훈구파가 몰락하고 사림파가 다시 정권을 잡게 되자 김종직은 신원되고, 숙종 때에는 영의정에 추증되었다.

점필재 김종직의 학통은 탁영(濯纓) 김일손(金馹孫)과 한훤당(寒暄堂) 김굉필(金宏弼, 1454-1504) 그리고 일두(一蠹) 정여창(鄭汝昌, 1450-1504) 등으로 이어지는데 그 학풍은 『소학』에 바탕을 둔 실천 유학이었다. 이들 중 일두 정여창이 함양 출신으로 실제 강우사림파의 종장으로 추앙되고 있다. 조선 중기 이후 경남의 함양 지역은 '좌안동 우함양'이라는 말을 만들어 사용할 정도로 유학의 본고장임에 대한 자부심이 대단하였다. 강좌유학의 중심이 안동이라면 강우유학의 중심은 함양이라는 말이다. 함양은 고을에 세거하는 남원 양씨와 삼척 박씨들이 조선 초기부터 대를 이어 벼슬에 나갔고, 중기에는 풍천 노씨가 번창하였다. 여기에 정여창과 이에 이어 당곡 정희보가 나와서 성리학의 학풍을 진작시켰다.

정여창은 조선 전기의 문신이며 학자이다. 자는 백욱(伯勖) 또는 자욱(自勖)이고, 호는 일두(一蠹)이며, 시호는 문헌(文獻)이다. 본관은 하동으로, 증가정대부(贈嘉靖大夫) 한성부좌윤 육을(六乙)의 아들이다. 일찍이 아버지를 여의었으나 독서에 힘썼고 김굉필과 함께 김종직의 문하에서 배웠다. 1480년(성종 11)에 성종이 성균관에 유서를 내려 경학에 밝고 행실이 바른 사람을 구하자 성균관에서 그를 제일로 천거하였다. 지관사(知館事)로 있던 서거정(徐居正)이 경연에서 진강(進講)하게 하려 하였으나 나가지 않았다. 1483년 사마시에 합격하고 성균관에 입학하니 동료들이 이학(理學)으로 추천하였다. 1486년 어머니가 이질에 걸리자 극진히 간호하였고, 어머니가 세상을 떠나자 상복(喪服)을 벗지 않고 3년 동안 시묘하였다. 산수를 좋아하여 하동 악양동에 들어가 섬진 나루에 집을 짓고 은거하면서 학문에 힘써다가 다시 함양으로 돌아왔다. 1490년 사정 조효동(趙孝同)과 참의 윤긍(尹兢)에 의해 효행과 학식으로 추천되어 소격서 참봉에 제수되었으나 사양하였다. 그해 겨울 별시 문과에 병과로 급제하고, 예문관검열을 거쳐 시강원설서가 되어 정도(正道)로써 동궁[연산군]을 보도하였으나 동궁이 그의 엄격함을 싫어하였다. 1494년(성종 25) 안음현감에 임명되어 백성들의 고통이 부렴(賦斂)에 있음을 알고 「편의수십조(便宜數十條)」를 지어 시행한 지 1년 만에 정치가 맑아지고 백성들로부터 칭송을 들었다. 백성들을 보살피는 여가에 고을의 총명한 자제를 뽑아 친히 교육하였고, 춘추로 양노례(養老禮)를 행하였으며, 내외청(內外廳)을 두어 돈이 없어 시집가지 못하는 이들을 진휼하여 때를 놓치지 않도록 배려했다. 1498년 무오사화 때 종성에 유배되었다가 1504년 죽었다. 1610년(광해군 2) 문묘에 배향되었다.

정희보(鄭希輔, 1488-1547)는 잘 알려지지 않은 인물이지만 당시 성리학에 대해 상당한 조예를 가지고 있었던 인물이다. 그에 대해서는 그의 제자인 옥계(玉溪) 노진(盧禛, 1518-1578)이 지은 묘갈을 통해서 인물됨을 살필 수 있다. 자는 중유(仲猷)이고 호는 당곡(唐谷)이며, 그 선대는 남해현 사람이다. 그로부터 함양에 이사하여 살았다. 그는 어려서부터 자질이 총민하여 학문에 힘썼으며, 자라서는 온갖 서적들을 폭넓게 공부하여 실력이 크게 향상되었다. 명성이 떨치어 벼슬에 천거되었으나 실현되지 못하여 담박하게 자신의 지조를 지켰다. 만년에는 후진들을 가르치는 것을 자기의 소임으로 여겨 온종일 제자들과 문답하면서도 조금도 피곤한 기색이 없었다. 배우려고 찾아온 사람들이 매우 많았으므로 공의 집에서 남쪽으로 1백 무(畝)쯤 되는 곳에 집을 짓고 항상 모여서 강학하였다. 채 10년이 되기 전에 제자들이 과거에 급제하여 벼슬하게 되었고, 과거 공부를 하는 자들이 매우 많았다.

앞에서 잠시 언급했듯이 경남 유학의 두 가지 흐름은 남명에서부터 하나로 합하여 독특한 전통을 이루게 된다. 진양의 하씨 정씨 강씨 등이 중심이 된 여말선초 관학파 유학의 흐름이 있었고, 함양의 풍천노씨 삼척박씨 남원양씨 하동정씨 등의 조선 전기 관학파, 그리고 합천의 남평문씨, 함안의 생육신 가문의 함안조씨, 창녕의 조선전기 벌족인 사육신 집안의 창녕성씨 등이 관학의 전통을 계승하고 있었다. 이 계통에는 다시 진주의 지족당(知足堂) 조지서(趙之瑞, 1454-1504)와 사천의 구암(龜巖) 이정(李楨, 1512-1571) 등도 포함될 수 있다.

한편으로는 낙동강 연안에 조선 초기부터 새롭게 형성된 사족 집단이 사림파의 전통을 만들어가고 있었으니, 밀양의 김종직 이후 청도의 김일손과 현풍의 김굉필 그리고 함양의 정여창 등이 중심을 이루었다. 이 부류는 조선 초기에는 벼슬을 버리고 낙향 또는 새로운 거점을 확보하기 위하여 경남지역으로 내려왔으나 2~3세대가 지난 뒤에는 다시 과거를 통하여 벼슬에 나아가게 된다. 그 와중에 벼슬에 나아가는 명분으로 '절의와 도학'이라는 한 개념과 성리학 중에서도 『소학』과 『가례』의 향촌 보급이라는 또 다른 개념을 내세우게 된다. 이 전통은 한편으로 청도에서 삼족당(三足堂) 김대유(金大有, 1479-1551)와 소요당(逍遙堂) 박하담(朴河淡, 1479-1560) 그리고 밀양에서는 송계(松溪) 신계성(申季誠, 1499-1562) 등이 계승하고 있었으며, 거창에서는 한 세대 뒤에 갈천(葛川) 임훈(林薰, 1500-1584) 형제들도 맥락을 같이 하고 있었고, 합천 초계에서는 황강(黃江) 이희안(李希顔, 1504-1559) 집안의 형제들도 있었다. 이들 중 김대유 신계성 이희안 등은 그 집안이 사화에 연루되어 큰 피해를 입었다. 박하담과 임훈은 소과에는 급제하였으나 대과에는 실패한 인물이다. 박하담은 벼슬로 불렀으나 나아가지 않고 은거하였으며, 임훈은 벼슬에 나아갔다가 얼마 안 되어 낙향하여 여생을 보냈다.

20) 삼족당(三足堂) 김대유(金大有, 1479-1551)

본관은 김해(金海)이다. 자는 천우(天佑), 호는 삼족당(三足堂)이다. 아버지는 직제학 김준손(金駿孫)이고 김일손(金馹孫)의 조카이다. 어머니는 첨정 고태익(高台翼)의 딸 제주 고씨이다. 김대유(金大有, 1479-1551)

는 경상북도 청도군 화양읍 토평리 백곡 마을 출신으로, 1498년(연산군 4) 무오사화로 김일손이 화를 당하였을 때 아버지와 함께 호남에 유배되었다가 1506년(중종 1)에 풀려났다. 1507년 정시(庭試)에 장원하여 진사가 되고, 1518년 행의(行誼) 있는 선비를 구할 때 전생서 직장(典牲署直長)에 서용되었으나 사직하고 고향인 청도로 돌아갔다. 1519년 현량과에 급제한 뒤 성균관 전적, 호조 좌랑 겸 춘추관 기사관, 정언 등을 두루 역임하였다. 현량과 천목(薦目)에서 "기우(器宇)가 뛰어나고 견식(見識)이 명민하다."라는 평가를 받았으며, 조광조, 조식 등과 친교를 맺었다. 저서로는 『탁영 연보(濯纓年譜)』가 있다. 기묘명현(己卯名賢)으로, 경상북도 청도군 이서면 서원리에 있는 자계 서원(紫溪書院)과 선암사(仙巖祠)에 제향되었다.

남명(南冥) 조식(曺植, 1501~1572)이 쓴 김대유 묘지(墓誌)에 자신이 유독 천하의 선비로 인정해 주는 사람이며, 세상을 뒤덮을 만한 영웅이라고 평가하였다. 칠원 현감(漆原縣監)이 되어 선정을 베풀던 중 기묘사화가 일어나 현량과가 혁파되자, 관작과 과제(科第)를 삭탈당하였다. 향리인 청도에 내려와 소요당 박하담과 더불어 사창인 동창(東倉)을 창설하여 구휼 사업에 매진하였다. 1545년(인종 1) 현량과가 복과 되면서 전적에 다시 서용되어 상경하던 도중에 병이 나 청도 운문산으로 되돌아와서 여생을 마쳤다. 김대유는 조선 전기 문신으로 무오사화로 삼촌 김일손이 화를 당했을 때 아버지 김준손과 함께 호남으로 유배를 당했다가 풀려났다. 이후 현량과에 병과로 급제하고 성균관 전적, 칠원 현감 등을 역임하였으나, 기묘사화가 일어나 현량과가 파방되자 삭탈관직당한 뒤, 청도의 산속에 들어가 살았다. 청도 자계서원(紫溪書

院), 선암사(仙巖祠)에 제향 되었다. 저서로는 『탁영연보(濯纓年譜)』가
있다.

21) 소요당(逍遙堂) 박하담(朴河淡, 1479-1560)

본관은 밀양(密陽)이다. 자는 응천(應千), 호는 소요당(逍遙堂)이다. 송
은 박익(松隱 朴翊) 선생의 현손이다. 함양군수를 지낸 우당 박융(憂堂 朴
融)의 증손이다. 할아버지는 소고공 박건이며, 아버지는 부사직(副司直)
을 지낸 충순공 박승원(忠順公 朴承元)이다. 어머니는 경절공 하숙부(河叔
溥)의 딸 진주하씨(晉州河氏)이다. 박하담(朴河淡, 1479-1560)은 1516년(중
종 11) 생원시에 합격하였으나, 그 뒤 여러 번 대과에 실패하자 청도의
운문산 아래 눌연(訥淵) 위에 정자를 짓고, 소요당이라 명명하고 풍류로
써 여생을 보냈다. 조정에서 박하담의 학행을 듣고 감역, 봉사, 사평 등
의 직임을 주어 여러 번 불렀으나 모두 응하지 않았다. 선생이 20세 때
동향 선배인 탁영 김일손(濯纓 金馹孫), 오졸재 박한주(迂拙齋 朴漢柱)등 선
생이 무오사화(戊午士禍)로 화를 당하자 충격으로 염세의 뜻이 생겼고
41세 때 을묘사화(乙卯士禍)가 일어나 정암 조광조(靜庵 趙光祖) 등이 화를
당하자 모든 문고 등을 불태워 없앴다. 운문산하에 사창(社倉)을 지어 백
성들에게 환곡법(還穀法)을 실시케 하는데 삼족당 김대유(三足堂 金大有)
선생과 합력하여 크나큰 혜택을 입혔으며 그 옆에 운수정(雲樹亭)을 지
었다. 또 입암 눌연(立巖 訥淵)위에 소요정(逍遙亭)을 지어 거기에 항시 기
거하며 명류들과 어울렸으니 남명 조식(南冥 曺植), 삼족당 김대유(三足堂

金大有), 경재 곽순(警齋 郭珣), 송당 박영(松堂 朴英), 청송 성수침(聽訟 成守
琛), 신재 주세붕(愼齋 周世鵬), 송계 신계성(松溪 申季誠) 등 여러 선생이었
다. 기묘사화로 낙향한 김대유와 교분이 두터워 함께 청도 지역에 사창
(社倉)을 설치하였으며, 조광조 일파가 처형되자 그의 문집을 불태워 버
렸다. 82세로 죽은 뒤 청도 칠엽산에 묻혔다. 묘소는 경상북도 청도군
이서면 칠엽산에 있으며, 묘재인 칠엽재(七葉齋)가 있다. 조식, 성수침
등과 교유하였으며, 저서로는 『소요당일고』 5권이 있다.

22) 모암(茅菴) 박희삼(朴希參, 1486-1570)

　본관은 경주(慶州)이다. 자는 노경(魯卿), 호는 모암(茅菴)이다. 함안
평광리(平廣里)에서 태어났다. 아버지는 박유(朴蓉)이고, 어머니는 조욱
(趙昱)의 딸인 함안조씨(咸安趙氏)이다. 남명 조식(南冥 曺植)과 종유하였
고, 두 아들 박제현(朴齊賢)과 박제인(朴齊仁)은 조식의 문인이다. 그의
손자 박이가 있다. 박이(朴珆, 1541-1585)의 자는 언휘(彦輝), 호는 송계
(松溪)이다. 함안 평광리에서 태어났다. 아버지는 박제현(朴齊賢)이고,
어머니는 정형(鄭亨)의 딸인 진양 정씨(晉陽鄭氏)이다. 서암 정지린(棲巖
鄭之麟)에게 배웠다. 『모암송계합고(茅菴松溪合稿)』가 있는데 이것은 할
아버지와 손자의 문집을 합한 것이다. 이것은 박희삼의 12세손 박규
환(朴圭煥, 1840-1923)이 유문을 수집하고 정리하여 간행하였다. 발문
이 언제 쓰여졌는지 알 수가 없어 간행 연도를 알 수 없지만, 정재규(鄭
載圭)가 지은 박이의 묘갈명(墓碣銘)이 1909년에 완성된 것으로 보아

합고(合稿)가 간행되었을 때는 1909년 이후부터 1923년 박규환이 세상을 떠나기 전인 것 같다.

23) 안분당(安分堂) 권규(權逵, 1496-1548)

본관은 안동(安東)이다. 자는 자유(子由), 호는 안분당(安分堂)이다. 사직공(司直公) 권시득(權時得)의 아들이다. 그의 아들에는 권문현(權文顯), 권문임(權文任), 권문언(權文彦), 권문저(權文著)가 있다. 청향당(清香堂) 이원(李源)과 교유하였다. 권규의 자는 자유(子由)고 1496년(연산 2) 단계에서 출생해 21세 때에 포은 정몽주 선생 현손인 정완의 딸과 결혼해 32세 때 처가가 있는 단성현 원당동으로 이주했다.

안동권씨 대종회 복야공파현조에 권규를 소개한 글이다. "권규(權逵)선생은 자는 자유(子由)이고 호는 안분당(安分堂)으로 1496년 단계에서 출생하여 21세에 정몽주의 현손인 정완의 딸을 맞아 내원당으로 이주하였는데 그 현손 황(鎤)이 입석으로 이주하였고 이후 안분당 자손들이 세거(世居)하게 되었다. 선생은 7세 때 소학, 11세에 대학을 배우고 19세에 정주(程子, 朱子)의 성리학(性理學)을 갈파하였다. 31세 되던 해에 퇴계(退溪)가 찾아와서 서로 경서(經書)를 강론하였으며 의령으로 퇴계를 찾아가 강론하고 시(詩) 교류를 하는 등 도의지교(道義之交)를 맺었다. 한편 남명 조식(南冥 曺植)의 부친이 졸하자 안분당은 조식(曺植)을 찾아 조문하였고 아들 문임(文任)을 남명문하에서 배우도록 하였다. 선생은 38세에 향시에 합격하고 40세에 원당동에서 집을 짓고 안분당(安分堂)이라 편액을 걸었다. 51세에 참봉에 제수되었지만 나아가지 않았고 53세에 졸하니 남명(南冥)이 와서 입석리 뒷산에 묘지를 잡아주었으며 선생은 초야에서 학문이 높아 이황(李滉), 조식(曺植) 등 대가들이 찾아와 도의지교를 맺는 등 그 명성은 널리 알려져 온 나라에 모르는 이 없었다.

　김해일보에 소개된 안분당 권규의 내용은 다음과 같다. "남명과 퇴계의 연결고리로 안분당 권규가 있다. 권규는 남명과도 일찍부터 친교를 맺었으니, 남명이 부친상을 당하자 조문을 갔으며, 남명의 부친이 안분당 왕고의 묘갈명을 제술 해주었기 때문에 두 가문 간의 교분이 일찍부터 있어 왔다고 되어 있다. 권규는 50세(1545)때 김해의 산해정으로 찾아가 남명과 더불어 강론하다 고향으로 돌아와서 '남명은 만길 이나 우뚝 솟은 높은 기상이 있는 학자'라고 칭찬하면서 그 이듬해에는 그의 셋째아들 문임을 남명문하에 들어가도록 했다. 또 그는 51세 때인 1546년 봄에 의령 가려촌에 와 있던 퇴계를 찾아가 만났는데, 헤어질 때 퇴계가 시를 지어 주었다고 한다. 그 시가 『안분당실기』에 실려 있는데 이것을 소개하면 다음과 같다.

　　유업에 들어서 한평생 몸을 그르쳤구나.
　　한번 웃으면서 서로 쳐다보니 귓가의 터럭이 휘어져 있네.
　　끈끈한 관계가 이미 이루어져 잠깐 스친 사이라도 오랜 친구와 같으니.
　　깊은 정이 늘그막에 새로워짐을 어찌 근심하리오.
　　산나물 캐고 고기 낚으며 분수를 달갑게 여기노니.
　　가난을 편히 여기고 도를 즐기는 것에 그대는 모두 맡기게.
　　여기에서 강 교외까지는 십리 길인데.

두건 쓰고 지팡이 짚어 오고 감이 빈번하리.

현재 단성면 구현동에는 쌍괴정사가 있고 여기에 안분당을 모시고 있다. 선생은 38세 때 가을 향시에 합격하고 이듬해 서울에서 치러진 복시에서 낙방하자 "인간의 본분과 사업은 날마다 생활하는 도덕 중에 있는데 어찌 명성과 이익에만 마음을 쏟을 수 있겠는가?" 탄식하며 과거를 포기했다. 이후 원당에 정사를 지어 '안분(安分)'이란 편액을 달고 안분지족(安分知足)하며 살았다.

24) 송계(松溪) 신계성(申季誠, 1499-1562)

본관은 평산(平山)이다. 자는 자함(子誠), 호는 석계(石溪)·송계(松溪)이다. 후세에 학자들이 송계선생이라 하였다. 1499년 11월 27일 지금의 경상남도 밀양시 부북면 후사포리에서 태어났다. 증조할아버지는 신윤원(申允元)이고, 할아버지는 신승준(申承濬)이며, 아버지는 신탁(申倬)이다. 외할아버지는 손순무(孫筍茂)이고, 장인은 이철수(李鐵壽)이다. 신계성은 어려서부터 성현의 학문에 뜻을 두고 과거 공부는 하지 않았으며, 육경(六經)의 글에 침잠하고 『소학(小學)』의 내용을 실천하기에 힘썼다. 경(敬)을 마음을 가다듬는 요체로 삼았으며, 성(誠)을 경을 지키는 근본으로 여겼다. 송당(松堂) 박영(朴英)을 좇아 함께 지냈으며, 청도의 김대유(金大有), 김해의 조식과 사귀었다. 신계성이 항상 잊지 않았다는 고확(顧確)과 경의(敬義) 공부는 남명의 경의 사상형성에 영향을 미쳤다. 조정에서 여러 번 불렀으나 신계성은 벼슬에 나아가지 않고 처사로 살았다. 1562년(명종 17) 5월 21일 64세로 세상을 떠났다. 신계성의 개인 저술은 없으며 1815년 유문과 행적을 모아 『송계선생실기(松溪先生實記)』 상하 단책(單冊)으로 간행하였다. 신계성의 묘소는 경상남도 밀양시 장선리(長善里)에 있다. 당시 밀양부사 약봉 김극일(藥峰 金克一)이 비문을 지어 여표비(閭表碑)를 세웠다. 신계성은 경상남도 김해시 대동면 주동리에 있는 신산서원에 배향되었고, 밀양 예림서원에 김종직의 배향위(配享位)에 입향되었다. 신계성 여표비(閭表碑)는 신계성이 사망한 14년 뒤인 1576년(선조 9)에 손영제(孫英濟) 등이 당시 밀양부사였던 김극일(金克一)에게 글을 받아 건립하였다. 비문의 글씨는 향인 박도생(朴道生)이 썼다. 임진왜란으로 비석이 파괴되었다. 『내암집』에는 정인홍(鄭仁弘)의 지문(識文)으로 비석을 다시 세웠다고 되어 있으나, 후손들은 이 비석을 세운 일이 없다고 하였다. 1634년 밀양부사였던 이유달(李惟達)이 장현광(張顯光)의 지문을 받아 중건하였으며, 글씨는 창원부사였던 오여벌(吳汝橃)이 썼고, 두전(頭篆)은 김세렴(金世濂)이 썼다. 1756년 화재로 비석이 훼손되어, 1765년에 신사일(申思一)이 중건하였다. 김극일의 여표비명과 장현광의 지문과 함께 윤급(尹汲)이 찬술하고 글씨를 썼으며, 두전은 유척기(兪拓基)가 썼다. 신계성 여표비는 경상남도 밀양시 부북면 후사포리 72 일원에 있다.

25) 갈천(葛川) 임훈(林薰, 1500-1584)

본관은 은진(恩津)이다. 자(字)는 중성(仲成), 호(號)는 갈천(葛川), 자이당(自怡堂), 고사옹(枯査翁), 시호는 효간(孝簡)이다. 아버지는 진사(進士) 임득번(林得蕃), 어머니는 참봉(參奉)을 지낸 강수경(姜壽卿)의 딸 의인(宜人) 진주강씨(晉州姜氏), 할아버지는 사용(司勇)을 지낸 임자휴(林自庥), 증조할아버지는 의령 현감(宜寧縣監)을 지낸 임천년(林千年)이며, 임훈의 부인은 진사(進士) 유환(兪瑍)의 딸 정부인(貞夫人) 고령유씨(高靈兪氏)다. 동생인 임영(林英), 임운(林芸)과 함께 현달하였다. [활동 사항] 임훈은 1500년(연산군 6)에 지금의 경상남도 거창군 북상면 갈계리에 해당하는 경상도 안음현 갈천동(葛川洞)에서 출생하였다. 어려서 아버지 임득번에게 학문을 배웠으며, 동생 임운과 함께 정여창(鄭汝昌)을 사숙하였다. 성장해서는 퇴계(退溪) 이황(李滉), 남명(南冥) 조식(曺植) 등 당대의 명현들과 교유하였다. 1540년(중종 35) 생원시(生員試)에 급제하였으며, 1553년(명종 8) 관천(館薦)[성균관에서 과거를 거치지 않고 벼슬할 사람을 추천하던 일]으로 사직서 참봉(社稷署參奉)에 임명되었다. 1554년 집경전 참봉(集慶殿參奉)에 이어, 1555년에는 제용감 참봉(濟用監參奉)에 임명되었으나 나가지 않았다. 또 같은 해 전생서 참봉(典牲署參奉)에 임명되었으나, 아버지를 봉양하기 위해 나가지 않고 고향으로 돌아왔다. 1561년(명종 16) 아버지 임득번이 세상을 떠나자 60세가 넘은 나이에도 불구하고 3년간 시묘(侍墓)를 정성껏 치렀다. 이러한 효행으로 인해, 임훈은 동생 임운과 함께 1564년(명종 19) 관찰사의 추천으로 고향에 정려문(旌閭門)이 세워졌다. 1566년(명종 21) 임금이 생원, 진사 중 육조(六

條)가 구비된 인물을 천거하라고 명하였다. 이로 인해 이조에서는 임훈을 비롯해 이항(李恒), 성운(成運), 한수(韓脩), 남언경(南彦經), 김범(金範) 등 6인을 '경명행수(經明行修)[경전에 밝고 행실이 닦임]'한 인물로 천거하였다. 임금은 6인 모두를 6품으로 올려주었다. 임훈은 그해 8월 언양 현감(彦陽縣監)에 제수되었는데, 부름을 받고 올라오는 도중에 병을 얻자, 임금이 내의원(內醫院)으로 하여금 약을 지어 보내게 하고, 병중에 먹을 만한 음식물을 내리라고 명하였다. 그리고 9월, 임훈은 한수, 이항, 남언경과 함께 사정전(思政殿)에서 임금을 배알하였다. 이 자리에서 임금은 치도(治道)에 관해 물었는데, 임훈은 '정심 수신(正心修身)'[마음을 바르게 하고 몸을 닦는 일]으로 대답하였다. 이에 임금은 4인에게 술을 내려주었다. 1567년 임금이 천재지변으로 여러 신하에게 바른말을 널리 구하자 임훈은 언양현(彦陽縣)의 여섯 가지 폐단을 아뢰었다. 1569년(선조 2) 군자감주부(軍資監主簿)에 임명되었으나 나가지 않았다. 같은 해 비안현감(比安縣監)으로 부임하였고, 계(啓)를 올려 퇴계 이황을 곁에 두라고 건의하였다. 1573년(선조 6) 지례현감(知禮縣監), 종묘서영(宗廟署令), 장악원정(掌樂院正)에 임명되었으나 병환으로 나가지 않고, 고향에 갈천 서당(葛川書堂)[지금의 경상남도 거창군 북상면 갈계리 소재, 경상남도 유형 문화재 제295회]을 짓고 후진을 양성하였다. 그리고 같은 해 광주 목사(光州牧使)로 부임하였다. 광주 목사로 있으면서 선정을 베풀었다. 이에 전라도 관찰사 박민헌(朴民獻)이 서장(書狀)을 올려, 임훈에 대해 "공렴(公廉)하고 결백하므로 백성들이 빙호(氷壺)[청렴하고 청백함]라고 지목하면서, 오직 오래 유임하지 않게 될까 두려워하고 있다."라고 보고하였다. 1582년(선조 15) 통정대부(通政大夫)에 올랐고 장예원 판결사

(掌隷院判決事)에 올랐으나, 병환으로 모두 사직하였다. 문집으로 4권 2
책의 『갈천집(葛川集)』이 전한다. 지금의 경상남도 거창군 북상면 갈계
리 빈동(殯洞)에 묘소가 있다. 덕유산을 조명한 인물이 바로 임훈(林薰,
1500-1584)이다. 그는 1552년 덕유산 향적봉(香積峯)을 유람한 뒤 그
경험을 바탕으로 「등덕유산향적봉기」(登德裕山香積峯記)를 창작했다.
그 일부의 내용이다.

"덕유산은 내 고향의 진산(鎭山)인데 우리집도 그 밑이다. 나는 어릴 적부
터 그곳의 여러 사찰을 찾아가 공부했기에 이 산속을 떠난 적이 없었다. 이
산의 상봉(上峯)으로 불리는 것이 세 개가 있는데 황봉(黃峯), 불영봉(佛影
峯), 향적봉이다. 나는 젊었을 적에 영각사(靈覺寺)에 우거한 인연으로 황봉
에 올랐고, 삼수암(三水菴)에 우거한 인연으로 불영봉에 올랐다. 유독 향적
봉만 여태껏 한 번도 오르질 못했으니 그 아래에 인연할 곳이 없었던 탓이다.
세 개의 봉우리 중에 향적봉이 최고 높고 경치가 빼어나다고 한다. 나는 한
번도 오르진 못했으나 마음속에서 잊은 적이 없으니 세상일에 얽매인 것이
한스럽기만 했다. 두 봉우리를 오른 것도 필시 인연이 있었기 때문이다. 그
러나 최고의 승지도 인연이 없으면 보지 못하는 것이다. 세월은 점점 흐르고
사람 일은 잘 풀리지 않는데 나이는 50을 넘어 이미 쇠약하고 늙음을 느끼고
있으니 평생의 한을 한 번 씻기를 바랄 수 없게 되었다. 임자년[1552] 중추
(仲秋)에 동생 언성(彦成)과 효응(孝應)이 두류산(頭流山:지리산)을 유람하기
로 마음을 먹고 동지 네댓 사람을 구하여 날을 잡고 떠날 채비를 하는데 뜻이
매우 독실하고 기세가 매우 대단했다. 나는 쇠약해진 지가 이미 오래되어 그
약속에 참여할 수 없는 것을 슬퍼한 나머지 마음속으로 이렇게 말했다. '두
류산은 멀리 있어 쇠약해진 다리로 억지로 갈 수 없다. 그러나 향적봉은 근
처에 있어 그래도 한 번 오를 만하다. 한 번 오르면 전에 풀지 못한 한을 씻을
수 있을 것이다.' 〈중략〉
　나는 성통 등에게 말했다. "이 산의 고고함과 웅장한 형세는 지리산에 버

금가는데 세상의 유람객들은 두류산과 가야산(伽倻山)만 높이고 이 산은 언급하지 않소. 저곳들은 선현의 유풍과 고적을 간직하고 있어 사람들을 우러러 사모하게 만들기에 그런 것이오. 이 산은 아직 알아주는 사람을 만나지 못했을 뿐 애초에 이 산이 볼 만하지 않은 것은 아니라오. '사물은 스스로 귀해지지 않고 사람으로 인해 귀해진다'라는 말이 옳소. 그러나 알아주는 사람을 만나고 못 만나는 것이 산에게 무슨 상관이겠소. 산의 승경을 보고 마음에서 얻은 것이 있다면 어찌 선현의 유적에 의지할 필요가 있겠소. 세상의 무리가 선현의 유적만 좇고 산의 승경을 버리는 것은 잘못이오." 성통이 말했다. "공의 말이 어찌 이 산이 알아주는 사람을 한 번 만난 경우가 아니겠습니까."

한편 경남의 두드러진 한 특징이 문무를 함께 중시하는 상무적 전통을 지키고 있었다는 점도 배놓을 수 없다. 조선 초기의 최윤덕은 무과를 통하여 정승에까지 오른 특별한 인물이며, 송당(松堂) 박영(朴英, 1471-1540)과 그 문하의 인물들이 무(武)를 숭상하고 있었던 사실은 남명이 그의 벗인 황강 이희안과 삼족당 김대유를 묘사한 글에서도 잘 나타나고 있다. 경남은 고려 말부터 왜구의 침탈이 잦아 생존을 위해서는 스스로를 방어할 수 있는 능력을 배양해야만 하는 현실도 무시할 수 없었을 것이다. 더구나 낙동강 연안 지역은 배를 이용하여 침탈하는 왜구들이 쉽게 약탈을 자행할 수 있는 여건이라는 점도 영향이 있었을 것이다. 그러나 어쩌면 이 지역이 그 옛날 가야의 중심지였다는 사실을 기억한다면 상무적 전통을 이해하기에 더 좋은 배경을 찾을 수도 있지 않을까 생각할 수 있다.

이렇게 서부 경남의 관학파 전통과 낙동강 연안의 사림파 전통 그리고 또 한편의 상무적 기질은 남명에게서 통합되어 독특한 경남의 특징으로 나타나게 된다. 불의에 저항하여 목숨을 걸고 싸우는 상무적 기질에 관학파와 사림파의 출처가 서로 다른 전통과 명분을 갖고 있었던 것이 '출처의리(出處義理)'에 대한 남명의 개념 정립으로 통합되었다고 볼 수 있다. 사림파는 1498년의 무오사화 이후 1504년의 갑자사화와 1519년의 기묘사화 그리고 1545년의 을사사화 등 잦은 사화를 겪으면서 많은 희생을 치렀다. 그 와중에서 경남지역의 사림은 무오사화와 갑자사화에서 김종직과 그 제자들이 큰 피해를 입었고, 기묘사화에서도 상당한 타격을 입었으니 대표적으로는 황강 이희안 가문이라고 할 수 있다. 신계성도 그와 재종간인 이윤경 이준경 형제들이 부친 대에서 사화의 피해를 입었던 집안이다. 김대유의 경우는 숙부인 김일손이 사화의 당사자였고, 그와 그의 부친도 이에 연루되어 귀양을 가기도 했던 것이다.

남명의 경우를 보면, 그의 선대는 고려 시대에 9대에 걸쳐 평장사를 지내는 등 벌족으로서 지위를 누렸다. 그러나 조선 개국 후에는 벼슬길이 끊어져 그의 증조부 때에 합천의 삼가로 귀향하게 되었던 것이다. 그러므로 그는 사림파의 전통에 속하는 가문이 되었던 것이며, 2세대가 지난 후인 아버지 대에 이르러 부친과 숙부가 과거에 급제하여 다시 벼슬에 나아가게 되었으니 전형적으로 재기한 사림파 집안이라고 할 수 있다. 그러면서 그의 집안은 조선 초기에 최윤덕 집안과 혼인 관계를 맺고 있었고, 그의 증조모는 남평문씨 집안의 문익점(文益漸) 후손인 문가학(文可學)의 따님7)으로 당시 상당한 명문가 출신이었

---

7) 남명의 집안 인물 중에서 증조모인 문가학의 따님은 다소 특이한 양상을 보이고 있다. 『남명집』에는 시나 편지 속에서 그가 배를 타고 동래에 있는 그의 증조할머니 산소에 성묘를 가는

다. 그의 부친도 삼가의 인천이씨 집안에 장가들었으니 결코 허약한 가문은 아니었다. 남명 또한 22살의 나이에 2살 연상인 부인과 결혼했는데, 그 당시로 본다면 부인은 상당히 늦은 혼인이라고 할 수 있다. 처가는 김해였고 집안은 매우 부유했는데 대대로 벼슬한 가문은 아니었다. 남명이 어떻게 김해로 장가들게 되었는지 알려진 바는 없다.8)

남명의 집안은 상당한 명문가로서 벼슬길이 끊어진 후에 낙향하였지만 충분한 토지나 재산을 보유하지는 못한 듯하다. 그리하여 부친이 인천이씨 집안에 장가들어 처가에서 터전을 잡았으며, 그로부터 기반을 잡아 남명이 네 살 되던 해에 부친이 과거에 합격하고 다시 다음 해에 전시(殿試)에서 장원 급제하여 초기에는 비교적 벼슬길이 순탄하였던 것으로 볼 수 있다. 그러나 부친은 성격이 곧아 권세에 아부하지 못해 승진이 늦었으며 58세(1526)에 3품의 승문원판교를 지내고 제주목사로 발령 났으나 병으로 부임하지 못하고 세상을 떠나게 된다.

부친이 돌아가고 모친을 봉양하기 위하여 남명은 처가가 있는 김해로 옮기게 된다. 이미 20세부터 과거를 보기 시작했으나 30세가 되도록 급제하지 못한 남명은 김해로 옮기면서 과거를 포기하게 된다.9)

상황이 몇 차례 언급되고 있다. 남명의 집안에서 왜 별다른 연고가 없는 동래에 산소를 쓰게 되었는지 알 수 있는 자료는 없다. 그런데 일반적으로 풍수설에 의하면 명당에 산소를 쓰면 가장 큰 영향이 미치는 것이 증손자 때라고 한다. 남명이라는 걸출한 인물과 그의 증조할머니의 묏자리 사이에 혹시 풍수적인 연관이 있을 수도 있는 것인지, 그런 상황을 염두에 두고 연고 없는 곳에 명당을 찾아 산소를 쓴 것인지는 흥미로운 일이다.

8) 남명의 사위 金行도 상산김씨이지만 거주지는 김해로 알려지고 있다. 남명이 김해로 장가든 것과 김해에 거주하는 사위를 얻은 것 그리고 남명의 본부인인 정경부인 남평조씨의 무덤과 그 따님의 무덤이 김해에 나란히 있는 것 등등에는 몇 가지 풀리지 않는 의문이 내재되어 있다.

9) 남명의 과거 포기 시기에 대해서는 김경수, 「남명의 과거응시 그리고 남명과 『주역』」(『동양

여기서 그는 학문에만 전념하면서 그 주변인 청도에 거주하고 있던 김대유 박하담 등 한 세대 위의 인물들과 벗으로 교유하였고, 밀양의 신계성과 합천의 이희안 등과는 같은 연배의 벗으로 사귀면서 학문의 새로운 분위기에 젖게 된다. 이때의 학문은 그가 서울생활을 하면서 과거를 위하여 했던 공부와는 완연히 다른 방식이었다.[10] 상무적 기질과 사화의 피해를 몸소 겪은 사림파 인물들과의 교유는 그의 사상 형성에 큰 영향을 주었을 것이다. 낙동강 연안의 이와 같은 학풍을 체득한 그는 모친이 세상을 떠나자 다시 삼가로 돌아오게 된다. 여기서는 그의 내면적 침잠의 학문이 무르익게 되고, 이때부터 그의 문하에는 경남의 모든 지역에서 제자들이 몰려들게 된다. 55세에 올린 「을묘사직소」는 그동안 침잠을 통하여 이루어낸 학문의 결실이자 '출처의리'를 기반으로 하는 그의 사상을 세상에 뇌룡의 모습으로 드러내는 시작이었다. 사림파와 관학파를 뛰어넘어 출처(出處)를 군자의 가장 중요한 덕목으로 확보한 것이다.

남명학의 요체인 경(敬)과 의(義)는 '내면적 자아정체성 확립'과 '불의에 저항하는 행위의 결단력'이다. 시대와 상황을 판단하여 자아정체성을 확립한 다음 외부로부터 들어오는 어떤 유혹도 흔들리지 않고 물리칠 수 있는 결단력을 정립한 것이다. 남명에게 있어 그 결단의 순간은 벼슬에 나아가느냐 나아가지 않느냐 하는 판단에 있다. 사화로

문화연구』 제30집, 동양문화연구원, 2019)에서 자세히 논의하고 있다. 일반적으로 「연보」를 기준으로 37세에 과거를 포기한 것으로 판단하고 있지만 사실은 늦어도 32세 이전에 과거를 포기한 것으로 보아야 한다.

10) 김경수, 「남명의 실천성리학과 예학」(『유학의 본질 남명학의 본질』, 글로벌콘텐츠, 2014)에서 남명과 사림파의 전통과의 관계에 대해서 상세히 언급하고 있다.

점철되는 시기에 벼슬에 나아가 온전히 역량을 펼칠 수 있는 사람이 얼마나 될 수 있을까! 존경하던 수많은 선배들이 사화에 희생당하고, 평생의 지기들이 또한 사화에 목숨을 잃는 상황을 목격하면서 도대체 그들에게 무슨 잘못이 있었기에 이와 같은 비참한 최후를 맞이하는가 하는 회의감은 잘못된 정치 현실에 대한 비애로 남게 되었다. 남명에게 있어 출처는 군자의 기준이었다. 남명은 인물됨을 출처로 판단하였다. 그리고 출처관의 기준은 '기미(幾微)'를 살피는 능력으로 보았다. 내면의 정체성을 밝히는 예지(叡智)를 갖추고, 외부의 상황을 단초에서부터 정확히 살피는 혜안(慧眼)을 가지는 것이야말로 기미(幾微)를 아는 것이라고 할 수 있는 것이었다.11) 출처와 기미는 남명 평생의 화두였다.

61세에 환갑을 맞이하여 집안의 종손 권한을 아우에게 넘긴 그는 지리산 자락으로 들어가면서 '산천대축(山天大畜)'의 『주역』괘를 가슴에 담고 후학양성에 매진하게 된다. 그리고 이것은 진양을 중심으로 하는 서부 경남의 관학파적 학문 분위기를 사림파의 학문과 출처 정신으로 바꾸는 결정적인 계기가 되었다. 그가 평소에 제자들에게 문무를 함께 중요하게 여기는 교육을 시행하였고, 임진왜란을 당하여 50명 이상의 제자들이 의병장으로 궐기한 것은 '출처의리' 사상과 '비판과 구국'이라는 신념에서 도출된 것으로 보아야 한다. 남명으로 인하여 경남의 서부지역과 낙동강 연안이라는 두 지역의 학문과 출처에 대한 다른 흐름이 비로서 하나로 통합된 것이다. 이것은 그가 처

---

11) 김경수, 「남명의 인물평을 통해 본 출처관의 기저」(『유학의 본질 남명학의 본질』, 글로벌콘텐츠, 2014)에서 이 문제에 대해 자세히 논하고 있다.

한 시대적 상황과 그가 김해와 합천 그리고 진주의 덕산에 거주하게 되었던 지역적 상황이 절묘하게 맞아 만들어낸 결과물이라고 할 수 있다.

이 시기에 즈음하여 한국의 유학사는 일대 혁명적 변화를 가져오게 되니, 그 중심에 남명과 퇴계가 있다. 그 둘은 이른바 영남학파를 양분하여 강우학파와 강좌학파로 불리는 거대한 학문집단의 영수로 부각한다. 여기서 말하는 강우지역이란 낙동강을 기준으로 서울에서 보았을 때 강의 오른쪽과 왼쪽을 가리키는 말이니 현재의 경남과 경북으로 나뉘는 경계선이다. 물론 지금은 청도와 고령 및 성주를 경북으로, 양산과 울산 등은 경남으로 편제되었지만, 당시 학문적 집단으로 본다면 청도 고령 성주는 경남으로 분류되어야 한다. 그러나 현재의 행정구역은 그렇지 않으므로 이에 대한 언급은 간단히 하고자 한다.

남명 이후 강우지역 즉 오늘날 경남의 유학은 그 역사 전체가 거의 남명학의 계승과 그 과정에서 일어나는 여러 문제들의 생성과 해결이 주를 이루었다고 하여도 과언이 아니다. 즉 남명학파의 흥망성쇠가 바로 경남 유학의 역사라고 하여도 무방하다는 말이다. 남명(南冥) 조식(曺植, 1501-1572)은 1501년 경남 합천군 삼가면 토동의 외가에서 부친 언형(彦亨)과 모친 인천이씨의 3남 4녀 중 2남으로 태어났다.

남명의 학문은 경(敬)과 의(義) 두 글자로 집약되는데, 이는 주역 '곤괘'의 「문언전」에 있는 '경이직내, 의이방외'(敬以直內 義以方外 : 경으로 안을 곧게 하고, 의로 밖을 반듯하게 한다)에서 따온 것이다. 남명은 학문과 삶이 일치되는 것을 강조하였고, 항상 백성들의 곤궁한 생활을 마음 아파하며 「민암부(民巖賦)」[12]를 지어 백성을 중시하는 민본사상과 위민

정치를 역설하였다. 실천을 매우 중시하는 남명의 학문과 사상은 당시 일반 성리학자들과 구분되는 점이었다. 또한 사화로 인하여 침체된 사림의 사기를 북돋우었으며, 목숨을 건 직언상소로 언로(言路)를 열었고, 무엇보다도 중요한 점은 당시까지 음사에 젖어있던 관혼상제의 예법을 『주자가례』에 기초한 유교적 예법으로 바꾸어 풍속을 일신한 것이라고 하겠다. 나아가 사마광의 말처럼 '군신간의 위상은 영구히 바뀌지 않는다'[君臣之分 永久不易]는 틀에 박힌 정치체제와 관료주의를 개혁하려는 실천 위주의 학문과 사상을 가졌던 것이다. 그리고 지식은 자신의 인격도야는 물론 나라와 백성에 대한 투철한 사명감으로 의로운 행동을 통해서 실천되어야 한다고 강조하였다. 이러한 교육으로 남명의 문하에서 배출된 제자들은 '의'를 숭상하고 실천을 중시하는 성향을 가지게 되어 국난을 당해서는 누구도 따를 수 없는 우국애민의 사명을 통감하고 의병을 일으켜 국난 극복의 선봉이 되었다.

한편 남명과 동시대에 경남지역에서 활동하면서 일정한 학문적 역할을 한 인물들의 집단도 확인된다. 남명과 직간접으로 교류하면서 당시 경남지역의 유학을 주도했던 인물로는 창녕의 금헌(琴軒) 이장곤(李長坤, 1474-?), 청도의 소요당 박하담과 삼족당 김대유, 삼가의 사미정

---

12) 「민암부」은 1534년에 있은 식년시에서 賦의 제목으로 출제된 것이다. 필자의 연구로는 남명은 이때의 과거에 응시하지 않은 듯하다. 이 시는 남명이 당시 과거에 출제된 부의 제목을 듣고서 나중에 별도로 지은 것으로 판단된다. 부의 내용으로 보면, 남명이 아무리 직언을 서슴지 않는 성격의 소유자라고 해도 이런 내용으로 시험의 답안을 제출하지는 못했을 것이기 때문이다. 참고로 이때의 과거는 선발 인원 33인 중에서 자격 요건이 부족한 인물이 많아 26명만 뽑았고 퇴계는 을과 1인으로 급제하였다.

(四美亭) 문경충(文敬忠, 1494-1555), 창녕의 강응두(姜應斗, 1501-1558), 성주의 칠봉(七峯) 김희삼(金希參, 1507-1560), 거창의 갈천(葛川) 임훈(林薰, 1500-1584), 진주의 무심옹(無心翁) 성일휴(成日休, 1485-?), 함안의 모암(茅菴) 박희삼(朴希參, 1486-1570), 단계의 안분당(安分堂) 권규(權逵, 1496-1548), 밀양의 송계(松溪) 신계성(申季誠, 1499-1562), 단성의 청향당(淸香堂) 이원(李源, 1501-1568), 합천 초계의 황강(黃江) 이희안(李希顔, 1504-1559), 사천의 구암(龜巖) 이정(李禎, 1512-1571), 함양의 졸재(拙齋) 노상(盧祥)과 옥계(玉溪) 노진(盧禛, 1518-1578) 등이 있다. 이들의 역할과 위상이 당시에 상당했음에도 상대적으로 남명에 비해 크지 않았기에, 그들의 제자들은 거의 모두 남명의 제자로 귀속되는 결과를 가져왔다.

26) 강응두(姜應斗, 1501-1558)

본관은 진주이다. 자는 극서(極瑞)이다. 강응두(姜應斗)에 관한 가록은 '의령군지'(2003년) 2152쪽에 다음과 같이 나타나 있다.

"자는 극서(極瑞)요, 빈(贇)의 아들이다. 홍치(弘治) 신유생(1501)으로 천자가 아름답고 커 가면서 더욱 단아했다. 스승 이맹(李孟)이 역질을 앓고 있을 때 자수로 약을 달여서 구호했고, 계묘년에 함열 군수가 되어서 선정을 하였고, 안주 목사로 있을 때에는 교화가 일경에 행해졌다. 경술년에 상감이 의복 일습을 하사했고, 부친상을 당하여 시묘철죽하고 인하여 병으로 졸세했다. 선조 을해에 좌승지(左承旨)에 증직되었다."

진산강씨한와추모록(晋山姜氏寒窩追慕錄)은 1587년 강응두의 종증손자 한와(寒窩) 강숙승(姜淑昇)이 진양 강씨 조상의 일들을 적은 책이다. 이 추모록에서 강응두에 관한 자세한 사항을 알 수 있다. 강응두는 1501년에 태어나 1558년에 사망했다. 아버지 강빈(姜贇)은 상호군(上護軍. 정3품), 조부 강말동(姜末同)은 무과 급제 후 전라수군절도사, 유곡면 세간에 처음 들어온 증조부 강렬(姜烈)은 사간원 대사간 및 가선대부 판중추원사(判中樞院事. 중추원 으뜸벼슬)를 지냈다. '의령군지'에는 함열 군수를 지낸 것으로 되어 있지만, 한와추모록에는 함열(咸悅) 현감(縣監)을 지낸 것으로 되어 있는데, 사실 현재 전북 익산시의 일부였던 함열현(咸悅縣)은 조선 초기부터 함열현으로 불리다가, 1895년에 함열군으로 바뀌었으므로, 함열(咸悅) 현감(縣監)이 옳은 것이다. 평안도 안주(安州) 목사 재직 때는 고을을 잘 다스려 고을 사람들이 송덕비를 세웠는데, 송덕비의 글도 이 추모록에 남아 있다. 강응두와 남명 조식(南冥 曹植)과의 관계는 세상에 잘 알려지지 않고 있는데, 이 추모록에는 강응두와 조식은 동갑으로서 자굴산 명경대에서 함께 지내며 동갑회를 만들었다고 했다. 이 사실은 남명학파의 인물지인 덕천사우연원록(德川師友淵源錄) 종유(從遊. 학식이나 덕행이 높은 사람을 좇아 함께 지냄)에도 실려 있다. 강응두의 외손자 곽재우는 조식의 제자이며 조식의 외손녀와 혼인했는데, 그러한 배경에는 조식과 강응두의 친교가 큰 몫을 했으리라는 추측이 가능하다. 이에 대해서는 허만길, "곽재우 아버지 곽월의 혼인과 강응두에 관한 연구", 의령신문 제374호 2015년 3월 20일 6쪽을 참조할 수 있다.

27) 청향당(淸香堂) 이원(李源, 1501-1568)

　　본관은 합천이다. 자는 군호(君浩)이고, 호는 청향당이다. 33세에 진사에 합격한 이후 심성수양과 학문에 매진하였다. 일찍이 남명 조식과 교유하였고, 퇴계 이황과도 도의로 사귀며 학문적 교류를 하였다. 46세에 곤양 훈도(昆陽訓導)에 제수되고, 이후 여러 차례 벼슬에 제수되었으나 한 번도 관직에 나아가지 않았다. 48세에 구사재(九思齋)를 지어 강학 활동을 하였다. 현재 배산(培山)서원에 배향되어 있다. 『청향당실기』의 서문은 유치명(柳致明)이 지었으며, 발문은 유의정(柳宜貞)이 지었다. 권1에는 시문, 언행록, 묘갈명, 기문 등이 수록되어 있다. 권2에는 이황과 조식의 시, 이황의 서찰, 청향당 시축서찰(詩軸書札) 등이 실려 있다. 간기를 통해 1860년(철종 11)에 배산서원에서 간행되었음을 알 수 있다.

　　청향당(淸香堂)은 산청의 배양리에 입향한 합천이씨 이계통(陝川李氏 李季通)의 손자이다. 부친 이승문(李承文)에게 가르침을 받아 가학을 계승하였다. 1533년에 진사시에 합격하였지만, 관직을 단념하고 고향에 청향당과 구사재(九思齋)를 지어서 그 속에 은거하며 학자로서의 삶을 살았다. 이원은 '항상 경(敬)을 지키는 자세[용경(庸敬)]'로 자신을 수양하였는데, 항상 경을 지킨다면 구방심(求放心)의 상황에 이르지 않는다고 주장하였다. 또 '욕심을 적게 하는 것[寡慾]'이 마음을 수양하는 요체라고 생각하고, 학문을 할 때도 탐욕이 생기는 것을 경계하여 마음을 가라앉혀 완미하고 탐색해야 한다고 일러주었다. 이러한 정신은 그의 아들 이광곤(李光坤)과 조카 이광우(李光友)에게 이어졌다. 청향당이 퇴계에게 화답한 시이다.

> 오늘 마음을 여니 다 괜찮은 사람인데 此日開懷摠可人
> 비단 같은 연구가 퇴계 가에서 왔도다 錦聯來自退溪濱
> 섣달 매화에 눈 내려 좋은 만남 가졌으니 臘梅帶雪成佳會
> 향기로운 먹물로 마음 전하며 은륜을 생각하네. 香液傳心想隱淪

28) 황강(黃江) 이희안(李希顔, 1504-1559)

　본관은 합천(陜川)이다. 자는 우옹(愚翁), 호는 황강(黃江)이다. 합천 초계 출신이다. 증병조참의 이지로(李智老)의 증손으로, 할아버지는 증병조참판 이순생(李順生)이고, 아버지는 참판 이윤검(李允儉)이며, 어머니는 참군 최계한(崔季漢)의 딸이다. 교리 희민(希閔)의 아우이다. 김안국(金安國)의 문인이다. 10세 때 능히 글을 지을 줄 알았으며, 1517년(중종 12) 사마시에 합격하였다. 1538년 이언적(李彦迪)의 추천으로 참봉이 되었으나 사퇴하였다. 그 뒤 1554년(명종 9) 유일(遺逸)로 천거되어 고령현감으로 부임하였으나 관찰사와 뜻이 맞지 않아 곧 사직하였다. 그 뒤 군자감판관에 제수되었으나 사직하고, 고향에 돌아가 조식(曺植)과 교유하며 학문을 닦았다. 초계의 청계서원(淸溪書院)에 제향되었다.

29) 칠봉(七峯) 김희삼(金希參, 1507-1560)

　　본관은 의성(義城)이며, 자는 사로(師魯), 호는 칠봉(七峰), 진재(進齋)이다. 김계손(金季孫)의 후손으로 할아버지는 김종혁(金從革)이고, 아버지는 김치정(金致精)이다. 어머니는 훈련원 참군(訓練院參軍) 이계공(李季恭)의 딸 성주 이씨(星州李氏)이며, 부인은 청주 곽씨(淸州郭氏)이다. 김우홍(金宇弘), 김우굉(金宇宏), 김우용(金宇容), 김우옹(金宇顒) 네 아들을 두었다. 이 중 넷째 아들 김우옹은 이황과 조식의 문하에서 학문을 배웠고, 한강(寒岡) 정구(鄭逑)와 함께 성주에서 학문을 크게 이루었다. 퇴계(退溪) 이황(李滉), 남명(南冥) 조식(曹植), 하서(河西) 김인후(金麟厚)와 도의(道義)로 사귀었다. 김희삼은 지금의 경상북도 성주군 대가면 칠봉리에서 태어났다. 야계(倻溪) 송희규(宋希奎)에게 배우고 뒤에 배이장(裵以張), 이광(李光), 송희규(宋希奎)와 함께 진락당(眞樂堂) 김취성(金就成)에게 배웠다. 1540년 문과에 급제하였고, 1547년(명종 2) 정언, 1551년(명종 6) 수찬이 되었다. 1552년 이조정랑에 임명되었다가 다음 해인 1553년 삼척부사에 임명되었다. 여러 관직을 역임하였으나 병을 핑계로 자주 사직을 청하여 사화에서 벗어날 수 있었다. 삼척부사에 재임할 때에는 백성들을 자애로 돌보았다고 전한다. 벼슬에서 물러난 후 왕이 내린 칠봉산(七峰山) 아래에 진재(進齋)란 집을 지어서 칠봉(七峰) 선생이라 불렸다. 후에 이조판서에 증직되었다. 문집으로 『칠봉일집(七峰逸集)』이 있는데, 시(詩) 8수, 부(賦) 2편, 서(書) 1편, 지문(誌文) 2편, 책문(策問) 1편이 실려 있다. 이 중 「심학부(心學賦)」에서는 경(敬) 공부를 강조하였다. 부록으로 「언행록」과 유사, 만사, 제문 등이 있는

데, 이를 통해 이황과 조식, 김인후, 오건과의 관계를 살펴볼 수 있다. 묘소는 경상북도 성주군 대가면 금산리에 있다. 1558년(명종 13) 천곡서원을 건립하고 송(宋)의 정이(程頤)와 주희(朱熹), 조선의 김굉필(金宏弼), 정구(鄭逑), 장현광(張顯光) 등을 봉향하였다. 천곡서원이 성주 유학과 도학의 본거지가 되자 이를 중심으로 상주 사림을 향현으로 봉안하는 일이 진행되었고, 천곡서원 옆에 향현사(鄕賢祠)를 세우게 되었다. 여기에 주경(主敬) 공부에 독실했던 김희삼도 봉안되었다.

30) 옥계(玉溪) 노진(盧禛, 1518-1578)

본관은 풍천(豊川)이다. 자는 자응(子膺), 호는 즉암(則菴), 옥계(玉溪)이다. 증조부는 예조참판을 지낸 송재(松齋) 노숙동(盧叔仝)이며, 부친은 노우명(盧友明)이다. 그는 조선 중기 명종과 선조 연간에 주로 활약한 문신으로, 30여 년 동안 청현(淸顯)의 관직을 두루 역임하였다. 지례현감과 전주부윤 등 외직에 나가서는 백성에게 선정을 베풀어 청백리로 뽑히기도 하였다. 성리학과 예악에 밝았다. 노진은 1518년(중종 13) 함양군 북덕곡 개평촌에서 태어났으나 처가가 있는 남원에 와서 살았다. 효심이 뛰어나 노모를 봉양하느라 지병이 악화되어 1578년 향년 61세를 일기로 생을 마쳤다. 모친은 안동권씨(安東權氏)로 생원(生員) 권시민(權時敏)의 딸이다. 노진은 슬하에 7형제를 두었다. 1537년 생원시에 합격하고, 1546년(명종 1) 증광문과에 을과로 급제하여 승문원의 천거로 박사가 되었다. 1555년에는 지례현감으로 부임하여 선정을 베풀어 백성들의 칭송을 받아 청백리로 뽑혔다. 1560년 형조참의를 거쳐 도승지가 되었는데, 노모의 봉양을 위하여 외직을 지원하여 담양부사와 진주목사를 지냈다. 1567년 충청도관찰사와 전주부윤을 지낸 후, 다시 내직인 부제학에 임명되었다. 1571년 다시 노모 봉양을 위해 외직을 청하여 곤양군수가 되었고, 이듬해 대사간, 이조참의가 되고, 경상도관찰사, 대사헌 등을 지냈다. 1575년 예조판서에 올랐으나 사퇴한 후 신병을 이유로 관직에 나아가지 않았다. 평소에 남명(南冥) 조식(曺植), 하서(河西) 김인후(金麟厚), 고봉(高峯) 기대승(奇大升) 등의 학자들과 도의(道義)로써 교유하였다. 노진은 『대학(大學)』을 학문하는 기본으로 삼고 정진하였다. 제자들에게도 『논어(論語)』와 『소학(小學)』, 『근사록(近思錄)』 등의 책을 중심으로 가르쳤는데, 이는 사람의 근본 도리를 익히는 공부를 중히 여긴 데서 비롯된 것이다. 또한 자신을 수양하기 위해 '경(敬)'을 공부의 요체로 삼았으며, 이러한 학문 자세를 바탕으로 관직 생활을 하였다. 노진은 고을을 다스릴 때에는 직무를 신중히 이행하였고, 이익을 욕심내거나 치적을 뽐내지 않았다. 노진은 당시의 가장 큰 병폐가 빈부의 격차와 토지 겸병에 있다고 여겨 균전제 시행을 역설하였는데, 이는 백성을 사랑하는 마음에서 비롯된 것이라고 볼 수 있다. 유집으로 목판본 『옥계집(玉溪集)』 7권 4책이 전한다.

31) 모촌(茅村) 이정(李瀞, 1541-1613)

본관은 재령(載寧)이다. 자는 여함(汝涵), 호는 모촌(茅村)이다. 원당(元

塘)에 거주하였다. 그는 1541년(중종 36년)에 함안 모곡리에서 참판 경성(景成)의 아들로 태어났다. 이정(李瀞)은 7세(1547년)에 부친으로부터 『효경』을 배웠고, 8세(1548년)에 백씨(伯氏) 미촌공(薇村公)을 따라 십구사(十九史)를 배웠다. 15세(1555년)에는 남명선생이 모곡으로 부친 참판공을 만나러 왔다가 4형제가 의좋게 열심히 공부하는 모습을 보고 칭찬하였다. 이정(李瀞)은 19세(1559년) 봄에 남명선생으로부터 『중용』, 『대학』, 『심경』 등에 대하여 배웠고, 20세(1560년)에 경사자집(經史子集)을 두루 통한 후 남명선생을 찾아뵈었다(『茅村集』, 卷3, 「年譜」 19 및 20 歲條). 이정(李瀞)은 54세(1594년)에 사헌부 집의(司憲府執義)에 제수되었으나 나아가지 않자 이어 단성현감에 제수되었고, 57세(1597년)에 정유재란이 일어나자 그는 의령현감으로서 경상우도병마절도사 김응서(金應瑞)와 함께 의령에 침입한 나베시마(鍋島直茂) 휘하의 왜군을 격파하였다. 60세(1600년)에 벼슬을 버리고 낙향하여 진주 원당(元塘)으로 거처를 옮겼다. 원당은 부인 유씨(柳氏)의 고향으로 원당에 집을 지어 향매와(鄕梅窩)라 이름을 붙였다. 그는 모곡에 있던 붉은색, 흰색의 매화 두 그루를 옮겨 심었는데 이는 고향을 생각하는 마음에서였다. 향매와에서 아침저녁으로 조용히 근처를 돌면서 시를 읊어보기도 하고 경치를 완상하기도 하면서 유유자적한 생활을 보내면서 호를 모촌(茅村)이라고 지었다. 또 악양의 삽암에 집을 지어 고려 신하 한유한(韓惟漢)의 청렴한 마음을 본 받고자 하였다. 62세(1602년)에는 12월 26일 상주목사에 제수되었으나 나아가지 않았다. 63세(1603년) 5월에는 선산부사(善山府使)에, 7월에는 창원부사(昌原府使)에 제수되었다. 이정(李瀞)은 26세(1566년) 봄에 남명선생을 모시고 갈천(葛川)선생을 방문하였는데, 하항(河沆), 조종도, 하응도, 유종지 등도 함께 갔다. 노진의 집에 이르자 노진이 강익 및 제공들을 불러 함께 남명선생을 모시고 안음(安陰) 옥산동(玉山洞)으로 가서 심성정(心性情)을 공부하였다. 29세(1569년) 봄에는 남명선생을 뵈러가서 최영경, 김우옹 등과 더불어 『심경』을 공부하였다. 45세(1585년)에는 하항(河沆), 유종지 등의 여러 선비들과 진주의 공옥대(拱玉臺)에서 수계(修契)하였고, 46세(1586년) 가을에는 정구(鄭逑)가 군수가 되어 찾아왔으며, 혹인(或人)에게 심성기(心性氣)에 대해 답하였다. 51세(1591년)에는 고향에 모촌정사(茅村精舍)를 세워 여러 선비들과 학문을 강마하였다. 이정(李瀞)은 1592년(선조 25년) 4월에 왜란이 일어나자 5월에 함안군수 유숭인(柳崇仁)의 휘하에서 소모관으로 의병을 모집하고 진해, 창원 등지에서 전공을 세웠다. 그는 김면, 곽재우 등이 의병을 일으켰다는 소식을 듣고 이칭, 박제인 등과 함안에서 의병을 일으켰다(『茅村集』). 53세(1593년) 봄에는 초유사 김성일을 만나 전쟁이 일어난 후 죽은 시체들이 산과 들에 그대로 버려져 있는데, 이를 마땅히 묻도록 해야 한다고 청원하였다. 이정(李瀞)은 36세(1576년) 봄에 최영경, 하항(河沆) 등과 함께 덕천서원을 창건하는 일에 가담하였다. 40세(1580년) 봄에 덕천에 들어가 원규(院規)를 확정하였으며, 여름에 창녕으로 정구(鄭逑)를 찾아가 예(禮)에 대하여 공부하였다. 61세(1601년)에 진극경, 하징, 성여신 등과 더불어 병화로 소실된 덕천서원을 중건하고 최영경을 배향하자고 도모하였다. 62세(1602년)에 진극경, 이광우, 하징 등과 더불어 병란으로 불타버린 덕천서원을 중건하였다(『竹閣集』). 이정(李瀞)은 50세(1590년) 7월 11일에 여러 동지들과 합천향교에 모여 최영경의 신원소를 올리는 일을 논의하였다.

이 때 최영경은 정여립 모반사건에 연루되어 억울한 옥살이를 하고 있었는데, 그는 이로, 오장, 하응도, 박제인, 이대기, 문위, 하혼 등과 더불어 합천에서 최영경의 신원소(伸寃疏)를 올렸으며, 문경호가 소두(疏首)가 되었다(『濯溪集』). 63세(1603년) 겨울에 다시 덕천서원에 가서 이광우, 하징, 진극경 등과 두류산의 경치를 구경하였다. 70세(1610년)에 이광우의 삼우당(三憂堂, 文益漸)선생 사당 건축에 답장하였다. 이정(李瀞)은 1613년(광해군 5년)에 73세의 일기로 원당에서 세상을 떠났다. 그의 사후 함안의 도림서원(道林書院)과 진주의 대각서원(大覺書院)에서 제향되고 있다.

남명학은 어느 날 하루아침에 평지돌출로 이루어진 것이 아니다. 이렇듯 낙동강 연안지역의 사림파 전통과 경남 서부지역의 관학파 전통 그리고 상무적인 경남인의 기질을 잘 배합하여 '출처의리'를 군자의 가장 큰 덕목으로 삼는 학문체계를 도출한 것이다. 더구나 당대에 어깨를 견줄만한 인물들이 주변에 상당수 있었지만 그 역량이 남명에 미치지 못한 감이 있고, 나아가 남명은 어려서부터 서울생활을 통하여 중앙 정치무대에서도 뛰어난 능력을 가진 인재들과 친분을 쌓아 교유의 폭이 넓고 식견이 높았다고 보아야 한다. 전국의 명사들이 산해정으로 남명을 찾아와 학문을 강론했었던 사실은 이러한 점들을 반증하고 있다. 한 사람의 스승과 몇 명의 제자들로 이어지던 학문적 계승은 남명 대에 이르러 거대한 학파로 성장하였고, 세대를 지나면서는 학맥을 형성하여 오늘날까지 500년 가까이 경남정신의 주류를 이루는 남명학파로 굳건히 자리하고 있다.

4부

남명학파의
형성과 침체

Ⅳ. 남명학파의 형성과 침체

　　남명의 문하에서는 많은 인물들이 배출되었다. 학문적으로 일가(一家)를 이룬 덕계(德溪) 오건(吳健, 1521-1574), 수우당(守愚堂) 최영경(崔永慶, 1529-1590), 각재(覺齋) 하항(河沆, 1538-1590), 약포(藥圃) 정탁(鄭琢, 1526-1605), 동강(東岡) 김우옹(金宇顒, 1540-1603), 한강(寒岡) 정구(鄭逑, 1543-1620) 등을 비롯한 이른바 강우48가(家)에 달하는 당대의 석학들은 선생의 학덕을 계승하여 사림의 중심이 되었고, 망우당(忘憂堂) 곽재우(郭再祐, 1552-1617), 내암(來菴) 정인홍(鄭仁弘, 1535-1623), 송암(松庵) 김면(金沔, 1541-1593) 등 영남 3대 의병장을 비롯하여 대소헌(大笑軒) 조종도(趙宗道, 1537-1597), 탁계(濯溪) 전치원(全致遠, 1527-1596) 등 50여 명이 의병장으로 활동하여 임진왜란 당시 국난 극복의 선봉이 되었다. 그리하여 성호(星湖) 이익(李瀷, 1681-1763)은 '천 길의 벽(壁)이 우뚝 서 있음과 같은 기상은 탐욕한 자로 하여금 청렴하게 하고, 나약한 자로 하여금 일어서게 하니 이른바 백세의 스승이라 하겠다'13)고 하였다.

---

13) 『星湖僿說』 卷9, 「人事門」, '退溪南冥' 참조.

남명의 문인들은 학문과 정치에서의 활약과 더불어 자신들의 생활 근거지를 중심으로 문인 집단을 형성하였다. 그 집단은 크게 네 지역 으로 나눌 수 있는데, 진주를 중심으로 하는 서부경남권과 의령 함안 을 중심으로 하는 중부경남권 및 합천 거창 고령 성주 창녕 밀양 청도 등 낙동강 연안지방권 그리고 경남 이외의 권역이다. 수우당 최영경, 각재 하항, 대소헌 조종도, 부사 성여신, 영모정(永慕亭) 하진보(河晋寶, 1530-1585), 원당(源塘) 권문임(權文任, 1528-1580), 동곡(桐谷) 이조(李兆, 1530-1580) 등은 진주와 단성 그리고 산음 등 서부경남에서 집단을 형 성하였다. 내암 정인홍, 송암 김면, 한강 정구, 동강 김우옹, 개암 강 익, 탁계(濯溪) 전치원(全致遠, 1527-1596), 양성헌(養性軒) 도희령(都希齡, 1539-1566) 등은 합천 고령 삼가 초계 안음 거창 성주 함양 등 중부경남 에서 집단을 형성하였다. 모촌(茅村) 이정(李瀞, 1541-1613), 망우당 곽재 우, 송암 이로, 황암(篁嵒) 박제인(朴齊仁, 1536-1618) 등은 의령 함안 등 남강변에서 집단을 형성하였다. 그 외는 서울을 비롯한 전국 각지에 서 각각 강학활동을 통하여 폭넓은 문인 집단을 형성하였다. 이리하 여 남명 이후 그의 문인들이 형성한 강우학파는 경상우도를 망라하면 서 커다란 세력을 이루었다.

32) 덕계(德溪) 오건(吳健, 1521-1574)

본관은 함양(咸陽)이다 자는 자강(子强)이고 호는 덕계(德溪)이다. 산 청에 거주하였다. 그는 1521년(중종 16년) 4월 6일 경상남도 산음현(山

陰縣) 석답리(石畓里)에서 세기(世紀)의 외아들로 태어났다. 그가 남긴 문집 및 자료는 『덕계집(德溪集)』 8권과 『역년일기(歷年日記)』가 전한 다. 오건은 9세 때(1529년)부터 『대학』, 『논어』 등을 공부하기 시작 하였다. 그는 집안이 가난하여 책을 살 돈이 없었으므로 집에 있는 책 과 아버지의 훈도를 생각하면서 날로 배움을 더해 갔다. 그리하여 백 절불굴의 의지와 인내심을 스승으로 삼아 『중용』을 천여 번 거듭 읽 어 각 구절과 장의 음과 훈의 뜻을 깨우쳤다. 이러한 방식으로 그는 『대학』과 『논어』, 『맹자』, 경(經), 사(史), 자(子) 등을 두루 공부하였다. 이러한 독서법은 다른 책에도 적용되었으며, 『주역(周易)』을 외숙으로 부터 배우기도 하였다. 그가 경서를 읽은 횟수는 『중용』이 부지기수 였고, 『대학』은 약 천여 회, 모든 경사는 모두 4~500회 이상 달하였 다. 39세(1559년)에는 성균관 학유라는 교수직으로 경상좌도 성주목 훈도로 재직하면서부터 후생교육을 임무로 삼고 유생을 4등급으로 분반하여 가르쳤다. 오건은 퇴계선생의 문하에도 나아가 43세에는 주자학을 배우고, 『심경』과 『근사록』을 질문하자 퇴계선생은 『중용』 에 있어서는 자신보다 뛰어나다고 하였다. 퇴계선생의 사후 51세 때 에는 사제문(賜祭文)을 지어 올리기도 하였다. 44세(1564년)에는 여러 유생을 모아 『중용장구』를 가르쳤는데, 이 때 대사성이던 허엽(許曄) 이 『대학』을 강론하고 말하기를, '우리 무리 가운데에 더불어 비할 이 가 없다'고 하였다. 54세(1574년) 여름에 문위(文緯, 21세)가 산청으로 찾 아오자 『주역』을 가르쳤다. 오건은 31세(1551년)에 처음으로 뇌룡정 (雷龍亭)으로 남명선생을 찾아뵙고 제자가 되었는데, 남명선생이 그의 독실함을 사랑하여 마침내 학문에 나아가는 문정을 열어 보였고, 『소학』과 『대학』 및 『근사록』 등을 배우도록 권하였다(『宣祖修正實錄』, 권 6, 5년 2월 1일 정사; 『南冥先生年譜』; 『德溪集』). 이 때 이광우(李光友)도 와서 성리(性理)와 경의(敬義) 등을 강론하였다(『竹閣集』). 오건은 1552년(명종 7년) 진사회시(進士會試)에 2등으로 합격하였고, 38세(1558년)의 대과(문과)에 급제하면서부터 13년에 걸친 관직생활을 시작하게 되었다. 44세(1564년) 5월에 성균관 학유를 제수받아 상경하였고 다음 해에 학록관(學錄管) 중학(中學)을 제수받았다. 47세(1567년) 정월에는 승정원 주서(承政院注書), 기사관(記事官)을 거쳐 2월에는 성균관 전적이 되었고, 3월에는 사간원 정언, 6월에는 예조 정랑, 병조 좌랑이 되었다. 48세(1568년) 4월과 7월에는 사간원 정언을 제수받고 「청진학납간소(請進學納諫疏)」를 올렸으며, 8월에는 이조 좌랑과 정언을 제수받고 「청물순예접견이황계(請勿循例接見李滉啓)」, 「논국혼비례소(論國昏非禮疏)」, 「청국혼상검계(請國昏尙儉啓)」 등을 올렸다. 11월에는 「사간원청제가소(司諫院請齊家疏)」, 「청정심납간소(請正心納諫疏)」, 「청죄신사정불효계칠(請罪申士禎不孝啓七)」, 「청출석상궁계삼(請黜石尙宮啓三)」 등을 올렸다. 49세(1569년)에는 공조 좌랑, 예조 좌랑, 정언, 전적, 사간원 헌납, 성균관 직강, 사헌부 지평을 제수받았다. 50세(1570) 8월에는 어사로 재상경차관(災傷敬差官)을 겸하여 호남을 두루 살피고 「어사겸재상경차관시계이(御史兼災傷敬差官時啓二)」과 「논포조포졸폐막계(論逋租逋卒獘瘼啓)」을 올렸다. 특히 이 때 포조 포졸의 폐단을 고친 일은 민생에 깊이 관련된 사안으로, 남명선생으로부터 '배운 바를 저버리지 않았다'는 평을 듣기도 하였다. 51세 4월에는 홍문관 부교리를 배하고 「청거경궁리차(請居敬窮理箚)」을 올렸고 6월에는 예조 정랑, 이조 정랑을 제수 받았다. 53세(1573년) 11월에는 성은에 보답코자 홍문관 전한(弘文館典翰)을 제수받고 상경하였다가 중도에 신병(身病)으로 사양하고 돌아와 서계(西溪)에서 지냈다. 그 후 54세(1574년) 3월에는 집의(執義)에 제수되었다. 오건은 19세(1539년)에 양희(梁喜)와 만나 경서를 강론하였다. 33세(1553년)에는 노진(盧禛), 강익(姜翼) 등과 더불어 지리산을 유람하였고(『梅村實紀』;『介庵集』), 36세(1556년)에는 성균관에 나아가 강학하였다. 38세(1558년)에는 노진, 이후백(李後白), 강익 등과 함께 남명선생을 모시고 학문을 연마하였다(『灆溪集』). 41세(1561년)에는 최영경(崔永慶), 이조(李晁), 김우옹(金宇顒), 하항(河沆), 유종지(柳宗智) 등과 서로 오가며 강마하였다. 43세(1563년) 봄에는 이조(李晁)가 산음(山陰)의 자연동(紫烟洞)으로 찾아왔다. 여러 날을 동계(桐溪)와 더불어 선비와 군자의 출처에 대하여 논하였으며, 이조와는 형제처럼 가까이 지내며 오갔다(『桐谷實紀』). 44세 7월에는 남명선생을 모시고, 노진, 김우옹 등의 여러 동학과 덕산사(德山寺), 지곡사(智谷寺), 환아정(換鵝亭), 남계서원 등을 두루 다니며 자연을 음미하며 호연지기를 길렀다. 45세(1565년)에는 현관(縣館)에서 노진을 만났고 조종도와 노흠이 방문하기도 하였다. 11월에는 노진과 더불어 함양의 남계서원에 모였는데 조식(曺湜)이 찾아왔다. 이 해에는 남명선생을 따라 지곡사를 유람하게 되었는데, 당시 도희령(都希齡), 권문임(權文任), 정구(鄭構) 등도 모였고 단속사(斷俗寺)로 따라가 경의(敬義)를 강론하였다. 이 후 서원에 머물면서 노진, 강익 등과「연평문답(延平問答)」을 강론하고, 12월에 동산사(東山寺)의 효렴재(孝廉齋)에서 주서(朱書)를 강론하였다. 46세(1566년) 봄에는 남명선생을 모시고 노진, 강익, 김우옹 등과 더불어 산청의 지곡사(智谷寺)에 모여 여러 날 동안 자연을 완상하면서 다음의 시를 읊었다.

> "초 십일에 선생께서 지곡사에 이르니 오건이 노공[盧公]을 맞이하여 와서 뵈었다. 이튿날 강익, 김우옹, 정복현, 도희령, 정유명, 임희무 등이 잇달아 도착하였다. 멀고 가까이 있는 선비들이 이러한 소문을 듣고 구름처럼 모여 여러 날 동안 학문을 강론하였다(『灆溪集』)."

52세 되던 해에 남명선생이 돌아가시니, 장례 때에 문인의 첫 번째 자리에서 예를 치루었다. 오건은 남명선생의 문하에 출입하면서 문익성, 하항(河沆) 등과 각별하게 지내면서 학문을 연마하였고(「玉洞先生年譜」), 그와 교유한 이들은 양희(梁喜), 노진, 강익, 정복현, 도희령, 정유명, 임희무, 노흠, 이로 등을 비롯한 남명선생의 문인들 대부분이 포함되며, 특히 김우옹, 정구(鄭逑) 등은 그가 성주 훈도로 재직할 때 직접 가르치기도 한 인물이다. 오건은 효행에도 뛰어나 11세에 부친상을 당하고, 14세에 조모의 상을, 그리고 29세에는 모친상을 당하여 예에 어긋남이 없었다. 특히 어머니가 병들자 날마다 어머니의 인분을 맛보아 건강을 점검하였고, 어머니가 돌아가시자 3년 동안 여묘살이 하면서 한 번도 집에 오지 않고 죽을 먹으면서 지냈고, 삼년상을 마친 뒤에도 다시 심상(心喪)을 행하여 아침저녁으로 전을 드리고 하루에 세 차례씩 울었다. 이러한 그의 효행을 가상하게 여겨 명종(明宗)은 복호를 명하였다(『明宗實錄』 4년 4월 30일). 또 그의 행실에 대해서 실록에는 다음과 같이 기록하고 있다.

"이조정랑 오건이 벼슬을 그만두고 귀향하였다. 오건은 어릴 적부터 학문을 좋아하여 조식을 따라 배우다가 늦게 과거로 발신(發身)하였는데, 문벌이 낮아 벼슬이 높이 오르지 못하였다. 많은 명사들이 그가 어질다는 것을 알고 사관(史官)으로 천거하였다. 사관은 의례히 시재(試才)를 거친 자가 하였는데 오건은 취임하지 않았다. 어떤 사람이 그 까닭을 묻자, 오건이 말하기를, '내가 괴롭게 스스로 천고 시비의 세계로 들어갈 것이 뭐가 있는가'라고 하였다. 6품으로 오른 뒤에 청요직을 지냈고 전조(銓曹)의 낭관이 되어서는 공도(公道)를 넓히기에 노력하였다. 사람됨이 순실(淳實)하고 과감하여 어떤 일을 당하면 곧장 앞으로 밀고 나가고 흔들리는 일이 없었으므로 원망하는 자들이 많았다. 노진(盧禛)은 오건과 친분이 있었는데, 나무라기를, '그대가 초야에서 출세하여 현달하였으니 그대에게는 과분한 일이다. 따라서 마땅히 뒤로 빠지고 조심해야 할 것인데, 무엇 때문에 선불리 자신의 소견을 고집하여 많은 사람의 노여움을 자초하는가'라고 하였으나, 오건은 그 자세를 마냥 고치지 않았으며 사람들의 노여움은 더 심해갔다. 게다가 주상의 뜻이 사류(士類)를 싫어하고 유속(流俗)의 형세는 더욱 강해지므로, 오건은 일을 시행할 수 없음을 헤아리고 마침내 벼슬을 버리고 돌아갔다(『宣祖修正實錄』 5년 2월 1일)."

또 전 홍문관 전한 오건의 졸기는 다음과 같다.

"전 홍문관 전한 오건이 졸 하였다. 오건은 어릴 때부터 성품이 단성(端誠)하고 견고하였는데, 11세에 부친의 상을 당했을 때 이미 효성으로 소문이 났고 장성하여 모친의 상을 만나서는 더욱 예문(禮文)에 독실하였다. 집안이 가난하여 학문에 뜻이 있어도 선생을 모시고 배우지 못했는데, 집안에 있는 『중용』1권을 수백 번 읽어 음훈(音訓)이 익숙해 진 뒤에 비로소 깊이 사색하며 전심으로 정밀을 기하였다. 그리하여 오래되어 의심나고 모르는 것이 차츰 없어진 다음에야 『대학』, 『논어』, 『맹자』로 옮겨갔는데, 그 때는 공부하기가 매우 쉬웠다. 이에 선생(先生) 장자(長者)를 찾아가 강론하였는데, 요체가 있었으므로 이황(李滉) 이하 숙유들이 모두 그가 정밀하고 깊어 미칠 수 없다고 칭찬하였으니, 이로 말미암아 저명해져 현직에 등용되기에 이르렀다. 명묘(明廟)가 승하하였을 때는 예복(禮服)으로 방상 3년(方喪三年)을 하고 소식(素食)하였으니, 그 독실한 행실이 이와 같았다. 벼슬에서 물러난 뒤에 사림이 많이 아깝게 여겼으며 반드시 다시 기용하려고 잇따라 시종직(侍從職)을 제수하였으나, 모두 사양하고 나가지 않았다. 시골에서 지낸 지 3년 만에 졸하니 나이는 54세였으며, 학도들은 덕계선생(德溪先生)이라 불렀다. 그 뒤에 향인(鄕人)이 사당을 세워 향사하였다(『宣祖修正實錄』 7년 7월 1일). "

오건은 1574년 7월 24일에 54세의 일기로 세상을 떠나게 된다. 그의 사후 경상남도 산청군 산청읍 지리 덕우촌에 있는 서계서원(西溪書院)은 그의 학문과 덕행을 추모하기 위해 창건되었다.

33) 개암 강익(介庵 姜翼, 1523~1567)

본관은 진주이다. 자는 중보(仲輔)이고 호는 개암(介庵) 또는 송암(松庵)이다. 안의(安義)에 거주하였다. 그는 1523년(중종 18년)에 아버지 승사랑(承仕郎) 근우(謹友)와 어머니 남원 양씨 사이에서 함양 효우촌(孝友村)에서 태어났다. 그가 남긴 문집은 『개암집(介庵集)』 3권 1책이 전한다. 강익은 20세(1542년)에 남명선생의 학문과 인격을 듣고 가르침을 받고자 하였으나 부친의 병환으로 뜻을 이루지 못하였다. 그는 후학을 지도함에 있어 신독(愼獨)을 권장하여 말보다는 실천위주의 학문을 하도록 하였다. 32세(1554년)에는 남명선생을 찾아가 공부하였다. 남명선생이 강익을 데리고 학문을 의논하다가 학자들이 끝까지 성공하는 이가 드물었다는 말을 하면서 이르기를, "진정코 서로 믿어 의심할 만한 것이 없는 사람은 오직 자네[강익] 뿐(『南冥集』, 「編年」 54歲條)"이라고 칭찬하였다. 강익은 15세(1537년)에 함양의 당곡(唐谷, 鄭希輔)선생의 문하에 들어가 공부하였다. 당시 당곡선생의 문하에는 노진, 양희를 비롯하여 어진 선비들이 많이 모였는데, 강익은 이들과 자연스럽게 어울려 학문을 강마하였다. 강익은 27세(1549년)에 향시(鄕試: 진사)에 합격하였으며 이후 과거에 한두 번 응시하고는 다시는 뜻을 두지 않았으며, 오로지 독서에 힘썼다. 45세(1567년)에 오건이 학행으로 추천하여 소격서 참봉(昭格署參奉)에 제수되었으나 나가지 않았다. 강익은 26세(1548년)에는 집의 남쪽에 작은 정사를 지어 숙야재(夙夜齋)라고 이름을 붙이고 수양의 장소로 삼았고 이 때 호를 송암(松庵)이라고 하였다. 27세(1549년)에는 오건, 김우옹 등이 숙야재를 방문하여 밤새도록 학문을 토론하였다. 29세(1551년)에는 남명선생이 화림동(花林洞)으로 유람을 왔다. 화림동은 함양군 서하면과 안의면 일대의 빼어난 경관을 간직한 계곡으로 농월정, 동호정, 군자정, 거연정 등 유명한 정자들이 있는 곳이다. 강익은 노진, 오건과 더불어 남명선생을 모시고 화림동의 빼어난 산수를 유람하였다. 이 때 강익이 화림동에서 지은 시가 있다.

남명선생이 옥계를 데리고,
우리들을 부르러 왔네.
꽃다운 풀 산의 자태 좋아서,
시 읊조리며 말머리 나란히 하였네.
월연(月淵)에서 발을 씻고,

용간(龍澗)에서 시를 짓네.
경치 감상하는 마음 닿는 곳마다 즐겁고,
수레바퀴 소리 따라 들새들 지저귀네.

31세(1553년)에는 노진, 오건과 더불어 지리산(智異山)을 유람하였고
(『梅村實紀』; 『介庵集』), 산기슭 등구(登龜) 마을에 양진재(養眞齋)라는 조그
마한 집을 지어 매화나무, 대나무, 난초, 국화 등을 손수 심고 세속을
피하여 학문에 힘쓰고자 하였다. 이 때 원근의 많은 선비들이 모여들
어 학문을 강론하였다. 34세(1556년)에는 호를 개암(介庵)이라고 하였
고, 36세(1558년)에는 뇌룡정(雷龍亭)으로 남명선생을 찾아가 『주역』을
배우면서 두 달간 머물다가 돌아왔다. 이 때 노진, 이후백, 오건 등이
남명선생을 모시고 학문을 연마하였다. 39세(1561년)에는 마천동(馬川
洞)에 운학정(雲鶴亭)을 짓고 정복현과 더불어 원원상종(源源相從)하면서
도의로 강마하였다(『梅村實紀』). 41세(1563년) 3월에는 남명선생이 남계
서원을 찾아와서 정여창의 사당을 배알하였고 여러 문생들이 강론을
들었다. 이 해에 갈천(葛川)선생의 집을 방문할 적에 하항(河沆), 조종
도, 하응도, 유종지, 진극경 등이 모시고 갔다(「南冥先生年譜」). 이 때 문
경호(文景虎)는 강익, 정유명, 정복현, 임희무 등 이 지역 선비들과 더불
어 이 자리에 참석하여 남명선생과 같이 온 하항(河沆), 하응도, 유종
지, 진극경 등과 더불어 강론하였다. 44세(1566년) 봄에는 이정(李瀞)이
남명선생을 모시고 갈천선생을 방문하였다. 이 해에 이정(李楨), 김우
옹, 노진, 정유명, 정구(鄭逑), 조종도, 이광우 등과 더불어 남명선생을
모시고 단속사에서 산천재로 모였다(『竹閣集』). 동년 5월 13일에 강익,

노관, 양홍택, 김우굉, 김우옹 등이 남계서원에 모였다(『梅村實紀』). 이해에 하항(河沆), 조종도, 하응도, 유종지 등이 함께 노진의 집에 이르자 노진이 강익 및 제공들을 불러 함께 남명선생을 모시고 안음(安陰) 옥산동(玉山洞)으로 가서 심성정(心性情)을 공부하였다(『茅村集』). 또한 임희무는 남명선생을 모시고 노진, 강익, 김우옹 등과 더불어 산청의 지곡사(智谷寺)에 모여 여러 날 동안 자연을 완상하며 시를 읊고 돌아왔다. 강익은 30세(1552년)에 당시 박승임(朴承任), 노관, 정복현, 임희무 등과 논의하여 남계서원의 창립에 노력하였다. 37세(1559년)에는 함양군수인 윤확(尹碻)과 중단된 서원의 일을 논의하여 강당을 아름답게 꾸미고 담을 둘러싸고 창고와 부엌을 완비하고 강당의 동쪽 언덕에 사당을 지었다. 39세(1561년)에는 서원의 일이 완전히 마무리되고 정여창의 위패를 봉안하였다. 이로부터 학문에 뜻을 둔 선비들이 서원으로 모여들어 학칙을 정하고 매월 초하룻날 서원에서 강독회를 열었는데 학문을 성취하는 이가 많았다(『梅村實紀』). 42세(1564년)에는 김우홍(金宇弘)이 함양 군수로 부임하였는데 김우홍은 남명선생의 제자이자 외손서인 김우옹의 맏형이다. 강익은 평소 교분이 두터웠던 김우홍과 의논하여 서원의 동재와 서재를 건립하고, 서재 좌우에 조그마한 연못을 파고 못 주변에 매화나무, 대나무를 심어 서원의 규모를 확정하였다. 이윽고 서원에서 많은 학생들이 모여 학문을 연마하게 되었는데, 재정이 빈약하여 인재를 양육할 수 없을까 걱정하여 노진의 동생인 노관에게는 서적을 구입하는 책임을 맡기고, 양홍택에게는 재정의 책임을 맡겨서 시종 협력하여 일을 순조롭게 처리해 나갔다. 당시 서원은 완성되었으나 나라에서 제사를 지내도 좋다는 인정을 받지 못하였기 때문에 사당에 함부로 제사 지낼 수 있는 여건은 아니었다. 44세(1566년)에는 강익이 정여창의 서원에 사액을 청하는 소를 올리자, 명종이 그의 건의를 예조에 내리니 예조가 편액과 서책을 하사하여 권장하는 뜻을 보이기를 청하였다. 임금이 그에 따라 이름을 남계서원이라고 편액을 하사하였다(『明宗實錄』21년 6월 15일)고 한다. 7월에 남계서원이라는 명칭을 하사 받게 되고 이로부터 춘추로 사당에 제사를 모실 수 있게 되었다. 남계서원은 우리나라에서 소수서원 다음으로 세워진 것이다. 그리하여 남계서원은 함양뿐만 아니라 강우지방을 대표할 만한 서원이 된 것이다. 이는 노진, 양희, 이후백 등의 도움으로 강익이 이룩한 것이다. 강익은 1567년(명종 22년) 10월에 병을 『어 45세의 일기로 세상을 떠났다. 그 후 남계서원에 제향되었고 정온(鄭蘊)이 그의 「묘갈명」을 지었다.

34) 약포(藥圃) 정탁(鄭琢, 1526-1605)

본관은 서원(西原)이다. 자는 자정(子精)이고 호는 약포(藥圃)이며 시호(諡號)는 정간(貞簡)다. 예천(醴泉)에 거주하였다. 그는 1526년(중종 21년) 10월에 예천의 북쪽 금당곡(金堂谷)에서 태어났다. 그는 현감 원로(元老)의 증손으로 이충(以忠)의 둘째 아들이다. 그가 남긴 문집 및 저술은 『약포집(藥圃集)』과 『용만문견록(龍灣聞見錄)』 등이 전한다. 정탁은 9세에 어머니가 돌아가시고, 21세에 아버지가 돌아가셨는데 묘에 여막을 짓고 삼년상을 마쳤다. 일찍이 고아가 되어 뜻을 잃고 고독했으나 중부(仲父)인 삼가현감 이흥(以興)에게 배웠다. 13세(1538년)에는 백담 구봉령과 더불어 금사사(金沙寺)에서 독서하였고, 병석에서 기삼백 기삭치윤법(朞三百氣朔置閏法)을 스스로 고험(考驗)했다고 하니 그 영민 조성(穎敏早成)했음을 가히 알 수 있다. 15세에는 이미 경서에 통달했고, 『주자강목(朱子綱目)』 등의 책을 두루 읽었다. 17세(1544년)에는 퇴계선생의 문하에 들어가 심학지요(心學之要)와 천실지공(踐實之功)에 대해서 공부하였고 28세(1553년)에는 소수서원에서 글을 읽었다. 정탁은 수경학(水經學)을 익히고 천문(天文), 지리(地理), 역수(易數), 병가(兵家)의 학문들을 두루 익혀 막힘이 없었고, 팔진(八陳), 육화(六花) 등의 법도 더욱 깊이 연구하여 쌓아 두었고, 항상 자신이 어려움을 구하고 위기를 지탱하는 일을 담당하였다(「행장」). 일찍이 자제들을 훈계하여 말하기를, "이목이 총명한 남자 몸은 조물주(洪鈞)가 너에게 부여한 것이니, 구차하게 하지 마라. 대체로 입지(立志)가 고상하지 못하면 마침내 세속에 물든 선비나 뜬구름 같은 인생을 면하지 못할 것이다. 눈을 들어 하늘을 보아라. 세월은 나를 기다리지 않는다. 반드시 노력할 뿐"이라고 하였다. 정탁은 천성이 관대하고 형용이 온수(溫粹)하며 충신(忠信) 공서(公恕)하여 남과 나 사이에 간격이 없었다. 어려서는 효순하며 민첩하고 부지런했으며, 자라서는 퇴계(退溪), 남명(南冥) 양선생을 스승으로 섬겨 추중(推重)을 받았다(「행장」). 36세(1561년)에 남명선생을 찾아뵙고 수업하였는데, 돌아갈 적에 선생께서 '소를 한 마리 주니 타고 가라'고 하였다. 그는 그 말의 뜻을 이해하지 못하고 있으니, 남명선생께서 '그대는 말이 매우 민첩하니 천천히 멀리 이르는 것만 못하다'고 깨우쳐 주었던 것이다. 남명선생이 소명을 받아 상경했을 때 그는 한강까지 마중을 나와 영접하여 제자로서의 도리를 다하였다(『南冥集』, 「編年」 61歲條: 『藥圃集』, 「年譜」 36歲條). 정탁은 27세(1552년) 봄에 성균관(成均館) 생원시(生員試: 식년 생원 3등)에 합격하여 태학에 들어갔는데, 이미 천인(天人)의 학문을 탐구하려 하니 동렬의 사람들이 남다르게 여겼다. 33세(1558년)에는 식년시 문과에 병과로 급제하였다. 정탁은 40세(1565년) 가을에 성균관 전적(成均館典籍)에 올랐으며, 사간원 정언(司諫院正言)에 탁배(擢拜)되었고, 오건과 만났다(『德溪集』). 41세(1566년) 10월 4일에는 사간원 정언에 제수되었고(『明宗實錄』 21년), 44세(1569년) 5월 21일에는 진주 유생(晉州儒生)의 옥사를 아뢰었다(『宣祖實錄』 2년). 46세(1571년) 4월 11일에 지평에 제수되었고(『宣祖實錄』 4년), 48세(1573년) 8월 26일에 이조좌랑(吏曹佐郎)에 제수되었으며(『宣祖實錄』 6년), 56세(1581년) 2월 12일에는 대사헌에 제수되어 4월 1일에 이조참판에 제수되었다(『宣祖實錄』 14년). 정탁은 32세(1557년) 여름에 『계몽』한 질을 조목(趙穆)에게 주었다. 35세(1560년)에는 성여신에게 『상서』를 주고 이름있는 선생에게 나아가 배울 것을 권유하였다(『浮査集』). 정탁은 67세(1592년)에 임진왜란이 일어나자 어가(御駕)를 수행하여 서쪽으로 피난하였다. 그는 임금을 보필하여 국가의 중흥을 도모하고 화친론(和親論)을 배척하여 물러나 조용히 뜻을 길러 지조를 지켰다. 정구(鄭逑)는 '정성스럽게 선(善)을 좋아하여 지키고 부지런히 덕(德)에 나아가기를 힘써 벼슬은 삼사(三事)를 지냈으며, 수(壽)는 80여 세에 이르렀으나 학문에 기울이는 정성은 마치 늘 미치지 못한 듯이 하였고, 나와는 친분이 매우 두터웠다'고 한다. 선조(宣祖)임금도 교서(教書)를 내리기를, "공의 학문은 천인(天人)의 오묘함을 통하였으나 애써 학식을 감추었고, 공의 재주는 나라를 다스려 백성을 구할 만한 능력을 가지고 있었으나 항상 겸손하였다."고 한다. 또 이르기를 "사우(師友) 연원(淵源)의 학문(學問)이 있고, 온순하고 공손한 태도를 지녀, 군신(君臣)이나 나라를 다스리는 재지(才智)를 가지고 중정(中正)의 도를 지켰다."고 한다. 정탁은 80세 때(1605년) 9월 19일에 풍천 고평리 집에서 세상을 떠났다. 실록에 보이는 서원 부원군 정탁의 졸기는 다음과 같다.

"서원 부원군(西原府院君) 정탁(鄭琢)이 졸하였다. 정탁은 인품이 유순하고 온후한 사람인데, 등과했을 당시에는 명망이 없어 오랫동안 교서관(校書館)에 머물러 있었다. 일찍이 향실(香室)에 직숙(直宿)하던 날 문정왕후(文定王后)가 향(香)을 가져다가 불공을 드리려고 하자, 정탁이 불가한 일이라고 고집하면서 끝내 향을 올리지 않았다. 이로 인해 당세에 중시되고 이어 현로(顯路)에 통하게 되었으며, 뒤에 호성공(扈聖功)으로 숭품(崇品)에 오르고 얼마 후에 재상으로 발탁되었다. 이에 상소하여 물러가기를 청하였으니 고인들의 치사(致仕)하던 기풍이 있었다. 작위를 탐하여 늙어도 물러가지 않는 자에 비하면 차이가 크다."(『宣祖實錄』 38년).

1605년(선조 38년)에 정탁이 세상을 떠난 후 서원부원군(西原府院君)에 봉해졌고, 예천의 도정서원(道正書院)에 배향되었으며, 1635년(인조 13년) 8월 1일에 문간(文簡)이란 시호가 내려졌다.

35) 탁계(濯溪) 전치원(全致遠, 1527-1596)

본관은 완산(完山)이다. 자는 사의(士毅)이고 호는 탁계(濯溪)이다. 초계(草溪)에 거주하였다. 그는 1527년(중종 22년)에 초계군 도방리(지금의 합천군 쌍책면 하신리)에서 아버지 인(絪)의 아들로 태어났다. 그가 남긴 문집은 『탁계집(濯溪集)』 5권 1책이 전한다. 전치원은 15세(1541년)에 당시 재령(載寧)군수로 재임하고 있던 할아버지(永綏)를 따라가서 공부를 게을리 하지 않았다. 할아버지는 손자의 자질이 호방한 것을 알고 무예를 가르치고자 했다. 16세(1542년)에는 재령에 머물면서 여름에 『소학』을 가지고 황강(黃江, 李希顏)선생을 찾았는데, 황강선생은 그에게 '『소학』 배울 나이가 이미 넘었으므로 제자로 받아 들일 수 없다'고 하였다. 이로부터 전치원은 5일 동안 움직이지 않고 한 자리에 앉아 가르침 배우기를 청하였다. 그의 자질을 시험해 본 황강선생은 '장차 대성할 인재'라 생각하고 비로소 제자로 삼았다. 33세(1559년) 5월에는 스승인 황강선생이 세상을 떠나자 키워준 은혜와 가르쳐 준 은혜가 다를 수 없다고 생각하여 제자로서의 도리를 다하고자 제삿날이면 반드시 참례하면서 마음으로 3년복을 입었다. 전치원은 29세(1555년)에 삼가 토동정사로 남명선생을 찾아가 가르침을 청했고, 30세(1556년)에는 퇴촌동(退村洞)에서 남명선생의 가르침을 받았다. 37세(1563년)에는 남명선생을 찾아 덕산의 산천재(山天齋)로 가서 남명선생의 문하에서 공부하였다. 전치원은 67세(1593년)에 사근찰방(沙斤察訪)에 제수되었으나 나아가지 않았다. 전치원은 35세(1561년)에 황강(黃江)선생의 「묘갈명」을 남명선생이 찬하고 그가 글씨를 썼다. 그는 정자를 짓고 호를 탁계(濯溪)라고 하였는데 이 호는 굴원이 지은 어부사의 구절 중에서 '창랑의 물이 맑거든 갓끈을 씻고, 창랑의 물이 흐리거든 발을 씻어야 한다'는 구절에서 '씻을 탁(濯)자'를 따온 것이다. 세상의 온갖 더러움을 씻어 멀리하고자 하는 마음에서 지은 것이다. 가을 8월에 월와 진극원(陳克元)이 찾아 왔다. 이 때 진극경이 따라와 전치원과 함께 하였으며, 공경하고 중히 여기면서 이르기를 '진씨(陳氏)의 가문에 장차 점점 나아감이 있을 것'이라고 하였다(『月窩逸稿』). 37세(1563년)에는 김우옹, 정구(鄭逑), 박성(朴惺), 노흠, 김면, 배신, 이기춘(李起春) 등의 제현들과 도의로써 교유하였다. 40세(1566년) 봄에는 김유(金紐)가 찾아왔고, 43세(1569년)에는 김유가 찾아와서 시를 주었다. 44세(1570년) 3월에는 이효원이 구정(鷗亭)으로 찾아왔고, 정와 조수천이 와서 공부하였으며, 47세(1573년)에는 안극가(安克家)가 찾아와서 경의를 공부하였다. 48세(1574년)에는 이대기가 찾아와서 『중용』을 읽자, 전치원은 성명(誠明)의 이치를 강론하였다(『雪壑先生文集』). 52세(1578년) 봄에는 강정(江亭)을 완성하여 학문을 연마하고, 자연을 벗삼아 읊조리며 유유자적한 생활을 보냈는데, 이 정자는 후일 손자 전영이 이름을 와유헌(臥遊軒)으로 고쳤으며, 지금의 쌍책면 매호리에 있다. 59세(1585년) 가을에는 하혼이 관직을 그만두고 돌아간다는 소식을 듣고 시를 주었다. 60세(1586년) 봄에는 고양(高陽)의 벽송정(碧松亭)에 있었다. 가을에 노흠 등과 황계폭포를 유람하였는데, 이 때 이흘(李屹)이 따라와 시를 남겼다. 61세(1587년)에는 진주(晋州) 도동(道洞)으로 최영경을 방문하였고, 62세(1588년)에는 안극가(安克家)를 방문하였다. 전치원은 66세 (1592년) 여름 4월에 왜구가 밀어 닥치자 열군(列郡)이 와해되었을 때 이대기와 함께 창의하여 토적(討賊)할 것을 약속하고, 곽재우와 합세하였다(『雪壑先生文集』). 당시 전치원은 아들 우(雨)와 조카 제(霽)를 불러 이르기를, '우리 집안은 대대로 나라의 녹을 먹은 집안이다. 적과 싸워 죽어야 마땅하니 각자 고을 내의 사람들을 불러 모으라'고 지시하였다. 그는 군내에 의병모집 통문을 돌렸으며, 모집된 의병은 외군과 내군으로 편성되어 내군은 이대기가, 외군은 전치원이 통솔하였다. 이 때 전치원은 진영을 구축하고 몸소 훈련을 시키면서 많은 의병들을 부양할 군량미가 부족하자 사비로 조달하였고, 관곡은 취하지 않았다고 한다. 이렇게 조직된 초계의 의병은 황강 변에서 6월 3일 합동 군사훈련을 실시하여 6월 11일 낙동간 사막진에서 왜선과 왜적을 대피하였고, 6월 17일에는 낙동강을 도하하는 적을 물리쳤으며, 이 후 수 차례의 소규모 유격전과 대규모 전투에서 모두 큰 승리를 거두었다. 이 승전으로 말미암아 왜군의 낙동강 도하를 차단하여 초계지방과 우도지역을 보존할 수 있었을 뿐만 아니라 호남지방으로 진출하려던 왜군의 진출을 막을 수 있었다. 67세 때(1593년) 정월에 아림의 김면의 진지에 가서 모였다. 전치원은 38세(1564년)에 황강선생을 위하여 청계서원(淸溪書院: 慶尙南道 地方文化財 136號)을 창건하였는데, 이 서원은 지금 합천군 율곡면 내천리에 있다. 전치원은 47세(1573년)에 성운(成運)이 지은 「남명선생묘갈명」의 글씨를 썼고, 55세(1581년)에 추곡 강몽린 상경(祥卿)이 계효당명(繼孝堂銘)을 지었다. 63세(1589년) 봄에는 금병팔첩(錦屛八疊)써서 장자(長子) 우(雨)에게 주었다. 8월에 주부자(朱夫子)의 「무이구곡시(武夷九曲詩)」를 초서로 쓰고, 집에 보관하였다. 67세(1593년) 가을에는 박진사, 이언영이 찾아왔고, 조정에서 화의(和議)를 주장한다는 소식을 듣고 분탄(憤歎)하는 시를 지었다. 69세(1595년)에는 『변평천옥희실기(卞坪川玉希實記)』와 『임계난리록(壬癸亂離錄)』을 지었다. 문인신원과 관련하여 전치원은 64세(1590년)에 도내의

제현들과 더불어 최영경의 신원상소를 청하였는데, 이 때 최영경이 정여립의 모반사건에 연루되어 이로, 박제인, 이정(李瀞), 오장(吳長), 문위(文緯), 하혼 등이 모여 상소추문(上疏推文)하였고, 문경호(文景虎)가 소두(疏首)가 되었다. 전치원은 1596년(선조 29년) 12월13일에 70세의 일기를 마치고 세상을 떠난 후 지역 유림들에 의해 연곡사에 봉안되었고, 1702년(숙종 28년) 청계서원에 배향되었다.

36) 원당(源塘) 권문임(權文任, 1528-1580)

본관은 안동(安東)이다. 자는 흥숙(興叔)이고 호는 원당(源塘)이다. 단계(丹溪)에 거주하였다. 그는 1528년(중종 23년)에 권규(權逵)의 아들로 태어났다. 그에 관한 자료는 『화산세기(花山世紀)』12권 2책이 전한다. 권문임은 19세(1546년)에 남명선생의 문하에서 수학하였고(『安東權氏 安分堂公派』天), 32세(1559년)에는 남명선생이 김해에서 인근의 진주 덕산으로 들어와 산천재에 자리 잡으면서 남명선생을 뵐 수 있는 기회가 많았다. 권문임은 37세(1564년)에 식년 진사 제2등으로 합격하였고(『司馬榜目』), 10여년 후인 49세(1576년)에는 문과에 합격하였다. 벼슬은 김해부학교수(金海府學敎授)에 제수되었지만 나아가지 않았고 이후에도 담양부학교수(潭陽府學敎授)나 학유(學諭), 검열(檢閱) 등에 다시 제수되었지만 나아가지 않았다. 권문임은 38세(1565년)에 남명선생을 따라 지곡사(智谷寺)를 유람하였는데 이 때 오건, 도희령, 정구(鄭逑) 등 제현들이 함께 모였다(『梅村實紀』). 46세(1574년) 5월에는 산음에 있는

오건을 찾아가 시를 지으며 같이 지내다가 돌아왔고, 그 해 7월에 오
건의 부음을 전해 듣고는 이천경, 이광곤(李光坤) 등과 같이 치제하였
다. 44세(1572년)에는 남명선생이 돌아가시자 제문을 지었고, 만년에
거주하던 마을에 집을 지어 원당(源塘)이라 하고 학문을 닦는 장소로
삼았다. 권문임은 1580년(선조 13년)에 53세의 나이로 세상을 떠난 후
1844년(헌종 10년)에 문산서원에 배향되었다.

37) 수우당(守愚堂) 최영경(崔永慶, 1529-1590)

본관은 화순(和順)이다. 자는 효원(孝元)이고 호는 수우당(守愚堂)이
다. 진주(晉州)에 거주하였다. 그는 1529년(중종 24년) 7월 16일에 한양
(漢陽)의 원동리(院洞里)에서 아버지 세준(世俊)과 어머니 평해(平海) 손씨
(孫氏) 사이에서 태어났다. 그가 남긴 자료는 『수우당실기(守愚堂實紀)』
2권 2책이 전한다. 최영경이 33세 되는 해에 이로(李魯)가 아우 보(普),
지(旨)와 함께 그의 문하에서 글을 읽었고(『松巖集』), 58세(1587년)에는
하수일(河受一), 이대기, 김창일, 신가(申) 등이 와서 학문을 배웠다(『雪
蹊先生文集』; 『濯溪集』). 최영경은 스스로를 삼가고 근면하여 독서를 매
우 좋아하였다. 최영경은 35세(1564년)에 남명선생의 명성을 듣고 서
울로부터 동생 여경과 함께 선생을 찾아뵙고 제자가 되었다. 36세
(1565년)에는 남명선생의 문하에서 배움을 청하였고(『南冥集』, 「南冥先生
編年」, 65歲條), 38세(1567년)에는 이대기와 더불어 덕산의 산천재로 가
서 남명선생에게서 배웠다. 이 때 김우옹도 함께 공부하였다(『雪蹊先生

文集』). 40세(1569년) 봄에는 이정(李瀞)이 남명선생을 찾아 왔는데, 이 때 최영경과 김우옹 등이 더불어 『심경』 공부를 하였다(『茅村集』). 최영경은 약관의 나이에 여러 번 향시에 합격하였으나 대과(大科) 회시(會試)에는 실패하였다. 그로부터 과거에 뜻을 두지 않고 자기수양을 으뜸으로 하는 공부에 정진하게 되었다. 그는 44세(1573년)에 조정에서 학행으로 오현사(五賢士)의 한 사람으로 발탁되었는데, 이는 이조(吏曹)에서 추천하였던 것이다. 화담선생의 제자 중에서는 이지함이, 남명선생의 제자 중에서는 최영경과 정인홍이, 퇴계(退溪)선생의 제자 중에서는 조목(趙穆)이, 일재(一齋)선생의 제자 중에서는 김천일(金千鎰)이 발탁된 것이다. 그 후 52세(1581년)에는 조정에서 사헌부 지평(司憲府持平)으로 불렀으나 나가지 않고 다음과 같이 상소를 올렸다.

> "이제 국시(國是)가 정해지지 않은 때를 당하여 공론이 행해지지 않고 붕당이 왕성하여 기강이 날로 쇠하니 실로 국가 존망의 갈림길에 처해 있습니다. 전하께서는 명덕(明德)으로 밝히고 위엄으로 다스려 붕당을 짓는 무리들로 하여금 그 흉계를 펴지 못하게 하소서."

그러나 이 상소는 받아들여지지 않았고, 이로부터 당쟁은 더욱 거세어져서 나라는 어지러워지고 급기야 간특(姦慝)배들이 득세하여 어진 선비들이 모함으로 억울하게 죽음을 당하는 지경에까지 이르게 되었다. 57세(1585년)에는 『소학』, 『사서』 언해교정청(諺解校正廳)의 낭청(郎廳)으로 소명을 받았으나 사양하고 나가지 않았다. 60세(1588년) 10월에는 정여립(鄭汝立)의 기축옥사가 일어나자 길삼봉(吉三峯)이라는 누명을 쓰고 이 사건에 연루되어 옥에 갇히는 몸이 되자 평소 그를 미워하던 정철(鄭澈)과 성혼(成渾)이 위관으로 있으면서 심한 매질을 가하여 끝내 옥중에서 죽게 하였다. 죽음에 임박하여 옆에 있던 사람이 남길 말을 청하자 일어나 앉아 바를 정(正)자를 쓰다가 획수를 다하지 못하고 임종하였다. 그는 정여립과 평생에 단 한 차례밖에 만나지 않았다. 48세 때(1577년) 독자였던 홍렴(弘濂)이 요절하여 양주(楊州)에 있는 선친 좌랑공(佐郎公)의 묘 아래에 빈소를 차렸는데, 이 때에 정여립이 이발(李潑)을 따라 와서 조문하였으나, 그는 정여립의 사람됨을 바로 보지 않았다고 한다. 그 후 1594년에 김우옹과 그 친구들의 끈질긴 상소로 죄가 없음이 밝혀져 대사헌(大司憲)에 추증되고, 특별히 선조가 예관을 보내 제문을 내려 충절을 기렸다. 최영경은 32세(1561년)에 오건, 이조, 김우옹, 하항(河沆), 유종지 등과 함께 서로 강마하였고(『桐谷實紀』), 36세(1565년)에는 덕산의 뇌룡사(雷龍舍)로 남명선생에게 공부하러 온 이광우와 만났고, 겨울에는 정구(鄭構)와 구사재에서 주서(朱書)를 토론하였다(『竹閣集』). 43세(1572년)에는 서울에서 남명선생의 부고를 듣고 바로 달려와 제를 드린 후 3년 동안 심상(心喪)을 하였는데, 당시 이대기가 찾아와서 위로하기도 하였다(『雪壑先生文集』). 47세(1576년)에는 하항(河沆), 하응도, 구변 등과 더불어 덕천서원을 창건하는 일에 심혈을 기울이면서 주도적 역할을 담당하였는데, 8월에는 이정(李瀞), 이조, 이로, 이천경, 하응도, 손천우, 이광우, 하항(河沆), 유종지, 성여신 등과 더불어 덕천서원의 건립을 의논하기도 하였다(『浮査集』;『竹閣集』;『雪壑先生文集』;『茅村集』;『桐谷實紀』). 당시 서원 앞 시냇가에 소나무 100여 그루를 심었는데, 시내 가까이 있는 한 그루는 최영경이 손수 심었으므로 사람들은 그 소나무를 수우송(守愚松)이라고 불렸다. 55세(1584년)에는 유성룡(柳成龍)이 영남을 시찰하면서 최영경을 만나러 만죽산으로 찾아오기도 하였고(「西厓年譜」), 58세(1587년)에는 함안군수로 있던 정구(鄭逑)가 방문하여 『주례』를 강론하였다. 최영경이 60세 되던 해(1589년)에 이대기(李大期)가 그를 모시고 하혼의 집으로 가서 김면, 박성, 조응인, 문위, 박정번 등과 담화를 나누기도 하였다(『雪壑先生文集』). 최영경은 남명선생을 위해 덕산에 서원을 건립하는 등 스승에 대한 추모사업에 진력하여 훗날 덕천서원에 배향되었으며, 현재는 진주의 도강서당과 옥종의 수정당에서 향사되고 있다.

38) 동곡(桐谷) 이조(李兆, 1530-1580)

본관은 성주(星州)이다. 자는 경승(景升)이고 호는 동곡(桐谷)이다. 단성(丹城)에 거주하였다. 그는 1530년(중종 25년)에 산청 원당에서 부사직(副司直) 계유(繼裕)의 아들로 태어났다. 그가 남긴 자료는 『동곡실기(桐谷實紀)』 1책이 전한다. 이조는 7세(1536년)에 사직공으로부터 『소학』을 배웠고, 10세(1539년)에는 『논어』와 『맹자』에 통하였으며, 12세(1541년) 겨울에는 『상서』를 공부하였다. 급문 : 이조는 32세(1561년) 10월에 덕천에 가서 남명선생의 문하에서 위학지요(爲學之要)를 듣고 경의(敬義) 두 글자로써 힘쓸 것을 배웠다(『南冥集』, 「編年」 61歲條). 41세(1570년) 가을에 남명선생을 찾아 뵈었다. 이조는 17세(1546년)에 중형(仲兄) 부사공(府使公) 창(昌)이 사마시(司馬試)에 합격하였다. 「동강일기」에 의하면, 38세(1567년)에 "이조가 정묘년에 김우옹과 함께 같이 시험을 치렀는데, 괴원(槐院)에서 선진(先進)들이 희롱하여 면신례(免身禮)를 행하여 내가 받지 않고 꾸짖자, 공이 그들을 대함에 혹시라도 훼방함이 있을까 하여 제지하여 말리므로 내가 한강(漢江)을 건너며 남풍사(南風辭)를 지어서 몸소 그 뜻을 보였다"고 한다. 이조는 39세(1568년)에 진주훈도(晉州訓導)가 되었고 44세(1573년) 5월에는 성균관 학정(成均館學正)에 제수되고 6월에 호송관(護送官)이 되어 왜사(倭使)를 동래(東萊)에서 호송하였다. 이 때 일본 사신이 후추(胡椒) 한 자루를 선물로 주려고하자, 그는 받지 아니하고 돌려보내며 말하기를, '신하된 자가 사사로이 받을 수 없다'고 하였다. 일본 사신은 이를 듣고 그의 청렴함에 놀라워하면서 말하기를 '선생의 청렴함은 한 조각 맑은 얼음과 같아 이 더운 6월에도 서늘하게 느껴집니다'라고 하였더니 조야에서 이를 전송(傳誦)하였다고 한다. 45세(1574년)에는 성균관 전적(成均館典籍)에서 사헌부 감찰(司憲府監察)로 이배되었고, 겨울에는 공조정랑(工曹正郞)을 제수 받았으나 나아가지 않았다. 그 뒤에도 조정에서 여러 번 불렀으나 나아가지 않았다. 그가 벼슬을 할 때, 청렴함 때문에 조정에서는 시기와 질투가 끊이지 않았다. 그리하여 그는 관직을 버리고 고향으로 돌아와 학문을 탐구하고자 하였다. 당시 조정에서는 녹봉을 봄, 여름, 가을, 겨울 4차례에 나눠주었는데, 이조는 혹 아파서 공무를 보지 못한 때가 있었으면 녹봉을 계산하여 그 만큼은 돌려보냈다. 이러다 보니 같은 벼슬에 있는 사람들은 이조를 보고 '자기만 깨끗한 척 한다'고 하면서 시기와 질투를 하였다. 이런 이조는 '탐관오리들과는 한 조정에 있을 수 없다'고 생각하고는 벼슬을 초개와 같이 버리고 낙향하였던 것이다. 「동강일기」에 나오는 김응가(金應可)의 표현에 의하면,

'그[이조]는 문장이 척당(倜儻)한 선비로서 그가 맡은 지위를 나아가 시험해 보지 못하니 이는 매우 애석한 일'이라고 하였다. 47세(1576년)에는 봉상주부(奉常主簿)를 제수받았으나 나아가지 않고 원당정사(元堂精舍)를 지었다. 이 때 스스로 진취(進取)의 뜻을 끊고 항상 이르기를, "사대부의 출처(出處)가 가히 시운(時運)에 따라 삼가 하지 않을 수 없다"라고 하였다. 뜰에 푸른 오동나무 한 그루가 있거늘 이로 인하여 스스로 호를 동곡(桐谷)이라 하고 시에,

> 뜰 앞에 한 그루 나무가 사랑스럽게 섰으니,
> 그 모습 정정(亭亭)하여 홀로 푸르름을 지녔구나,
> 때로 보아하니 가지와 잎이 무성도 하여,
> 이 가히 봉황이 둥지를 틀만 하겠네.

라고 하였다. 그는 매일 의관을 바로 하고 단정하게 앉아서 『역경(易經)』을 정밀하게 읽고 길흉소장(吉凶消長)과 진퇴존망(進退存亡)의 이치를 연구하여 초연히 홀로 그 나아감을 깨달았으나 사람들은 스스로 알지 못하였다. 하항(河沆)의 만시(挽詩)에, '십 년 동안 가식(家食)하여 진육(眞肉)을 얻어, 임천(林泉)에 묻혀 삼역(三易)에 등공(燈功)하여 귀정(鬼精)을 본 것'이라는 구(句)가 있다. 이는 만년에 이조가 은거하며『주역(周易)』에 잠심하여 스스로 깨침이 있어 가히 신귀(神鬼)의 묘경(妙境)에 들어감을 평한 것이다. 이조는 19세(1548년) 겨울에 합천인 이광우와 더불어 단속사에서『춘추』를 읽었다(『竹閣集』). 32세(1561년)에는 오건, 최영경, 김우옹, 하항(河沆), 유종지 등과 더불어 서로 오가며 강마하였다. 김우옹의『동강일기』에 의하면 '이조와 산천재에서 공부하

였더니, 성품이 순고(醇古)하며 얽매이지 않았으며 호의(好義)한다'고 하였다. 특히 오건과의 친분은 남달랐다. 33세(1562년) 겨울에는 이광우가 방문하여 수일 간 공부하였고(『竹閣集』), 34세(1563년) 봄에 산음(山陰) 자연동(紫烟洞)에 가서 오건을 방문하였고, 여러 날을 더불어 머물며 선비와 군자의 출처에 대하여 논하였으며 오건과 형제처럼 가까이 지내며 오갔다고 한다. 37세(1566년) 봄에는 산천재에 가서 남명선생을 뵙고 여러 달을 공부하였다. 45세(1574년) 때 오건이 세상을 떠나자 이조는 제문을 지어 "같은 문하에서 수학한 여러 해 동안 형제와 같이 우애 돈독했네"라고 하여 마치 이끌어 주던 형이 세상을 떠난 것 같이 슬퍼하였다. 이조는 47세(1576년) 8월에 제현과 더불어 덕천에서 남명선생의 사우(祠宇)를 지었는데 최영경, 하항(河沆), 손천우, 유종지, 하응도, 이로, 이광우, 이천경 등과 더불어 덕천서원을 지을 것을 합의하고 서로 오가며 남명선생 사우에 배알하였다(『桐谷實紀』;『竹閣集』). 50세(1579년)에는 세도(世道)가 날로 더 나아짐이 없자 세사(世事)에 뜻을 두지 않고 두문(杜門)하고 그윽이 사문(師門)의 지결(旨訣)을 함양함으로써 항상 스스로 신근(身筋)하여 이르기를, "고요히 거경(居敬)에 주장하지 아니하면 함양의 공부를 이룰 수 없고, 잠심(潛心)하여 연의(研義)하지 않으면 곧 성찰(省察)의 효과를 거둘 수 없으니, 대개 궁리는 함양의 공부 가운데 있어 이를 기를 것"이라고 하였다. 가을에 합천에 있는 용문폭포(龍門瀑布)를 보러 갔다. 장자 유함(惟諴)이 박민(朴敏), 이흘(李屹)을 모시고 갔다. 이조는 1580년(선조 13년) 12월 23일에 51세의 일기로 원당별서(元堂別墅)에서 세상을 떠났다. 그 후 1581년(선조 14년) 2월 27일에 사림들이 현북(縣北) 10리 가산(嘉山) 신수(新水) 위에

안장하였다. 부인과 동조(同兆)하고 하항(河沆)이 「묘갈명」을 짓고 하
수일(河受一)이 「묘지명」을 짓고 강연(姜淵)이 빗돌에 글을 썼다. 숙종
때 단성(丹城)의 두릉서원(杜陵書院)에 배향되고, 헌종 때에는 성산(星山)
의 안산서원(安山書院)에 배향되었다.

39) 영모정(永慕亭) 하진보(河晉寶, 1530-1585)

본관은 진양(晋陽)이다. 자는 선재(善哉)이고 호는 영모정(永慕亭)이
다. 그는 1530년(중종 25년)에 아버지 숙(淑)의 아들로 태어났다. 일찍이
하진보는 윤원형의 정권을 탄핵하여 남명선생이 칭찬하였다. 하진보
는 26세(1555년) 식년문과에 병과로 급제하여 승문원정자가 되었다.
31세(1560년) 9월 17일에는 세자 시강원 사서가 되었고(『明宗實錄』 15
년), 32세(1561년) 2월 22일에 정언이 되고 7월 3일에 병조좌랑이 되었
다(『明宗實錄』 16년). 34세(1563년) 5월 29일에는 사헌부 지평이 되고 10
월 7일에 예조정랑이 되어 11월 12일에 헌납이 되었다(『明宗實錄』 18
년). 37세(1566년) 3월 6일에는 사헌부 지평이 되고 4월 25일에는 조정
에서 사예(司藝) 하진보(河晉寶)와 직강(直講) 최홍한을 강원도와 황해도
에 파견하여 기민을 진구하는 상황을 살펴보게 하였다(『明宗實錄』 21
년). 38세(1567년) 6월 1일에는 선산부사(善山府使)가 되었고(『明宗實錄』
22년), 그 후에도 성주목사, 김해부사 등 다섯 고을의 수령을 역임하였
는데, 지방민을 위한 선정을 베풀어 김해에는 그의 송덕비가 세워지
기도 하였다. 하진보는 스승에 대한 존경이 지극하여 남명선생의 신

산서원(新山書院)을 산해정(山海亭) 옛 터에 설립하였으며, 만년에는 최영경(崔永慶)과 친교 하였다.

40) 내암(來菴) 정인홍(鄭仁弘, 1535-1623)

　본관은 서산(瑞山)이다. 자는 덕원(德遠)이고 호는 내암(來庵)이다. 합천에 거주하였다. 그는 1536년(중종 31년)에 아버지 윤(倫)의 아들로 경상우도 합천군의 속현인 야로현 사촌(村: 현 가야면 사촌리)에서 태어났다. 그가 남긴 문집은 『내암집(來庵集)』 3권 3책이 전한다. 정인홍은 5~6세(1540년~1541년)에 이미 작문하는 영특함을 보였고, 가학에 침잠하여 해인사 등 인근의 사찰에서 학문에 전념하며 어린 시절을 보냈는데 안음에 거주하였던 갈천(葛川, 林薰)선생에게 잠시 수학하기도 하였다. 정인홍은 15세(1550년)에 남명선생이 고향인 삼가현 토동에 환거하여 뇌룡정(雷龍亭)과 계부당(鷄伏堂)을 짓고 후학을 양성하자 이에 급문하여 비로소 그 문인이 되었다(『南冥集』, 「編年」 50歲條). 정인홍은 이후 남명선생의 고제로서 최영경, 오건, 김우옹, 곽재우, 정탁, 정구(鄭逑) 등과 함께 남명학파를 대표하게 되었다. 정인홍은 남명선생의 사후 스승의 「행장」을 짓고 『남명집』 간행을 주간하고 스승의 서원을 건립하는 등 명실상부한 남명선생의 고족(高足)으로서의 역할을 다하였다. 정인홍은 23세(1558년)에 생원시(식년 생원 3등)에 합격하였다. 그는 성리학과 사서오경을 비롯한 『제자백가』 심지어 『병학』에 이르기까지 폭 넓게 섭렵하였고, 그의 학문이 정박하고 효제에 돈독하며 인격이 빼어나 그 이름이 조정에 알려짐으로써 1573년(선조 6년)에 탁행지사(卓行之士)의 유일(遺逸)로 발탁되었다. 그와 함께 천거된 인물로는 화담(花潭)선생 문인의 이지함(李之), 남명(南冥)선생 문인의 최영경(崔永慶), 퇴계(退溪) 선생 문인의 조목(趙穆), 일재(一齋)선생 문인의 김천일(金千鎰) 등이다. 이들은 모두 6품직에 제수되었고 5현사라고 불리었다. 43세(1578년)에 는 황간현감이 되어 선치(善治)하였으므로 읍인의 경외한 바가 컸었다. 정인홍은 선조 14년 임금에게 『춘추좌전』을 진강하는 자리에서

> "오늘날 민생이 곤핍한 것은 대게 공상(供上)이 한정 없기 때문입니다. 그 중 3분의 2 이상이 모리배에게 들어가며 또 수령은 탐학하고 서리는 백성을 베고 짓밟습니다. 사세(斯世)가 이처럼 사분오열되어 있으니 백성이 어찌 곤 핍하지 않겠습니까? 이 폐단을 통혁(痛革)하지 않을 수 없습니다."(『선조실 록』, 14년).

라고 상진(上秦)하여 방납의 폐단과 수령의 탐학, 서리의 발호와 같 은 임란 직전의 16세기 사회모순을 지적했다. 이것은 그가 목민관으 로서 직접 목격한 현실이었으며, 그는 이 폐단을 시정하려고 노심초 사했던 것이다. 45세(1580년)에는 선조의 계속된 부름으로 사헌부 장 령(司憲府掌令)이 되어 출사하였다. 그는 군심(君心)의 잘못됨을 바로 잡 으려 노력하였다. 52세(1587년)에는 익산군수에 제수되었으나 사퇴하 고 장문의 글을 올려 사류의 폐단, 조정의 무사안일주의, 군왕의 취사 불명(取舍不明) 등을 지적하여, 이 폐습을 바로 잡을 것을 촉구하였다. 58세(1593년)에는 체찰사 이원익의 주청으로 영남도 의병대장(嶺南都

義兵大將)에 제수되었으나, 이를 사양하고 장문의 사직봉사에서 전란이 일어나고 이를 감당하지 못하는 원인을 조선사회의 내적 모순의 심화에서 찾고 냉철하게 이를 분석, 전란의 극복과 전후의 재건책에 대한 날카로운 의견을 피력하였다. 59세(1594년)에는 상주목사(尙州牧使), 영해부사(寧海府使)에 제수되었으나 역시 나아가지 않고 전란의 극복을 위해 여민(餘民)을 수습할 것과 군주(君主)가 정리(政理)를 일신(一新)하여 조정의 붕당(朋黨)을 척결하는 것이 급선무임을 주장하였다. 67세(1602년)에는 동부승지(同副承旨)에 제수되었으나 나아가지 않았다. 이 해에 선조는 정인홍을 가선대부(嘉善大夫)로 올리고 사헌부 대사헌을 제수하고 간곡히 불렀다. 그러나 정국은 남인, 북인, 대북, 소북의 갈등과 대립 속에 어지럽게 전개되고, 그 속에서 그는 뜻을 펴지 못한 채 선조를 알현한 후 사직소를 올리고 낙향하였다. 73세(1608년)에는 조야에 일대 파문을 던진 소위 「청참유영경소(請斬柳永慶疏)」을 상정(上呈)하였다. 광해조(光海朝) 정국의 실질적 주도자인 이이첨(李爾瞻)과의 관계는 여기서 비롯되었고, 차후 그가 광해정권(光海政權)의 영수 및 고문의 위치로 부상하는 결정적 계기가 된 사건이었다. 정인홍은 57세(1592년)에 왜란이 일어나자 5월 10일 동문인 김면(金沔)과 함께 합천의 숭산동에서 회합하여 우도 각지에 산재해 있던 자신의 문인을 주축으로 창의(倡義)하여 대대적 의병활동을 전개하여 괄목할 만한 전과를 올렸다. 이 해 창의의 공으로 진주가목(晉州假牧), 제용감정(齊用監正), 성주가목(星州假牧)이 되었다. 11월에 외아들 연(沇)의 병사(病死)를 겪었다. 62세(1597년)에 왜병의 재침이 있자 임진년(1592년)과는 달리 창의가 전무한 상황 속에서 유일하게 창의모병(倡義募兵)하였다. 76세

(1611년)에는 「회퇴변척소(晦退辨斥疏)」을 올렸고, 78세(1613년)에는 전년의 임자옥사(壬子獄事)로 유영경이 역률(逆律)로 나중에 시행하고, 정운공신(定運功臣)의 봉작이 있자 일등으로 녹훈되었다. 이 해에 계축옥사가 일어나자 영창대군의 우익으로 간주되는 세력에 대한 완전 제거를 주장하였으나, 3차례에 걸쳐 영창대군을 신구하는 소를 올렸다. 82세(1617년)에 폐모의 논의가 크게 일어나자 그는 향리의 본가에 있으면서 백관(百官)의 수의(收議)에 종시 보전하라는 전은(全恩)으로 답하고 이이첨(李爾瞻)과 도당(都堂)에 그 불가함을 강력히 역설하였다. 88세(1623년)에는 정권장악을 목적으로 서인계(西人系)에 의해 주도된 인조반정으로 그는 광해정권의 모든 책임을 강요당한 채 적신으로 처형되었고, 그로 말미암아 문집과 문인에 대한 기록이 전해지지 못하였다. 향후 약 300년간 지속된 서인의 집권으로 영구히 그 명예를 회복할 수 없었으며, 고종 원년 대원군에 의해 사색타파(四色打破)가 표방되자, 그 후손 유학 정기덕을 중심으로 첫 신원의 요구가 있었으나 묵살되고, 융희(隆熙) 2년(1907년) 대한제국 하에서 당쟁으로 희생된 조선조 77인이 대거 신원되는 추세 하에 영의정으로 추복되고 신원되었다. 1911년에 문집이 간행되었다.

41) 황암(篁嵒) 박제인(朴齊仁, 1536-1618)

본관은 경주(慶州)이다. 자는 중사(仲思)이고 호는 황암(篁嵒) 또는 정묵재(靜默齋)이다. 함안(咸安)에 거주하였다. 그는 1536년(중종 31년)에 희삼(希參)의 아들로 태어났다. 그가 남긴 문집은 『황암집(篁嵒集)』3권 2책이 전한다. 박제인은 24세(1559년)에 남명선생의 문하에 급문하여 수학하였다(『德川師友淵源錄』, 卷3, 「門人」). 박제인은 59세(1594년)에 태릉참봉에 임명되고, 이어 왕자의 사부에 임명되었으나 모두 거절하고 부임하지 않았다. 64세(1599년)에는 송라찰방(松羅察訪)이 되었고, 70세(1605년)에는 4월 16일에 형조 정랑에 제수되었고(『선조실록』 38년), 곧 군위현감으로 외직을 맡게 되었다. 3년의 임기를 마치고 돌아와 제용감 판관으로 제수되었으나 취임하지 않고 있다가 다음해에 세상을 떠났다. 박제인은 24세(1559년)에 그 형인 박제현(朴齊賢)과 더불어 난형난제라는 평을 들었고, 남명선생의 문하에서 수학하면서 최영경, 하원, 김면, 조종도 등과 교유하였다. 박제인은 57세(1592년) 4월에 왜란이 일어나자 이정(李瀞), 김면, 곽재우 등이 의병을 일으켰다는 소식을 듣고 이칭 등과 더불어 함안에서 의병을 일으켰다(『茅村集』). 그는 52세(1587년)에 정구(鄭逑), 이칭 등과 더불어 『함주지(咸州誌)』를 편수하였다(『茅村集』). 문인신원과 관련하여 박제인은 55세(1590년) 7월 11일에 이로, 오장(吳長), 하응도, 이대기, 하혼, 문위(文緯), 이정(李瀞) 등과 더불어 합천에서 정여립(鄭汝立) 모반사건에 연루된 최영경의 신원소(伸寃疏)를 올렸는데(『茅村集』), 이 때 문경호(文景虎)가 소두(疏首)가 되었다(『瀤溪集』). 그는 1618년(광해군 10년)에 세상을 떠난 후 함안 도림서원(道林書院)에 제향 되었다가 이후 평천서원(平川書院)으로 옮겨졌다.

42) 대소헌(大笑軒) 조종도(趙宗道, 1537-1597)

　　본관은 함안(咸安)이다. 자는 백유(伯由)이고 호는 대소헌(大笑軒)이다. 시호(諡號)는 충의(忠毅)이다. 그는 1537년(중종 32년) 2월 5일에 함안군 군북면 원북동에서 아버지 참봉공(參奉公) 언(堰)과 어머니 진양(晋陽) 강씨(姜氏: 熙臣의 딸) 사이에서 태어났다. 그가 남긴 문집은『대소헌집(大笑軒集)』3권 1책이 전한다. 조종도는 9세(1545년)에 은군자인 정두(鄭斗) 선생으로부터 글을 배웠다. 그가 글을 처음 배울 때 스승이 애써 가르치지 않아도 문장을 환하게 깨닫고 힘써 공부하므로 정두선생이 크게 기뻐하였다. 16세(1552년) 봄에는 남성(南省)에 갔다가 고숙(姑叔)인 상사(上舍: 進士) 신홍국(申弘國)의 집에 머물러 글을 배웠다. 신홍국이 다른 아이와 같이 대하지 않았고 또한 선생도 예의로써 모셨다. 판부사를 지낸 신잡(申磼) 등도 이 때 같이 배웠으나 그 때 선생의 인품과 재주에는 따르지 못했다고 한다. 18세(1554년)에는 어려서부터 총명이 과인(過人)하니 책을 한 번 대하면 단번에 외우는 특출한 재주가 있었다. 경서(經書), 자집(子集), 예문(禮文) 등 해석하지 못하는 것이 없었다. 또한 글짓는 재주가 뛰어나서 붓을 잡으면 도도히 흐르는 강하(江河)와 같아 사람들이 놀랐다고 한다. 조종도는 23세(1559년) 봄에 남명선생을 배알하였다. 그의 빙장(聘丈) 이공(李公: 左參贊 李俊民)은 남명선생의 생질이 되며 이러한 인연으로 문하에 출입하는 일이 잦았고 청문(請問)을 게을리 하지 않았다(『南冥集』, 「編年」 59歲條). 조종도는 22세(1558년)에 생원회시(식년 생원 2등)에 합격하였다. 참찬(參贊)이 일찍이 말하기를 '동국(東國)의 인물은 다 우리집 소유'라 했으니 그 뜻은 사위들이 뛰어나 모두 관로(管路)에 쟁쟁(錚錚)한 이름을 날렸기 때문이었다. 그는 사람됨이 뜻이 크고 기이한 기운이 있었으며, 술을 좋아하고 농담과 웃음을 즐겨 자신의 호를 대소헌(大笑軒)이라 하였다. 소소한 절도에 얽매이지 않으니 사람들이 혹 광인이라고 하나 그는 태연하였다(『東岡集』). 조종도는 40세(1576년)에 선위사(宣慰使)에 수행(隨行)하여 일본 사신 승(僧) 현소(玄蘇)를 송별하였다. 선위사와 현소는 서로 시(詩)로써 화답하는데 일본 사신의 태도가 심히 교만하였으나 선생의 시를 받아서는 벽 위에 걸어놓고 재배하며 읽었다고 한다. 47세(1583년)에는 경기도 양지현감(陽智縣監)에 제수되었는데 그 때 조정에서는 사헌부 지평을 제수하기로 되어 있었으나 지지하는 사람의 말에 따라 현감으로 나가게 되었다. 48세(1584년)에 어사의 보고에 따라 의복일습(衣服一襲)의 포상을 받았다. 어사의 보고에는 '거관(居官)에 청렴결백하고 백성을 어질게 다스렸다'고 한다. 49세(1585년) 가을에는 양지현감을 사직하고 돌아왔고 4월 29일에 "양지현감 조종도는 정사가 평이하였고 백성을 부림에 있어 수월하게 하였으므로 모든 폐추되었던 일들이 점차로 잘 시행되고 있었다(『宣祖實錄』 18년)"고 한다. 51세(1587년) 봄에는 사정에 따라 관직을 사임하고 낙동강으로 배를 타고 돌아왔고, 52세(1588년)에는 금구현(金溝縣)에 있을 때 동헌(東軒)에 높이 앉아 아무 하는 일 없이 보여도 청풍(淸風)이 늠름(凜凜)한 것 같았고, 법령의 까다로움과 부후(賦後)의 가혹한 점은 선생이 사정을 고려하여 고치고 너그럽게 하여 민력(民力)을 배양하였다. 그리고 송사(訟事)에 있어서도 그 사건의 내용을 십분 정찰(偵察)한 연후에 재결(裁決)하였다. 54세(1590년) 4월에는 체포당하여 옥에 갇혔을 때 정여립 사건이 끝나지 않아 조종도 역시 연루자로 오인받게 되었다. 이로 인해 사람마다 떨고 두려워하였다. 그러나 선생은 태연자약하였다. 최영경도 같은 혐의를 받고 옥에 갇혀 있었는데, 옥중에 있으면서 옥졸을 자기 집 종 부리듯 호통을 하고 조종도는 웃고 농담을 즐기면서 옥중생활에 평상시와 다름없이 당당하였다. 7월에 혐의가 없어 집으로 돌아왔다. 그 때 최영경은 몸이 말라 옥중에서 숨졌는데, 조종도는 최영경의 말만 들어도 문득 슬퍼하였다고 한다. 60세(1596년) 봄에는 청풍부사(淸風府使)에 임명되었으나 병으로 부임치 못하다가 가을에 함양군수에 임명되었다. 조종도는 29세(1565년)에 남명선생을 따라 지곡사(智谷寺)를 유람하였는데 이 때 오건, 도희령, 권문임, 정구(鄭構) 등의 제현들이 모였고 단속사(斷俗寺)로 따라가 경의(敬義)를 강론하였다. 동년 9월에는 오건 등이 운학정(雲鶴亭)으로 찾아왔다(『梅村實紀』). 30세(1566년) 2월에는 남명선생을 모시고 단속사에서 회합하였다. 그 때 이정(李楨)은 순천부사로 있으면서 같이 만나 의리를 강론하였고 3월에는 남명선생과 노진(盧禛)을 모시고 안의 갈계리로 갈천(葛川)선생의 형제를 방문하고서 안의(安義) 삼협(三峽)을 구경하였다. 이 때 하항(河沆), 하응도, 이정(李瀞) 등이 함께 하였다(『茅村集』). 이 해에 그는 이정(李楨), 김우옹, 강익, 정유명, 정구(鄭逑), 이광우 등과 더불어 남명선생을 모시고 단속사(斷俗寺)에서 산천재(山天齋)로 모였다(『竹閣集』). 38세(1574년)에는 여강서원(廬江書院)을 배알하였는데 김성일(金誠一), 유성룡(柳成龍), 권호문, 남치리(南致利) 등과 도의(道義)를 강론하고 이학(理學)을 토론하였다. 41세(1577년)에는 안기(安奇)에서 권호문을 방문하였고, 55세(1591년)에는 사림들이 최영경을 남명선생의 서원에 배향하려 하였으나 난리 중이어서 뜻을 이루지 못하였다.

조종도는 56세(1592년) 4월에 왜군이 대거 침입하게 되자 선생이 서울에서 영남으로 돌아와 의병을 일으켰다. 그는 밤에 몰래 유성룡(柳成龍)을 찾았다. 유성룡은 영상으로 있으면서 대란을 막아내기에 노심초사하고 있을 때라 서로 마지막인양하고 헤어졌다. 귀로에 직장(直長: 從六品職) 이로를 만나서 같이 영남에 돌아가 의병을 조직하여 왜병을 쳐 부수기로 언약하고 함양에 도착하였다. 57세(1593년)에는 단성현감으로 재직 중에 임진왜란의 격심한 피해로 백성은 농사를 짓지 못하여 기근이 극심하였는데, 그는 매일 백성들을 먹여 살리기만 골몰하고 있었다. 실록의 기사에 의하면, 61세(1597년)에 그가 함양군수로 재임하고 있었을 봄에 왜적이 다시 움직일 기세가 있었다. 그러자 그는 체찰사 이원익에게 상서하기를, "일조(一朝)에 왜적이 밀어 닥치면 백성은 갈 곳이 없습니다. 군수는 비록 노둔하나 살기를 원하고 주검을 아깝게 여겨지지 않습니다. 바라건대 본군(本郡)의 병민(兵民)을 모두 군수 권한 하에 속하게 하면 요새지를 택하여 한 번 대전하고 죽고자 합니다"라고 하였다. 체찰사가 이 글을 받아 감읍하여 다 선생의 소원대로 조처하고 요새지를 지리산 근거에 택하려 하니 조가(朝家)에서는 새로 황석산성을 명축(命築)하기로 결정하고 이 체찰사로 하여금 하명케 하였다. 8월 1일에 적이 안음(安陰)의 황석산성(黃石山城)을 함락시켰다. 현감 곽준(郭逡)과 전 함양 군수(咸陽郡守) 조종도(趙宗道)가 전사하였다. 조종도는 전에 함양 군수(咸陽郡守)를 지내고 집에 있었는데, 일찍이 '나는 녹을 먹은 사람이니, 도망하는 무리와 초야에서 함께 죽을 수는 없다. 죽을 때는 분명하게 죽어야 한다(『선조수정실록(宣祖修正實錄)』30년)'라고 하고는 처자를 거느리고 성으로 들어가, '공동산 밖의 생활도 즐거웠지만 장순, 허원처럼 성을 지키다 죽는 것도 영광일세' 라는 시를 짓고는 마침내 곽준과 함께 전사하였다. 62세(1598년) 4월에 임금은 예조좌랑 윤안국(尹安國)을 시켜 치제하였다. 가을 8월에 아들 영한(英漢)이 1년만에 일본으로부터 석방 송환되어서 영혼(英混)과 같이 영구를 모시고 진주 소남(召南) 오리동(梧里洞) 건좌(乾坐)에 묘소를 모셨다. 조종도는 1597년(선조 30년)에 세상을 떠난 후 이조판서에 추증되고 정려를 받았으며 그 자손을 특별히 발탁하도록 하였다. 이는『삼강행실도』,『해동명신록』 등에 그 기록이 실려 있다. 훗날 함안의 덕암서원(德巖書院), 안의의 황암서원(黃巖書院), 진주의 경림서원(慶林書院) 등에 배향되었다.

43) 각재(覺齋) 하항(河沆, 1538-1590)

본관은 진양(晋陽)이다. 자는 호원(浩源)이고 호는 각재(覺齋)이다. 수곡(水谷)에 거주하였다. 그는 1538년(중종 33년)에 인서(麟瑞)의 아들로 태어났다. 그가 남긴 문집은『각재집(覺齋集)』2권 1책이 전한다. 하항(河沆)은 15세(1552년)에 남명선생의 문하에 출입하면서 문익성, 오건 등과 각별히 지내면서 학문을 연마하였다(「玉洞先生年譜」). 36세(1573년)에는 유덕룡이 와서 배웠다(『堂實紀』). 하항(河沆)은 19세(1556년)에 남명선생의 문하에서 처음으로 수업하였다. 남명선생은 '하항이 재주가 있고 또 학문에 뜻이 독실함을 사랑하여 드디어 여러 성리서(性理書) 읽기를 권하니, 그가 이로부터 전적으로 몸을 위하는 학문을 숭상하여 의리의 공부를 일삼으니 남명선생이 매양 사람을 얻어 가르친다 (『南冥集』, 「編年」 56歲條)'고 하였다. 하항(河沆)은 30세(1567년)에 식년 생원에 제1등으로 합격하였다(『司馬榜目』). 하항(河沆)은 19세(1556년) 8월에 남명선생에게 공부하러 온 이광우를 만나 함께 수학하면서 벗으로 사귀었다(『竹閣集』). 24세(1561년)에 최영경, 이조, 오건, 김우옹, 유종지 등과 서로 오가며 강마하였고(『桐谷實紀』), 26세(1563년) 2월에는 남명선생이 남계서원을 찾았고, 강익과 더불어 갈천(葛川)선생의 집을 방문할 때에 하항(河沆)은 조종도, 하응도, 유종지, 진극경 등과 더불어 모시고 갔다(「南冥先生年譜」). 27세(1564년) 겨울에 정사현, 최영경 등이 박제현에게 정사시(精舍詩)를 주었다(『松先生文集』). 29세(1566년) 봄에 이정(李瀞)은 남명선생을 모시고 갈천선생을 방문하였는데, 이 때 하항(河沆)은 하응도, 유종지 등과 함께 갔으며, 노진(盧)의 집에 이르자 노진이 강익 및 제공들을 불러 함께 남명선생을 모시고 안음(安陰) 옥산동(玉山洞)으로 가서 심성정(心性情)을 공부하였다(『茅村集』). 30세(1567년)에는 하항(河沆)이 덕천에서 이광우의 죽림정사를 방문하였고(『竹閣集』), 41세(1579년) 봄에는 수곡으로 이광우가 방문하였으며(『竹閣集』), 46세(1584년)에는 이대기를 방문하였다(『雪壑先生文集』). 47세(1585년)에는 이정(李瀞), 유종지 등의 여러 선비들과 더불어 진주의 공옥대(拱玉臺)에서 학문을 강론하였다(『茅村集』). 하항(河沆)은 39세(1576년)에 최영경, 유종지, 성여신 등과 더불어 덕천서원의 건립을 의논하였고(『浮査集』), 8월에 덕천에 남명선생의 사우(祠宇)를 세웠다. 이 때 최영경, 손천우, 유종지, 하응도, 이천경, 이로, 이조, 권세륜, 이광우, 이정(李瀞) 등과 힘을 합쳤다(『桐谷實紀』; 『茅村集』; 『竹閣集』). 1578년(선조

11년) 1월 11일에 경상 감사가, '진주(晉州)에서 사는 생원(生員) 하항(河沆, 40세) 등은 학식이 정밀하고 밝으며 조행이 보통 사람보다 뛰어나다(『宣祖實錄』 11년)'는 계본을 올렸다. 하항(河沆)은 남명선생이 돌아가시자 심상을 입었고, 후에 덕천서원의 원장이 되어서는 일시의 사표가 되었다. 그리고 서원지(書院志)와 산해연원록(山海淵源錄)을 찬술하였는데, 이는 임진왜란으로 소실되었다.

44) 양성헌(養性軒) 도희령(都希齡, 1539-1566)

본관은 성주(星州)이다. 자는 자수(子壽)이고 호는 양성헌(養性軒)이다. 함양(咸陽)에 거주하였다. 그는 1539년(중종 34년)에 아버지 득린(得麟)의 아들로 태어났다. 그가 남긴 자료는 『양성헌실기(養性軒實紀)』가 전한다. 도희령은 처음에 당곡(唐谷, 鄭希輔)선생을 스승으로 섬겼다가 나중에 남명선생을 찾아뵙고 경의(敬義)의 가르침을 배웠다. 도희령은 22세 때(1560년) 전시에 급제하였고, 정자(正字)로부터 홍문관저작(弘文館著作), 봉상시봉사(奉常寺奉事)등을 역임하였다. 도희령은 27세(1565년)에 남명선생을 따라 지곡사(智谷寺)를 유람하였는데, 이 때 오건, 권문임, 정구(鄭構) 등이 모였다. 또한 단속사로 따라가 경의(經義)를 강론하였고 9월에 오건, 조종도 등이 운학정(雲鶴亭)으로 찾아왔다 (『梅村實紀』).

28세(1566년) 봄에는 남명선생을 모시고 노진(盧禛), 강익, 김우옹 등과 산청의 지곡사에 모여 여러 날 동안 자연을 완상하며 시를 읊조리고 돌아왔다. 그는 남명선생이 감악산을 유람할 때에도 함께 모시고 갔는데, 포연(鋪淵)에서 「욕천(浴川)」이라는 시를 읊자, 이에 차운시를 남기기도 하였다.

45) 동강(東岡) 김우옹(金宇顒, 1540-1603)

본관은 의성(義城)이다. 자는 숙부(肅夫)이고 호는 동강(東岡)이다. 성주(星州)에 거주하였다. 그는 1540년(중종 35년)에 성주 사월곡(沙月谷)에서 칠봉(七峯) 김희삼(金希參)과 청주 곽씨 사이에 4남 1녀 중 막내아들로 태어났다. 그가 남긴 문집은 『동강집(東岡集)』 17권 18책이 전한다. 김우옹은 15세(1554년)에 성주교수로 있던 남명선생의 문인 오건에게서 많은 가르침을 받았다. 20세(1559년)에는 오건으로부터 향교에서 배웠다. 김우옹은 24세(1563년) 겨울에 남명선생을 찾아뵙고 제자가 되기를 청하였는데(『南冥集』, 「編年」 63歲條), 이 때 남명선생은 김우옹에게 이르기를, "남이 한 번 만에 잘하게 되면 자기는 백 번을 하고, 남이 열 번을 하여 잘하게 되면 자기는 천 번을 하여 잘 하겠다는 생각으로 공부를 하여야 한다."고 하면서 자신이 차고 있던 방울을 김우옹에게 주면서 맑은 소리를 듣고 마음을 경계하도록 하였다. 또한 뇌천(雷天)이란 두 글자를 써 주면서 것대장(大壯)겠의 마음을 가지도록 하였다. 산천재에서 김우옹이 공부를 하고 있을 때, 이광우가 퇴계선생을 배알한 후 산천재에서 서로 만나 학문하는 방법에 대해 이야기하면서 이광우는 독서의 중요성을 강조하기도 하였다.(『竹閣集』) 김우옹은 18세(1557년)에 경상도 향시에 응시하여 양시(兩試)에 합격하였고 (「연보」), 19세(1558년)에 식년 진사 제1등으로 합격하고(『司馬榜目』), 28세(1567년)에는 식년 문과에 병과로 급제한 후 승문원권지부정자에 임명되었으나 병으로 나아가지 않았다. 그는 고향에 있으면서 사월곡 동남쪽에 동강정사(東岡精舍)를 세우고 이 때부터 호를 동강(東岡)이라고 하였다. 이 해에 이대기가 최영경을 따라 남명선생에게서 배웠는데, 이 때 김우옹도 함께 공부하였다(『雪壑先生文集』). 32세(1571년)에는 홍문관에서 선배들이 면신례(免新禮: 새로 부임한 벼슬아치가 전부터 있는 관원들에게 하는 일종의 신고식)를 행하려고 하자, 이는 선비들이 할 바가 아니라고 하면서 불복하고 돌아왔다. 겨울에 스승 남명선생이 병이 나자 수개월 동안 직접 간호하였다. 34세(1573년) 8월에는 선조의 부름을 받고 조정에 나아가 사직상소를 올렸으나 윤허되지 않자, 9월 21일에 홍문관 정자로서 사정전(思政殿)에서 조강(朝講)을 하였다. 이 해 11월에 홍문관 부수찬으로 경연을 참석하여 퇴계선생의 시호(諡號)를 청하였다.

선조(宣祖)는 경연에서 김우옹에게, "그대는 일찍이 조식의 문하에서 수업을 받았으니 반드시 들은 바가 있을 것이고, 또한 그대의 학문하는 것이 독실하니 마땅히 평일에 공부하는 도를 진언하라."고 하자 스승의 학문방법에 대해 진언하기도 하였다. 35세(1574년)에는 부수찬으로서 경연에서 요순우탕의 심법을 역설하여 유교적 정치이념과 위정자의 정치도의를 밝히는 한편, 주경공부를 논하여 왕의 정신수양의 원리를 강조하였다. 37세(1576년) 부교리가 되고 이어 이조좌랑, 사인 등을 지냈다. 40세(1579년)에는 부응교가 되어 붕당의 폐를 논하였다. 이 해에 사가독서하도록 되었으나 소를 올려 사양하였다. 41세 (1580년) 선위사로 일본 사신 겐소(玄蘇)를 맞이하였는데, 사신의 접대에 여락(女樂)을 금지하도록 진언하였다. 43세(1582년)에는 홍문관 직제학이 되었고, 이듬해 대사성이 되고, 대사간이 되었다. 48세(1587년)에는 안동대도호부사에 임명되어 백성을 사랑하고 학문을 진작시키는 것을 백성 다스리는 기본으로 삼았다. 50세(1589년)에 기축옥사가 일어나자 정여립과 남명선생의 문하에서 함께 수학하였다는 이유로 함경도 회령부로 귀양을 갔다. 51세(1590년)에는 적소에 있으면서 작은 재실을 짓고 이름하여 완재(完齋) 또는 성건당(省愆堂)이라고 하였다. 4월에 형인 김우굉의 부음을 듣고 제문을 지었다. 53세(1592년) 5월에는 귀양에서 풀려나 의주 행재소로 가서 승문원 제조로 기용되고, 이어서 병조참판을 역임하였다. 11월에는 임금이 있는 의주에 도착하여 부호군의 벼슬을 제수 받고 이어 왜적을 막을 방책인 「기무칠조(機務七條)」을 임금에게 올렸다. 김우옹은 임란 중 임금을 호송하며 명나라 사신을 접대하는 일 등 난세를 당하여 신하로서의 도리를 다하였다. 54세(1593년)에는 명나라 찬획 원황의 접반사가 되고, 이어 동지중추부사로 명나라의 경략 송응창을 위한 문위사가 되었으며, 왕의 편지를 명나라 장수 이여송에게 전하였다. 그 해 상호군을 거쳐 동지의금부사가 되어 왕을 호종하고 서울로 환도하여, 한성부좌윤, 혜민서제조 등을 역임하였다. 55세(1594년)에는 대사성이 되고 이어서 대사헌, 이조참판을 역임하였으며, 60세(1599년)에는 관직을 병으로 사직하고 인천에 소요정(逍遙亭)을 짓고 은거하였다. 김우옹은 18세(1557년)에 박찬(朴澯), 정구(鄭逑), 송사이(宋師頤), 김면(金沔), 이린(李嶙), 이홍량(李弘量), 이승(李承), 이기춘(李起春) 등과 더불어 도를 논하고 강학(講學) 하였다.(『雪峯實紀』). 20세(1559년)에는 당시 남명선생의 문인인 곽율, 정구(鄭逑), 배신(裵紳) 등과 도의로 교유하였고(『禮谷集』), 22세(1561년)에는 최영경, 이조, 오건, 하항(河沆), 유종지 등과 더불어 서로 오가며 강마하였다(『桐谷實紀』). 24세(1563년)에는 정구(鄭逑), 박성(朴惺), 노흠, 김면, 배신, 이기춘 등과 더불어 도의로 교유하였다(『灌溪集』). 25세(1564년) 7월부터 남명선생을 모시고, 노진(盧), 오건 등의 여러 동학과 더불어 덕산사(德山寺), 지곡사(智谷寺), 환아정(換鵝亭), 남계서원(藍溪書院) 등을 두루 다니며 자연을 음미하며 호연지기를 길렀다(『德溪集』). 26세(1565년) 가을에는 박찬, 정구(鄭逑)와 더불어 서로 명리(名理)에 대해 여러 날 강론하였고(『雪峯實紀』), 27세(1566년) 봄에 남명선생을 모시고 노진, 강익 등과 산청(山淸)의 지곡사에 모여 여러 날 동안 자연을 완상하며 다음의 시를 읊었다.

"초 십일에 선생께서 지곡사에 이르니 오건이 노진(盧)을 맞이하여 와서 뵈었다. 이튿날 강익, 김우옹, 정복현, 도희령, 정유명, 임희무 등이 잇달아 이르렀다. 멀고 가까이 있는 선비들이 소문을 듣고 구름처럼 모여서 여러 날 동안 학문을 강론하였다."(『灌溪集』).

5월 13일에는 강익, 노관, 양홍택(梁弘澤), 김우굉 등과 함께 남계서원에 모였고(『梅村實紀』, 卷下, 「연보」), 이정(李楨), 하항(河沆), 노진, 강익, 정유명, 정구(鄭逑), 조종도, 이광우 등의 제현들과 더불어 남명선생을 모시고 단속사(斷俗寺)에서 산천재로 모였다(『竹閣集』). 동년(1566년)에 한양으로 과거보러 갔다가 퇴계선생에게 나아가 잠시 학문을 익혔으며, 어머니께 문안드리러 함양으로 내려왔는데, 맏형 김우홍이 함양 군수로 있었기 때문이다. 김우홍은 군수로 있으면서 평소 교분이 두 터운 지역 선비 강익 등과 남계서원의 창건에 힘을 쏟았다. 여름에 남 계서원에서 오건, 노진, 강익 등과 학문을 강독하였다. 한편, 이 때 김 우옹은 심성(心性)을 의인화하여 『천군전(天君傳)』이라는 소설을 지었 다. 왜냐하면 남명선생이 「신명사도(神明舍圖)」을 짓고 이를 바탕으로 김우옹에게 『천군전』을 짓게 하였기 때문이다(「東岡年譜」). 29세(1568 년) 봄에는 이로가 성주로 와서 김우옹을 방문하였다(『松巖集』). 30세 (1569년) 봄에는 이정(李瀞)이 남명선생을 뵈러 찾아 왔는데, 이 때에 최 영경 등과 더불어 『심경』공부를 하였다(『茅村集』). 퇴계선생에게 예(禮) 에 관한 의문을 글로 써 보냈다. 문익성, 정구(鄭逑) 등과 더불어 학문 을 강마하였다(「玉洞先生年譜」). 이해에 이승(李承)을 방문하였다(『晴暉堂 實紀』). 36세(1575년) 봄에 는 이승, 박찬, 이린(李嶙) 등과 더불어 고반동 (考盤洞)에서 지냈다(『晴暉堂實紀』). 김우옹은 33세(1572년) 2월에 남명선 생이 세상을 떠나자 예를 갖추어 장례를 치렀으며 「언행록」과 「행장」 을 지었으며, 35세(1574년)에 왕명으로 「성학육잠(聖學六箴)」을 지어 올 렸다. 송나라의 학자 장식, 명나라의 학자 설선의 문집을 간행할 것을 청하여 이의 실현을 보았다. 51세(1590년) 겨울에는 『속자치통감강목 (續資治通鑑綱目)』을 지었다. 김우옹은 64세(1603년) 봄에 관직에서 물러 나기를 청했으나 불허되었고, 2월에 대호군에 불렸으나 병으로 사임 하고 정좌산으로 돌아왔다. 여름에 다시 불렸으나 나아가지 못하고 11월에 병으로 자리에 누워 9일에 청주 정좌산 아래 우사(寓舍)에서 세상을 떠났다.

46) 송암(松庵) 김면(金沔, 1541-1593)

본관은 고령(高靈)이다. 자는 지해(志海)이고 호는 송암(松菴)이다. 고령(高靈)에 거주하였다. 그는 1541년(중종 36년) 경상도 고령(현 고령군 개진면 양전리)에서 부사(府使) 세문(世文)과 김해 김씨(金氏) 사이에서 3형제 중 장남으로 태어났다. 그가 남긴 자료는 『송암실기(松菴實紀)』가 전한다. 김면은 어려서부터 학문에 뜻을 두어 과거공부를 좋아하지 아니하고 정구(鄭逑) 등 제현과 막역하게 지냈다. 군자의 고을에서 자라고 성리의 학문을 갈고 닦아 후학을 가르치는 것으로 임무로 삼으니 배우는 사람들이 문에 가득이 모여 들었다. 그는 6세 때까지 『대학』, 『중용』 등을 두루 읽고, 11세(1551년)에는 퇴계선생을 찾아가 『대학연의(大學衍義)』를 배웠으며, 성주, 대구, 고령 등 인근 고을의 백일장에 참석하여 글재주를 발휘하였다. 20세(1560년)에는 도산(陶山)으로 퇴계선생을 찾아가 정식으로 제자의 예를 갖추었다. 김면은 19세(1559년)에 지리산 아래 덕산으로 남명선생을 찾아가 제자가 되었으며(『德川師友淵源錄』, 卷3, 「門人」 金沔; 「松菴先生實紀年譜」), 경의지설(敬義之說)을 듣고 정구(鄭逑) 및 제현들과 강론하였다 「남명선생편년」에는 남명선생이 60세 때 (1560년)에 김면이 와서 배웠다고 기록되어 있는데, 남명이 덕산으로 이주한 것은 김면이 21세 때의 일이었다. 김면은 28세(1568년)에 재실을 짓고 남명선생에게 이름을 지어달라고 부탁하자 남명선생은 '송암(松菴)'이라는 현판을 자필로 써 주었으며, 이로부터 자신의 호로 삼았다. 선조초에 효행과 청렴으로 참봉에 제수되었으나 나아가지 않았으며, 곧이어 유일로서 조목(趙穆), 정구(鄭逑)와 더불어 6품직에 올랐다.

합천군수, 장낙원정, 경상우도 병마절도사를 역임하였다. 선무원종일 등 공신이 되었다. 그는 17세(1557년)에 정구(鄭逑), 김우옹, 송사이, 박찬, 이린(李嶙), 이홍량(李弘量), 이승, 이기춘(李起春) 등과 더불어 도를 논하고 강학하였다(『雪峯實紀』). 23세(1563년)에는 김우옹, 정구(鄭逑), 박성(朴惺), 노흠, 배신, 이기춘(李起春), 전치원 등과 도의로 사귀었고(『濯溪集』；『月窩逸稿』), 26세(1566년) 봄에는 박찬, 이기춘(李起春) 등과 더불어 『심경』을 공부하였는데, 서로 배우는 바가 많았다(『雪峯實紀』). 39세(1579년) 9월에는 박찬, 이인개(李仁愷), 정구(鄭逑), 곽준(郭䞭), 이기춘(李起春) 등과 더불어 가야산 해인사를 유람하고 돌아와 청휘당(晴暉堂)으로 이승을 방문하였다(『雪峯實紀』；『晴暉堂實紀』). 53세(1593년) 정월에는 이대기가 김면을 만나러 왔으며, 이대기는 의령에 이르러 곽재우, 오운 등과 일을 논의하였다(『雪壑先生文集』). 1592년(선조 25년) 52세 때 4월에 왜란이 일어나자 김면은 '임금이 위급한데 신하가 죽기를 무릅쓰지 않는다면 성현의 글을 읽어서 무엇하리오(『茅村集』)'라고 하고는 향병(鄕兵)을 모아 곽재우 등과 창의(倡義)하였다. 이 소식을 이정(李瀞)이 듣고 이칭, 박제인 등과 함안에서 의병을 일으켰다. 『연려실기술』에는 다음과 같이 기록되어 있다. "임금의 행차가 서쪽으로 피난하였다는 소식을 듣고 즉시 달려가 문안 드리고자 하였으나 5월 10일에 동문인 내암 정인홍이 함께 의병을 일으키자고 하므로 송암 김면과 함께 합천의 숭산동에서 회합하여 우도 각지에 산재해 있던 자신의 문인을 주축으로 창의하여 대대적 의병활동을 전개하여 괄목할 만한 전과를 올렸다(『來庵集』). 김면이 고령은 군세가 작다고 여겨 거창으로 달려갔는데, 그 때 거창의 선비와 백성이 이미 모아둔 약간의 군사와 합세하였다. 김면은 곽준(郭䞭), 문위(文緯), 윤경남(尹景男), 박정번(朴廷璠), 유중룡(柳仲龍) 등을 참모로 삼고 박성(朴惺)을 시켜 군량을 모으게 하였다. 4~5일 동안에 군사 2,000여 명이 모였다." 당시 김면은 맨 처음 집안에서 부리는 종 700명을 이끌고 기병(起兵)하였다. 6월에 이승(李承)과 더불어 거창에서 창의하였다(『晴暉堂實紀』). 임진왜란 중에 고군분투하던 김면은 경상우도 병마절도사가 되어 선산(善山)에 집결한 왜적을 격퇴할 작전을 계획하던 중 갑자기 병을 얻었다. 그는 운명 직전에 "다만 나라 있는 줄 알았고, 내 몸 있는 줄 몰랐네"라는 말을 유언으로 남기고 진중에서 세상을 떠났다. 그는 고령, 거창 등지에서 창의기병하여, 개산포, 지례, 우척현, 정암진, 무계, 사랑암, 성주, 금산, 개령 등지에서 왜구와 전투하였다. 그는 경상합도 의병대장으로 경상도의 의병을 총괄하였다. 김면은 21세(1561년)에 『율례지(律禮志)』 2권을 지어 남명선생에게 보여 수정을 구하자, 남명선생이 이를 보고 감탄하였다(『松菴年譜』)고 한다. 1593년(선조 26년)에 김면이 세상을 떠난 후 조정에서는 그의 공적을 치하하여 자헌대부병조판서 겸 지의금부사(資憲大夫兵曹判書兼知義禁府事)에 증직되었고, 정헌대부 이조판서(正憲大夫吏曹判書)에 추증되었으며, 고령의 도암서원(道巖書院)과 남전서원(藍田書院)에 제향되었다.

47) 모촌(茅村) 이정(李瀞, 1541-1613)

본관은 재령(載寧)이다. 자는 여함(汝涵)이고 호는 모촌(茅村)이다. 원당(元塘)에 거주하였다. 그는 1541년(중종 36년)에 함안 모곡리에서 참판 경성(景成)의 아들로 태어났다. 그가 남긴 문집은 『모촌집(茅村集)』 5권 1책이 전한다. 이정(李瀞)은 7세(1547년)에 부친으로부터 『효경』을 배웠고, 8세(1548년)에 백씨(伯氏) 미촌공(薇村公)을 따라 십구사(十九史)를 배웠다. 15세(1555년)에는 남명선생이 모곡으로 부친 참판공을 만나러 왔다가 4형제가 의좋게 열심히 공부하는 모습을 보고 칭찬하였다. 이정(李瀞)은 19세(1559년) 봄에 남명선생으로부터 『중용』, 『대학』, 『심경』 등에 대하여 배웠고, 20세(1560년)에 경사자집(經史子集)을 두루 통한 후 남명선생을 찾아뵈었다(『茅村集』, 卷3,「年譜」19 및 20歲條). 이정(李瀞)은 54세(1594년)에 사헌부 집의(司憲府執義)에 제수되었으나 나아가지 않자 이어 단성현감에 제수되었고, 57세(1597년)에 정유재란이 일어나자 그는 의령현감으로서 경상우도병마절도사 김응서(金應瑞)와 함께 의령에 침입한 나베시마(鍋島直茂) 휘하의 왜군을 격파하였다. 60세(1600년)에 벼슬을 버리고 낙향하여 진주 원당(元塘)으로 거처를 옮겼다. 원당은 부인 유씨(柳氏)의 고향으로 원당에 집을 지어 향매와(鄕梅窩)라 이름을 붙였다. 그는 모곡에 있던 붉은색, 흰색의 매화 두 그루를 옮겨 심었는데 이는 고향을 생각하는 마음에서였다. 향매와에서 아침저녁으로 조용히 근처를 돌면서 시를 읊어보기도 하고 경치를 완상하기도 하면서 유유자적한 생활을 보내면서 호를 모촌(茅村)이라고 지었다. 또 악양의 삽암에 집을 지어 고려 신하 한유한(韓惟漢)의 청렴한 마음을 본 받고자 하였다. 62세(1602년)에는 12월 26일 상주목사에 제수되었으나 나아가지 않았다. 63세(1603년) 5월에는 선산부사(善山府使)에, 7월에는 창원부사(昌原府使)에 제수되었다. 이정(李瀞)은 26세

(1566년) 봄에 남명선생을 모시고 갈천(葛川)선생을 방문하였는데, 하항(河沆), 조종도, 하응도, 유종지 등도 함께 갔다. 노진의 집에 이르자 노진이 강익 및 제공들을 불러 함께 남명선생을 모시고 안음(安陰) 옥산동(玉山洞)으로 가서 심성정(心性情)을 공부하였다. 29세(1569년) 봄에는 남명선생을 뵈러가서 최영경, 김우옹 등과 더불어 『심경』을 공부하였다. 45세(1585년)에는 하항(河沆), 유종지 등의 여러 선비들과 진주의 공옥대(拱玉臺)에서 수계(修契)하였고, 46세(1586년) 가을에는 정구(鄭逑)가 군수가 되어 찾아왔으며, 혹인(或人)에게 심성기(心性氣)에 대해 답하였다. 51세(1591년)에는 고향에 모촌정사(茅村精舍)를 세워 여러 선비들과 학문을 강마하였다. 이정(李瀞)은 1592년(선조 25년) 4月에 왜란이 일어나자 5月에 함안군수 유숭인(柳崇仁)의 휘하에서 소모관으로 의병을 모집하고 진해, 창원 등지에서 전공을 세웠다. 그는 김면, 곽재우 등이 의병을 일으켰다는 소식을 듣고 이칭, 박제인 등과 함안에서 의병을 일으켰다(『茅村集』). 53세(1593년) 봄에는 초유사 김성일을 만나 전쟁이 일어난 후 죽은 시체들이 산과 들에 그대로 버려져 있는데, 이를 마땅히 묻도록 해야 한다고 청원하였다. 이정(李瀞)은 47세(1587년)에 군수인 정구(鄭逑)에게 글을 보내고, 박한주(朴漢柱)의 사우(祠宇)를 창건하였으며, 박제인, 이칭과 더불어 『함주지』를 편수하였다. 63세(1603년) 11月에는 「함안향안서(咸安鄕案序)」을 완성하고, 66세(1606년) 봄에 덕천서원에 가서 『서원록』을 수정하였다. 68세(1608년) 여름에 덕천원장으로 덕천서원에 들어가 하홍도(河弘度)를 맞이하여 선생의 문집을 수정하고 69세(1609년) 7月에 덕천서원으로 들어가 제현들과 더불어 『서원록』을 중수하였다. 이정(李瀞)은 36세(1576년) 봄에 최영

경, 하항(河沆) 등과 함께 덕천서원을 창건하는 일에 가담하였다. 40세
(1580년) 봄에 덕천에 들어가 원규(院規)를 확정하였으며, 여름에 창녕
으로 정구(鄭逑)를 찾아가 예(禮)에 대하여 공부하였다. 61세(1601년)에
진극경, 하징, 성여신 등과 더불어 병화로 소실된 덕천서원을 중건하
고 최영경을 배향하자고 도모하였다. 62세(1602년)에 진극경, 이광우,
하징 등과 더불어 병란으로 불타버린 덕천서원을 중건하였다(『竹閣集』).
문인신원과 관련하여 이정(李瀞)은 50세(1590년) 7월 11일에 여러 동지
들과 합천향교에 모여 최영경의 신원소를 올리는 일을 논의하였다.
이 때 최영경은 정여립 모반사건에 연루되어 억울한 옥살이를 하고
있었는데, 그는 이로, 오장, 하응도, 박제인, 이대기, 문위, 하혼 등과
더불어 합천에서 최영경의 신원소(伸寃疏)를 올렸으며, 문경호가 소두
(疏首)가 되었다(『濯溪集』). 63세(1603년) 겨울에 다시 덕천서원에 가서
이광우, 하징, 진극경 등과 두류산의 경치를 구경하였다. 70세(1610년)
에 이광우의 삼우당(三憂堂, 文益漸)선생 사당 건축에 답장하였다. 이정
(李瀞)은 1613년(광해군 5년)에 73세의 일기로 원당에서 세상을 떠났다.
그의 사후 함안의 도림서원(道林書院)과 진주의 대각서원(大覺書院)에서
제향되고 있다.

48) 한강(寒岡) 정구(鄭逑, 1543-1620)

본관은 청주(淸州)이다. 자는 도가(道可)이고 호는 한강(寒岡)이다. 성
주(星州)에 거주하였다. 시호는 문목(文穆)이다. 그는 1543년(중종 38년)

7월 9일에 사월촌의 집에서 판서공 사중(思中)의 셋째 아들로 태어났다. 그가 남긴 문집은 『한강집(寒岡集)』 4권 2책이 전한다. 정구(鄭逑)는 7세(1549년)에 『논어』와 『대학』을 통달하여 신동이라는 칭찬을 받았으며, 손님 앞에서 자기의 포부와 기상은 요순과 같다는 기상천외의 대답을 하였다. 9세(1551년)에는 부친상을 당하자 성인처럼 집상(執喪)하여 주위 사람들을 놀라게 하였다. 10세(1552년)에는 학문에 뜻을 두고 발분독서(發憤讀書)하여 『대학(大學)』, 『논어(論語)』를 읽고 그 대의(大義)에 통하였다. 정구(鄭逑)는 공자의 화상을 그려서 벽 위에 걸어두고 첨배(瞻拜)할 정도로 일찍부터 지기(志氣)가 뛰어났다. 12세(1554년)에는 『통감(通鑑)』을 읽었는데 스승이 가르쳐 주기를 기다리지 않았다. 13세(1555년)에는 가학으로 공부에 열중하던 그가 성주향교의 교수로 부임한 남명선생의 제자 오건에게서 『주역』을 배우게 되는데, 건괘(乾卦) 이괘(二卦)를 배우고 나머지는 유추(類推)하여 달통(達通)하니 스승 오건이 정구의 뛰어난 자질을 보고 여러 제자들에게 이르기를, "너희들의 스승이 될 사람은 마땅히 정생(鄭生)"이라고 하였다. 21세(1563년)에는 퇴계선생을 찾아가 배움을 청하였고, 이 때 정구(鄭逑)는 퇴계선생과 하룻밤을 지내면서 성리학에 대해 질정하고 돌아 왔다. 향시에 합격하여 진사가 되었으나, 그 후 과거에 응하지 않고 학문에만 열중하였다. 정구(鄭逑)는 선조임금과의 인견에서 선조가 "네가 고을에 부임해 가면 장차 무엇을 시행할 것인가?" 하니, 대답하기를, "신은 학문이 얕고 재주가 용렬하여 훌륭한 일을 할 수 없을까 두렵사오나 원하는 것은 먼저 학교를 일으키고자 합니다"라고 하였다. 그러자 선조는 "네가 이름이 헛되어 짓지 않았다."고 칭찬하였다. 정구(鄭逑)는 부임하자마자, 25가

(家)에 글방이 있는 제도를 따라 사방의 경내에 모두 서재(書齋)를 설치하고 훈장(訓長)을 선임하여 일과(日課)로 책을 가르치고 익히게 하였다. 초하루와 보름에는 망궐례(望闕禮)를 향한 다음 향교(鄕校)에 나아가 알성(謁聖)하고 명륜당(明倫堂)에 앉아 여러 생도들을 데리고 강론하여 하루를 마쳤으며 학사(學舍)가 무너지고 훼손된 것을 보면 즉시 다시 중수(重修)하고 제기(祭器)와 제복(祭服)을 일시에 새로 장만하였다. 정구(鄭逑)는 24세(1566년) 봄에 천왕봉(天王峯) 아래 덕산으로 가서 남명선생을 배알하니, 남명선생이 "네가 출처거취(出處去就)를 적의하게 하므로 내 마음을 허(許)하노라. 사대부 군자의 대절은 오직 출처(出處)에 있을 따름이다."(『南冥集』, 「編年」 66歲條: 『德川師友淵源錄』, 卷3, 「門人」 鄭逑條)라고 하였다. 「남명선생편년」에는, "선생께서 산해정에 계셨는데 한강 정구가 와서 달포를 모시면서 의심나는 것을 질문하였는데, 선생께서 가르치기를 게을리 하지 않았다. 고금 인물의 어짊과 어리석음, 세상도덕, 시대의 변화, 옳고 그름, 바름과 삐뚤어짐, 벼슬에 나가는 일과 물러나는 일, 말을 할 때와 묵묵히 있을 때 등 광범위하게 문답을 주고받았다."(『南冥集』, 「編年」 66歲條: 『德川師友淵源錄』, 卷3, 「門人」, 鄭逑條)고 한다. 1580년(선조 13년) 임금은 정구(鄭逑)를 인견(引見)하고 묻기를, "너는 이황과 조식을 스승으로 섬겼는가?"하니 대답하기를, "신은 두 사람의 문하에 출입하여 묻고 의심나는 것을 질문한 것은 있사오나 경전을 잡고 수업하지는 않았습니다."라고 하였다. 선조(宣祖)가 "두 사람의 기상과 학문이 어떠한가?"라고 묻자 그는 다음과 같이 대답하였다. "이황은 덕기(德器)가 혼후(渾厚)하고 실천이 독실하여 공부가 순수하고 익숙하며 학문의 단계가 분명한 반면, 조식은 기국(器局)이 준엄하고

정제(整齊)하며 재기가 호매(豪邁)하여 초연히 스스로 즐기면서 우뚝이 서서 독특하게 행합니다."(「행장」) 일찍이 정구(鄭逑)는 향해(鄕解)에 선발되었으나 회시(會試)에 나아가지 않고 드디어 과거를 포기하고 옛 성현이 되기를 기약하였다. 그는 31세(1573년)에 조정에서 재능과 학식이 있는 선비를 추천하라는 명이 있자, 고향 사람인 김우옹(金宇)이 수찬관(修撰官)으로 있으면서 선조에게 주청하였다. 36세(1578년)에는 사포서종부주부(司圃署宗簿主簿), 의흥(義興), 삼가(三嘉)의 현감에 벼슬을 내렸으나 모두 나가지 않았고, 37세(1579년)에도 지례현감(知禮縣監)에 제수되었으나 나가지 않았다. 38세(1580년)에는 창녕현감에 제수되어 첫 벼슬길에 나아갔다. 임지로 떠나기 전 임금이 정구(鄭逑)를 보고 "목민관이 되어 무엇을 먼저 해야 되는가"라고 물었다. 정구는 "옛사람들이 백성 보살피기를 갓난 아이 보살피듯 하라고 하였으니 신은 어리석으나 이 말을 실천하겠습니다."라고 대답하고 임지로 떠났다. 그 후로도 지례(知禮), 동복현감(同福縣監), 사헌부 지평(持平), 공조, 호조정랑, 고부(古阜), 함안 통천(咸安通川), 영월군수(寧越郡守), 강릉(江陵), 홍천 안동부사(洪川安東府使), 승정원 부승지(副承旨)와 우승지(右承旨), 형조참의, 충주(忠州), 해주(海州), 광주목사(光州牧使), 강원(江原), 충청(忠淸), 경상도사(慶尙都事), 형조(刑曹), 공조참판(工曹參判) 등을 차례로 역임한 후 광해군 즉위 초인 1609년 사헌부 대사헌(大司憲)에 발탁되었다. 39세(1581년)에는 창녕의 수령을 지내면서 성여신을 방문하였다(『浮查集』). 41세(1583년)에는 강원도사, 충청도사 등에 임명되었으나 나아가지 않았다. 44세(1586년)에는 함안군수로 부임하여 옛날 좋은 풍속을 되살리고 낡은 행정의 폐단을 고치며 각종 저울들을 통일하여 백성들의 세금을 감해주고 백성들의 억울한 사정이 없도록 시정했다. 겨울에 함안 군수로 있으면서 오운과 사직단(社稷壇)을 중수하는 일을 의논하였다 (『竹先生文集』). 66세(1608년)에는 광해군이 즉위하여 대사헌(大司憲)을 제수하였다. 그러나 임해군을 죽여서는 안 된다는 상소를 하고 뜻대로 되지 않자 곧 사직하고 말았다. 이어 영창대군 사사, 인목대비 폐비 등에 대하여 불가하다는 상소를 누차 하였으나 광해군은 듣지 않았다. 이런 일로 다시는 조정에 발을 들이지 않고 고향에서 제자들을 양성하며 자연을 벗삼아 유유자적하게 생을 보냈다. 정구(鄭逑)는 15세(1557년)에 박찬(朴澯), 김우옹(金宇), 송사이, 김면, 이린(李嶙), 이홍량(李弘量), 이승, 이기춘(李起春) 등과 더불어 도를 논하고 강학(講學)하였고(『雪峯實紀』), 17세(1559년)에 당시 남명선생의 문인인 곽율, 김우옹, 배신 등과 더불어 도의로 교유하였다(『禮谷集』). 23세(1565년) 가을에 박찬, 김우옹과 더불어 서로 명리(名理)에 대해 여러날 강론하였다(『雪峯實紀』). 24세 (1566년)에는 이정(李楨), 김우옹, 노진, 강익, 정유명, 하항(河沆), 조종도, 이광우 등과 더불어 남명선생을 모시고 단속사에서 산천재로 모였다(『竹閣集』). 26세(1568년) 봄에는 이로가 성주로 찾아왔고(『松巖集』), 27세(1569년)에는 이승을 방문하였고(『晴暉堂實紀』), 문익성, 김우옹 등과 학문을 강마하였다(「玉洞先生年譜」). 37세(1579년) 가을에는 이백유 등 몇 사람과 함께 『근사록』 1책과 남악창수(南嶽唱酬)를 가지고 가야산 유행에 나섰다. 9월에 박찬, 이인개(李仁愷), 김면, 이기춘, 곽준(郭) 등과 더불어 가야산(伽倻山)의 해인사(海印寺)를 유람하고 돌아와 모재 (茅齋)에 도착하였다(『雪峯實紀』; 『晴暉堂實紀』). 38세(1580년) 여름에는 창녕으로 이정(李瀞)이 찾아와 예(禮)에 대하여 공부하였다(『茅村集』). 41

세(1583년)에는 회연정(檜淵亭)을 지었다. 그 주위에 매화와 대나무를 심고 백매원(百梅園)이라고 하였다. 창평의 회연초당(檜淵草堂)에서 시골의 친구들 및 문도(門徒)들과 더불어 월삭강회계(月朔講會契)라는 모임을 만들어 규약을 정하고 학문에 정진하였다. 이 규약의 일부를 보면 다음과 같다. "규약에 들어온 사람은 각각 삼가 책을 읽고 행실을 닦아야 할 것이니, 비록 학문에 깊고 얕음이 있고 재주에 높고 낮음이 있으나 그 지취(志趣)를 요약하면 반드시 옛날의 훌륭한 사람을 배우는 것이다. 그리하여 반드시 의(義)를 바르게 하고 리(利)를 도모하지 않으며 반드시 도(道)를 밝히고 공(功)을 따지지 않으며, 부귀에 급급하지 않고 빈천에 서글퍼하지 아니하여 거의 유자(儒者)의 기미(氣味)와 절박(節拍)이 있어야 할 것이니, 만일 이렇게 하지 못한다면 이미 우리 무리의 사람이 아니다. 비록 규약 안에 벌칙(罰則)은 없으나 또한 어찌 이러한 것을 모르고 따라 참여하여 우리 규약의 수치가 되게 하겠는가?"(「행장」). 44세(1586년) 가을에는 이정(李瀞)을 찾아갔다(『茅村集』). 45세(1587년)에는 함안군수로 있으면서 이대기가 도동정사(道洞精舍)에서 최영경을 뵙고, 하수일(河受一)과 더불어 『주례』를 공부하였고(『雪壑先生文集』), 이정(李瀞)으로부터 글을 받았다(『茅村集』). 48세(1590년)에는 이승 및 여러 사우와 더불어 회연(檜淵)에 모여 『근사록』을 공부하였다. 47세(1589년) 여름에는 이승, 이기춘과 더불어 회원(檜原)에서 지냈다(『晴暉堂實紀』). 65세(1606년) 가을에는 덕천으로 성여신을 방문하였고(『浮査集』), 중건한 덕천서원을 참배하러 갔다가 이광우의 죽림정사를 방문하였다(『竹閣集』). 정구(鄭逑)가 50세(1592년)에 풍천군수로 있을 때, 왜란이 일어났다. 이 때 그는 의병을 일으켜 적을 토벌하고 각 고을에 격문을 띄워 의

병들로 하여금 적을 공격하게 하여 왜적이 침입하지 못하도록 하였다. 그는 대사헌이 되었을 때 정인홍 등으로 인해 임해군의 옥사가 일어나자 삼사가 모두 일어나 처벌할 것을 청하였으나, 사헌부 책임자인 그 자신만이 이에 관련된 모두를 용서하라는 상소를 여러 차례 올린 후 관직에서 물러나 성주로 귀향하였다. 정구(鄭逑)는 44세(1586년)에 고을의 어진 선비들과 군지인 『함주지』를 편찬하였고, 만년에 노곡정사(蘆谷精舍), 사양정사(泗陽精舍) 등을 건립하여 유유자적하면서 시문을 즐기던 그는 경학을 비롯하여 산수(算數), 병학(兵學), 의약(醫藥), 예학(禮學), 지리(地理) 등에 능통하여 40여 권의 저서를 남겼으니 『주자서절요강목(朱子書節要綱目)』, 『심경발휘(心經發揮)』, 『경현속집(景賢續集)』, 『고금인물지(古今人物志)』, 『의안집방(醫眼集方)』, 『관동지(關東志)』, 『관의(冠儀)』 등이 그 대표적인 저서이다. 그 중 『심경발휘(心經發揮)』, 『오복연혁도(五服沿革圖)』, 『심의제도(深衣制度)』 등의 책이 세상에 행하고 있다. 특히 예학(禮學)에 조예가 깊어 『오선생예설(五先生禮說)』을 지었는데, 늙어 병이 위독한 지경에 이르러서도 오히려 상고와 교열을 그치지 않았다. 소시(少時)에 오건(吳健)의 소개서를 가지고 퇴계선생을 예안(禮安)으로 찾아 뵈었는데 퇴계선생이 오건에게 답한 편지에 것이 사람은 후대에 견줄 사람이 없을 것이다. 다만 부화(浮華)하고 경솔한 하자가 있을까 우려될 뿐것이라고 하였는데, 늙어서 항상 사람들에게 다음과 같이 말하였다. "노선생(老先生)이 병증(病證)에 대해 따끔하게 경계하신 한 말씀을 종신토록 갈고 닦았으나 제대로 고쳐지지 않았으니, 이로써 사람의 타고난 병통은 변화되기가 쉽지 않다는 것을 알겠다." 정구(鄭逑)는 32세(1574년)에 「한훤당선생연보」 및 「사우록」을 편찬하였고 가을 7월에 덕산으로 가서 박제현을 찾아가 선생의 덕을 보고 기순(器醇)이 깊음을 한탄하면서 이르기를 "박모(朴某)는 충후(忠厚)한 유자(儒者)(「松先生文集」)"라고 하였다. 46세(1588년)에는 청향당(淸香堂, 李源) 선생을 위한 서원이 신안(新安)에 세워졌으며, 신안서원 낙성식 때 당시 함안군수로 있으면서 죽림정사로 이광우를 방문하였다(「竹閣集」). 문인신원과 관련하여 정구(鄭逑)는 71세(1613년)에 계축옥사가 일어나자 영창대군을 구제하려고 다시 상소를 하기도 했으며, 관직에 나서기에 앞서 일찍이 성주 창평산(蒼坪山) 기슭에 세웠던 한강정사(寒岡精舍) 곁에 회연서당(檜淵書堂)을 새로 지어 백매원(百梅園)이라 명명하고 이곳에서 허목, 장현광 등 많은 문인들을 가르치면서 여생을 보냈다. 78세(1620년)에는 사양정사(泗陽精舍) 지경재(持敬齋)에서 세상을 떠났다. 이때에 이르러 사상(泗上)의 지경재(持敬齋)에서 일생을 마치니, 장례에 참석한 사람이 4백여 명이나 되었다. 그가 세상을 떠나기 전 해에 가야산(伽倻山)의 북쪽 산부리가 무너졌으며, 세상을 뜨던 날에는 목가(木稼)의 이변이 있었는데, 사람들이 그가 별세할 징조라고 하였다. 실록의 졸기에는 다음과 같은 내용이 있다. "전 대사헌 정구(鄭逑)가 졸 하였다. 그는 성주(星州) 사람으로 한훤선생(寒暄先生)의 외손이다. 어려서는 덕계(德溪) 오건(吳健)을 스승으로 모셨고, 겸하여 퇴계(退溪)와 남명(南冥)의 문하에 드나들었다. 일찍이 말하기를 '퇴계는 덕우(德宇)가 혼후(渾厚)하며 행실이 독실하고, 남명은 재기(才氣)가 호걸스럽고 고매(高邁)하여 우뚝 서서 홀로 행하는 어른이다' 하였는데, 그가 마음에 정한 견해가 그러하였다. 그는 어려서부터 학문을 게을리 하지 않았는데, 선묘조(宣廟朝)가 여러 번 불러 들이고서야 등대(登對)하고서 맨 먼저 '근독

(謹獨)은 제왕이 다스림을 내는 근본이 된다'고 진달하니, 선조가 칭송하기를 '그대 이름은 헛되이 지어진 것이 아니로구나'라고 하였다. 그는 주(州), 군(郡)을 두루 맡았고, 조정에 들어와서는 지평, 승지가 되었으며, 강원도 관찰사를 지냈다. 광해군 때에는 불러 들여 대사헌에 제수했는데 임해군(臨海君)의 옥사 때에 상차를 올려 맨 먼저 골육의 은혜를 온전히 할 것을 청하니, 광해군이 아름다움을 훔치고 이름을 산다고 하였다. 이 일로 말미암아 상의 뜻을 거슬러 고향으로 돌아갔다. 계축옥(癸丑獄)이 일어나 영창대군(永昌大君)을 유치(幽置)하자, 공이 봉사(封事)를 올렸는데, 『춘추(春秋)』를 인용하기를, '왕자 영부가 죽자 공자가 쓰기를 천왕(天王)이 그 아우 영부를 죽이다라고 하였는데, 그의 죽음이 애당초 경왕(景王)이 한 것은 아니지만 다만 금지하지 못해서 였습니다. 이에 대해 좌씨(左氏)는 죄가 왕에게 있다하였고, 곡량자(穀梁子)는 심하다고 하였으며, 두예(杜預)는 골육을 잔상(殘傷)하였다라고 하였습니다. 지금 영창대군이 어리고 몽매하여 아는 것이 없으니, 비단 영부가 알지 못했던 정도일 뿐만이 아닙니다. 그런데 조정의 의논이 그치질 않아 반드시 처치하고자 하고 있으니, 또한 경왕이 금하지 못한 것보다 심합니다라고 하였다. 봉사의 말이 수천 자나 되었는데, 말의 뜻이 명백하고 절실하여 사람들이 다 그를 위하여 위태롭고 두렵게 여겼다. 그때 공의 아들 장(樟)이 서울에 있었는데, 시의(時議)가 날로 험해지는 것을 보고 헤아릴 수 없는 화를 당할까 두려워하여 마침내 그 상소를 숨기고 올리지 않았다. 그러자 공이 또 상소하였는데 말이 더욱 절실하였으며, 전에 쓴 상소도 아울러 올렸다. 공은 본디 정인홍(鄭仁弘)과 동문수학한 처지로 서로 사이가 좋았었는데, 이 때에 이르러 흉

염(焰)을 두려워하고 미워하여 그를 피해 거처를 옮겼다. 학자들은 그를 한강선생(寒岡先生)이라고 하였다. 백매원(百梅園)을 돌보면서 행실을 편안하고 곧게 하여 후학들을 지도하는 것으로 일을 삼았다. 『광해군일기』에는 계해반정(癸亥反正) 뒤에 관리를 보내 치제(致祭)하고 이조판서에 추증하였다고 한다. 그리고 정구(鄭逑)의 문인 이윤우(李潤雨)가 등대(登對)하여 시호를 청하자, 마침내 문목공(文穆公)이라는 시호를 내렸던 것(『光海君日記』 12년)이다. 정구(鄭逑)는 1620년(광해군 12년)에 78세의 일기로 세상을 떠났다. 관직은 대사헌이며 그의 사후 성주의 회연서원과 천곡서원(川谷書院)을 비롯하여 대구의 연경서원(研經書院), 창원의 회원서원(檜原書院), 성천(成川)의 학령서원(鶴翎書院), 창녕의 관산서원(冠山書院), 충주의 운곡서원(雲谷書院), 옥천의 삼양서원(三陽書院), 현풍의 도동서원(道東書院), 함안의 도림서원(道林書院), 칠곡(漆谷)의 사양서원(泗陽書院), 통천(通川)의 경덕사우(景德祠宇) 등에 제향되었다.

49) 송암(松巖) 이로(李魯, 1544-1598)

본관은 철성(鐵城)이다. 자는 여유(汝唯)이고 호는 송암(松巖)이다. 의령(宜寧)에 거주하였다. 그는 1544년(중종 39년)에 의령 부곡리(孚谷里: 현재 부림면)에서 인의공(引儀公) 효범(孝範)의 아들로 태어났다. 그가 남긴 문집 및 저술은 『송암집(松巖集)』 6권 3책이 전한다. 이로는 13세(1556년)에 경사(經史)에 두루 통하였고, 17세(1560년)에 부친의 명으로 당시 거제에 귀향 온 정황(丁熿)을 찾아가 글을 배웠다. 정황은 조광조(趙光

祖)의 제자로 1547년(명종 2년)의 「양재역벽서사건」에 연루되어 곤양으로 유배되었다가 이듬해(1548년) 거제로 다시 이배되었으며 천품이 강직하고 항상 효제충신을 생활의 신조로 삼았던 인물이다. 19세 때 (1562년) 아우 보(普), 지(旨)와 함께 최영경의 문하에서 글을 익혔다. 이로는 20세(1563년)에 두 아우와 함께 덕산으로 남명선생을 찾아가 수업을 받았다. 남명선생이 한 번 보고 마음으로 허락하여 정성껏 가르쳤다(『南冥集』, 「編年」 63歲條: 『松巖集』, 卷5, 附錄, 「年譜」 20歲條)고 한다. 이로는 21세(1564년)에 진사회시(進士會試)에 3등으로 합격하였고, 47세 (1590년) 10월에는 문과에 급제하였다. 41세(1584년)에 봉선전(奉先殿) 참봉에 제수되었고, 48세(1591년)에 종7품 벼슬인 직장(直長)에 제수되었다. 50세(1593년) 가을에는 형조좌랑에 제수되고 이어 창원가수(昌原假守)에 임명되었으며 51세(1594년)에는 비안현감(比安縣監)에 제수되었다. 53세(1596년)에는 관직을 버리고 낙향하였으나 체찰사 이원익이 종사관으로 임명하였다. 54세(1597년)에는 사간원 정언(正言)에 제수되었다. 이로는 25세(1568년) 봄에 성주로 가서 김우옹, 정구(鄭逑) 등을 방문하였고, 30세(1573년) 봄에 오건을 방문하였다. 41세(1584년)에 권도(權濤)가 와서 공부하였다. 이로는 1592년(선조 25년) 49세에 서울에 있었는데, 왜구가 쳐들어 왔다는 소식을 듣고 조종도와 고향으로 돌아가 의병을 일으킬 것을 약속하고 남쪽으로 내려왔다. 서울에서 고향으로 내려오다 5월 초 4일에 함양에서 초유사(招諭使) 김성일(金誠一)을 만났다. 이 때부터 그는 김성일을 따라 행동을 같이 하게 되었는데, 초 10일에는 김성일을 따라 산음(山淸)에 도착하여 소모관의 직책을 맡아 삼가, 단성 등지로 가서 의병을 모집하여 창의하고, 삼가로부터 단성을 거쳐 진주에 도착을 하였다. 진주에서 초유사와 왜적을 막을 방책을 마련하고, 또 인근 의령 합천 지역을 돌며 의병들을 격려하는 등 왜적의 침입에 대비하였다. 관찰사 김수(金睟)가 곽재우(郭再祐)를 무고하자 김성일과 더불어 상소를 올려 곽재우를 변호하였고, 7월에 왜적이 진주에 쳐들어오자 초유사를 따라 군사들을 독려하였다. 이어 김성일의 추천으로 성균관 전적에 제수되었으며, 8월에 김성일이 좌도 관찰사로 옮겨가자 그는 초계에서 송별하고 다음날 지리산으로 들어갔다. 9월에 김성일이 우도 관찰사로 다시 오자 지리산에서 나와 산음에서 오장(吳長)과 함께 김성일을 맞이하였다. 10월에 창원, 부산, 김해에 주둔한 왜적이 진주에서의 패배를 설욕하고자 진격해 오자 이로는 김성일을 따라 길목인 의령으로 가서 왜적을 무찔렀다. 이 때 진주성에서는 판관이었던 김시민(金時敏)이 승진하여 목사가 되어 진주성을 사수하였다. 이로가 50세(1593년)되는 해에 김성일이 진주에서 세상을 떠났다. 이 때 이로는 위독한 김성일 곁에서 주야로 간호하였다. 이로는 김성일의 시신을 염한 뒤 임시로 지리산에 매장하여 7개월이 지난 뒤 그의 고향에 안장하였다. 이로는 28세(1571년) 여름에 구촌 유경심의 신도비(神道碑)를 지었고, 48세(1591년)에 『사성강목(四姓綱目)』을 편찬하였으며, 54세(1597년) 3월에는 『용사일기(龍蛇日記)』가 완성되었다. 이로는 33세(1576년)에 최영경, 하항(河沆), 손천우, 유종지, 하응도, 이천경, 이광우, 이조 등과 서원을 세우기로 합의하였다(『竹閣集』). 문인신원과 관련하여 이로는 26세(1569년)에 충현(忠賢)의 신원(伸冤)을 상소하였고, 47세(1590년)에 스승 최영경이 억울하게 역모에 연루되자 신원 상소를 올렸다. 이 때 최영경이 정여립의 모반사건(1589

년)에 연루되자 그는 박제인, 이정(李瀞), 오장, 문위, 하혼 등과 더불어 상소추문(上疏推文)하였고, 문경호가 소두(疏首)가 되었다(『濯溪集』). 이 로는 1598년(선조 31년)에 55세의 일기로 세상을 떠났다.

50) 부사(浮査) 성여신(成汝信, 1546-1632)

본관은 창녕(昌寧)이다. 자는 공실(公實)이고 호는 부사(浮査)이다. 금 산(琴山)에 거주하였다. 그는 1546년(명종 1년) 정월 초하루에 아버지 두년(斗年)의 아들로 진주(晉州) 구동(龜洞)의 무심정(無心亭)에서 태어났 다. 그가 남긴 문집은 『부사집(浮査集)』 4권 4책이 전한다. 성여신은 12세(1557년)에 『통사』, 『소학』, 『사서』를 배워 문리가 크게 진보되고 제술에도 능하여 조계공이 '이 아이는 내가 미칠 바가 아니라고 하여 훗날 반드시 큰 유자가 될 것'이라고 칭찬하였다. 13세(1558년)에는 삼 경(三經)과 외전(外傳)을 다 읽고 시(詩), 부(賦), 책(策), 론(論)을 능숙하게 지을 수 있게 되어 사람들이 신동이라고 불렀다. 15세(1560년)에는 정 탁을 찾아가 『상서』를 받고 이름있는 선생에게 나아가 배울 것을 권 유받았고, 16세(1561년)에는 응석사(凝石寺)에 가서 좌구명(左丘明), 유 종원(柳宗元), 한유(韓愈), 구양수(歐陽修) 등 고문가의 책을 밤낮으로 부 지런히 읽으면서 지냈다. 18세(1563년) 봄에는 폐백을 갖추고 이정(李 楨)을 찾아가 뵈었다. 이정(李楨)이 한 번 보고 칭찬하면서 말하기를 '어 찌 서로 만나는 것이 이리 늦었는가?' 하고 『근사록』을 주며 위기지학 으로 면려하였다. 성여신은 23세(1568년)에 남명선생을 배알하게 되었는데, 그 계기가 된 사건이 있었다. 이 해 가을 정유길(鄭惟吉)이 진주목사 최응룡과 함께 근처 고을의 유생을 모아 시부(詩賦)를 짓고 열 명을 선발해서 단속사에 모았다. 뽑힌 사람은 하면, 진극경, 손경인, 손경의, 정승윤, 정승원, 박서구, 이곤변, 하백 등이었는데, 그 중에서 성여신이 으뜸이었다. 그런데 이에 앞서 승려 휴정이 『삼가귀감(三家龜鑑)』을 지어 이 절에서 판각을 하였다. 삼가(三家) 가운데 유가(儒家)를 제일 끝에 두었고, 또 불상을 만들어 사천왕(四天王)이라고 하였는데, 모양이 매우 기괴하였다고 한다. 모인 사람 가운데 한 명이 그 책을 인출하므로 성여신이 마음으로 매우 분하게 여겨 일행이 모인 자리에서 그 사람을 꾸짖고 그 책을 찢어 버렸다. 그리고 말하기를 '우리 도(道)를 훼손하고 우리 유가(儒家)를 모욕한 이 책과 불상을 더럽히지 않을 수 있겠는가'라고 하면서 곧 승려들에게 명하여 그 책판을 불지르게 하고, 또 명하여 오백 나한과 사천왕을 끌어내 모두 불태우게 하니 승려들이 모두 두려워 떨면서 그 명령을 어기지 못하였다고 한다. 26세(1571년) 3월에 덕산으로 가서 남명선생을 찾아뵙고 5월에 사천으로 가서 이정(李楨)을 찾아 뵈었다. 성여신은 64세(1609년) 가을에 생원(生員) 및 진사(進士)에 모두 합격하였다. 당시 이정구(李廷龜)가 선발을 주관하였는데, '집 밖으로 서너 걸음도 나가지 않았는데 강산 천만리가 다 보이네'라는 구절을 읽고, '이는 반드시 노련하고 숙련된 선비이면서 시속의 풍격을 본 받지 않는 자이다. 그래서 발탁하였다'고 한다. 68세(1613년)에 별시 동당(東堂)에 장원하여 서울에 이르렀는데 객사의 관인이 정도에 의하지 않는 부귀의 길을 청하자, '임금을 섬기려고 하면서 먼저 임금을 속이는 것이 옳은가? 내가 과업을 늙도록 폐하지 않는 것은 어버이의 명이 있었기 때문이다. 또 평소의 포부를 한 번 펴보고자 한 것인데 지금 너의 말을 들으니 세도(世道)를 알 것 같다. 하물며 시사가 바르지 못하고 삼강(三綱)이 장차 땅에 떨어지려고 하는데, 과거는 해서 무엇하리요!' 하고는 돌아갔다. 성여신은 21세(1566년)에 쌍계사(雙磎寺)에서 돌아와 모친상을 받들고 돌아온 이정(李楨)에게 찾아가 학업을 익히고, 이정(李楨)의 손자인 호변(虎變), 곤변(鯤變) 등의 여러 문하생들과 더불어 공부하였다. 의리를 강론하는데 잠자거나 쉬기를 잊어버리니, 이정(李楨)이 매우 공경하며 중히 여기고, 경전을 읽어도 반드시 동부(東賦)를 같이 외우게 해서 과정을 익히게 하였다. 성여신이 특히 사서(史書)를 즐겨 읽었던 것은 이렇듯 조계공과 이정(李楨)의 영향을 받았기 때문이다. 22세(1567년) 가을에는 덕산에서 쌍계사로 가서 독서하였다. 30세(1575년)에 응석사(凝石寺)에 가서 공부하였고, 32세(1577년)부터 34세(1579년)까지는 쌍계사(雙溪寺)에 들어가 살면서 경전(經傳)과『심경』,『근사록』,『성리대전』,『대학』,『소학』 등의 책을 차례로 강독하였는데, 혹시 밝히지 못한 부분이 있으면 문득 잠심(潛心)하고 묵회(黙會)하여 침식을 잊을 정도로 하였으며, 뜻이 풀린 뒤에야 그만 두었다고 한다. 성여신은 제자백가를 포함하는 폭넓은 독서를 통해 학문적 포용성을 길렀는데, 이 시기에 성리학에 침잠함으로써 성리학적 사상의 기반을 확고히 하게 되었다. 세상을 떠나기 전에 외종손인 안시진(安時進)을 통해서 남긴「침상단편(枕上斷篇)」에는 그의 성리학에 대한 해박한 지식을 엿볼 수 있다. 36세(1581년) 봄에는 창녕의 선영(先塋)을 살피러 갔는데, 당시 창녕의 수령을 지내고 있었던 정구(鄭逑)가 찾아와서 만났다. 4월에는 장인인 박사신(朴士

信)을 따라 의령의 가례(嘉禮)로 이사하였는데 근처의 곽재우, 이대기, 이대약(李大約), 이종영 등과 더불어 서로 강마(講磨)하였다. 37세(1582년)에는 자굴사(闍崛寺)에서 곽재우, 이대기와 더불어 강마하면서 겨울을 지냈다. 57세(1602년)에는 최영경의 신원소를 올렸고, 이 해에 이종영과 이대약(李大約)과 더불어 계서약(雞黍約)을 하여 매년 봄 가을 양 계절 끝 보름에 돌아가면서 서로 방문하니 정온(鄭蘊)도 함께 참여하였다. 58세(1603년) 3월 보름에는 「계서회(雞黍會)」을 부사정에서 열기로 하였다. 9월에는 친구인 선비들과 함께 덕천서원에 모여 강론하였는데, 이광우, 이천경, 진극경, 정승윤(鄭承尹), 하징, 하성(河惺), 신가(申檟), 하수일(河受一), 정승훈(鄭承勳), 이유함(李惟諴), 하광국(河光國), 조영한, 조겸(趙璲), 이명고, 이각(李殼), 조영기, 문홍운(文弘運), 박인(朴絪) 등 여러 선비들이 모두 와서 모였고, 그 밖에 또 33인이 왔다(『凌虛集』). 59세(1604년)에는 이대기를 방문하였다(『雪壑先生文集』). 61세(1606년) 3월에는 이대약(李大約)의 집에서 모임을 가졌고, 가을에 정구(鄭逑)가 덕천(德川)에서 찾아왔다. 성여신은 62세(1607년)에 「삼자해(三字解)」과 「만오잠(晩悟箴)」을 지었고, 69세(1614년) 여름에 「성성잠(惺惺箴)」을 지었으며, 71세(1616년) 봄에 「금산동약(琴山洞約)」을 이루고 가을에 두류산에 가서 「유산록(遊山錄)」을 지었으며 겨울에 보름 동안 두류산을 유람하고 「방장산선유일기(方丈山仙遊日記)」을 남겼다. 73세(1618년) 봄에 관포(灌圃, 漁得江)선생의 쌍계사(雙磎寺) 팔영루 시판을 쓰고 여름에 두류산에 올라가서 「기소견장편(記所見長篇)」이라는 7언고시를 남겼다. 74세(1619년)에 「진양전성기(晋陽全城記)」 및 「상락군김공시민극적비명(上洛君金公時敏郤敵碑銘)」을 짓고, 77세(1622년)에 『진양지(晋陽誌)』를 펴냈고, 78세(1623년)에 『천자초예(千字草隸)』를 지었다. 다시 두류산을 유람하고 장편의 고시인 「유두류산시(遊頭流山詩)」을 지었다. 87세(1632년)에 「침상단편(枕上斷編)」을 지어 가을에 「동방제현찬(東方諸賢贊)」을 이루었다. 성여신은 31세(1576년)에 최영경, 하항(河沆), 유종지 등과 더불어 덕천서원의 건립을 의논하였는데, 이 때 그도 함께 가서 의논하고 일을 도왔다. 56세(1601년)에는 병화로 소실된 덕천서원을 제현과 더불어 중건하고, 최영경을 배향하였다. 이 때 이정(李瀞), 진극경, 하징 등과 더불어 도모하였다(『茅村集』). 성여신은 87세(1632년) 봄에 병으로 눕고, 동년 겨울 11월 초 1일에 부사정(浮査亭) 양직당(養直堂)에서 세상을 떠났다.

51) 망우당(忘憂堂) 곽재우(郭再祐, 1552-1617)

본관은 포산(苞山)이다. 자는 계수(季綏)이고 호는 망우당(忘憂堂)이다. 의령(宜寧)에 거주하였다. 시호(諡號)는 충익공(忠翼公)이다. 그는 1552년(명종 7년)에 아버지 월(越)의 아들로 경상남도 의령군 유곡면 세간리 외가에서 태어났다. 그가 남긴 문집은 『망우당집(忘憂堂集)』 5권 3책이 전한다. 곽재우는 14세(1565년)에 『춘추전』을 들고 계부(季父)인 참의공(參議公)에게 가서 가르쳐 주기를 청함에 참의공은 '네가 스스로 능히 이미 투철하게 이해하고 있는데, 굳이 나의 가르침을 기다릴 필요가 있겠는가?'라고 하였다. 이에 곽재우는 마음을 가다듬고 혼자서 『춘추전』을 깊이 연구하였으니 그의 학문은 대개 이 『춘추전』을 근본으로 하였다. 15세(1566년)에 의령의 자굴산(闍窟山)에 들어가 책을 읽음에 『제자백가』에 능통하였다. 19세(1570년)에 학문을 닦는 여가에 활쏘고, 말 몰고, 글씨 쓰고, 셈하는 재주를 익혔으며, 병법에 관한 책들도 모두 통달하였다. 27세(1578년) 가을 8월에는 부친께서 사신으로 중국 북경에 들어갔을 때 곽재우는 부친을 모시고 함께 갔는데, 그 때 관상을 보는 사람이 곽재우를 보고 이상히 여기면서 말하되, '뒷날 반드시 큰 사람이 되어 이름을 천하에 떨칠 것'이라고 하였다. 훗날 임진왜란을 당하여 제일 먼저 의병을 일으켰으므로 명성이 중국과 일본에까지 알려지게 되었다. 명나라의 황제는 책문(策文)을 보내와 위문을 하면서, '조선이 작은 나라이지만 오히려 곽재우와 같은 명장도 있도다. 천하에 [그와 같은] 장수의 재능을 갖춘 사람이 있음을 들어보지 못했다'고 하였다. 56세(1607년) 정월 27일에는 정구(鄭逑), 장현광(張顯光)이 배를 타고 와서 방문하였다. 그 다음날 용화산(龍華山) 아래에서 뱃놀이를 하였다. 64세(1615년)에는 남명선생의 관작(官爵)과 시호(諡號)를 의령현(宜寧縣)의 관아(官衙)에서 맞이하였다. 남명선생의 아들 조차석(曺次石)이 당시 의령현감으로 있었기 때문에 의령현의 관아에서 분황례(焚黃禮)를 치루었는데, 그가 가서 참관하였다. 과거 및 벼슬 : 곽재우는 34세(1585년)에 별시의 정시(庭試) 제2등으로 합격하였는데, 그 제목은 「당태종교사전정론(唐太宗教射殿庭論)」이었다. 그러나 합격자 명단을 방(榜)에 붙인 지 며칠만에 임금으로부터 합격 취소의 명령이 내려졌다. 왜냐하면 곽재우가 제출한 글 가운데 시의에 저촉되는 말이 들어 있었기 때문이었다. 곽재우는 49세(1600년) 봄에 병으로 인해 임무를 교체해 주기를 청하는 사직소를 올리고 귀환하였는데, 이 때의 글이 대사헌의 탄핵을 받아 영암군(靈岩郡)에 부처(付處)되어 50세(1601년)까지 적소에 있었다. 57세(1608년) 2월 초2일에는 선조대왕이 승하하고 광해군(光海君)이 즉위하였다. 그는 「토역소(討逆疏)」, 「척전은소(斥全恩疏)」 등을 올렸다. 58세(1609년)에는 경상우도병마절도사, 삼도통제사에 제수되었으나 나아가지 않았고, 「중흥삼책소(中興三策疏)」, 「진시폐오사」를 상소하였다. 62세(1613년)에는 영창대군을 구하는 소(疏)를 올렸다. 곽재우는 30세(1581년)에 이대기, 이대약(李大約), 이종영, 성여신 등과 더불어 서로 강마하였고(『浮査集』), 31세(1582년)에 자굴사에서 성여신, 이대기와 더불어 강마하면서 겨울을 지냈다(『浮査集』). 38세(1589년)에는 의령현(宜寧縣) 동기강(東岐江)가에 있는 돈지강사(遯池江舍)를 완성하였다. 그는 부친상을 마친 다음 과거를 그만두고 여기서 낚시를 즐기며 일생을 보내려고 하였다. 1592년(선조 25년) 4월에 왜란이 일어나자 모든 고을이 허물어지게 되었다. 그러자 곽재우는 현풍으로 가서 3대 선영(先塋)의 봉분을 낮추어 평분(平墳)으로 고쳤다. 이는 그가 왜적토벌에 참전하게 되면 왜적들이 그 보복으로 조상의 분묘를 해롭게 할까를 미리 염려하여 후환을 없게 하기 위해서였다. 그 때 계모 허씨(許氏)와 형제들이 난리를 피하여 비슬산(琵瑟山) 속으로 들어가려고 했으나 그는 그 곳이 난리를 피할만한 지역이 아니라고 판단하여 가족을 거느리고 강을 건너 깊은 골짜기에서 지내도록 했다. 그렇게 한 다음 4월 22일에는 '왜적토벌로써 나라에 보답하겠다'는 맹서를 가묘(家廟)에 아뢰고 전 재산을 기울여 장사(壯士)들을 모집하고, 칼을 잡고 일어나 '천강홍의장군(天降紅衣將軍)'이란 기치를 내걸었다. 전투를 치룸에 대적할 이가 없게 되자, 사방에서 호응하여 의병(義兵)이 연달아 일어났다. 7월에 유곡찰방(幽谷察訪), 형조정랑(刑曹正郎)에 제수되었으나 부임하지 않았고, 10월에 조방장(助防將)에 승진되었다. 이 때「상초유사(上招諭使)」,「통유도내열읍문(通諭道內列邑文)」,「창의시자명소(倡義時自明疏)」등을 지었다. 이 해에 이대기가 전치원과 더불어 향병을 모아 그와 합세하였다(『雪壑先生文集』). 43세(1594년)에 성주목사로서 악견산성(岳堅山城)을 수리하였다. 악견산성은 삼가(三嘉)에 있었는데, 당시 조정에서는 산성을 수리함이 급선무임을 의결하였으며, 유성룡(柳成龍)은 곽재우로 하여금 그 일을 감독 주관할 수 있도록 주청하였다. 정월 20일 김덕령(金德齡)과 서신(「답김장군서(答金將軍書)」)을 교환하여 악견산성을 수축, 수성하였고, 명군(明軍)의 영남 진주(進駐)를 반대하였다. 46세(1596년)에는 방어사(防禦使)로서 새로 현풍에 있는 석문산성(石門山城)을 쌓았다. 성이 완성되기 전에 왜적들이 다시 움직이려는 기세가 있자, 8월에 창녕(昌寧) 화왕산성(火旺山城)으로 옮겨 수비하고 있었다. 머지않아 왜적이 군사를 이끌고 크게 쳐들어 왔다. 8월 29일 계모 허씨가 성안에서 별세함에 곽재우가 시신을 모시고 성밖으로 나와 임시로 가태리(嘉泰里)에 있는 비슬산에 장례를 치루고 적군을 피해 강원도 울진현으로 갔다. 정유재란(1597년) 때에는 화왕산성을 굳게 지켜 밀양, 창녕, 영산, 현풍 등지를 안전하게 지켰다. 51세(1602년)에 석방되어 비슬산에 들어가 솔잎을 먹으면서 곡식음식을 물리쳤다. 창암강(滄巖江)가에 정자를 지었다. 창암강은 영산현(靈山縣) 남쪽에 있는데 선생이 그 풍경의 아름다움을 즐겨하여 강가에 정자를 짓고 망우(忘憂)라는 현판을 걸어 만년에 거처할 곳으로 삼았다. 곽재우는 1617년(광해군 9년) 66세 봄에 창증(脹症)을 앓게 되어 날로 위독해졌으나 침

(繊)이나 약(藥)을 쓰지 못하게 하고 동년 4월 10일에 강사에서 세상을 떠났다. 그가 세상을 떠난 후 그의 사우(祠宇)에 예연서원(禮淵書院)이라는 사액이 내려졌고, 1709년(숙종 35년)에 병조판서 겸 지의금부사에 추증되었다.

임진왜란 이후 정권의 중심이 주전파로 쏠리면서 남명학파의 정치적 위상은 더욱 높아졌다. 특히 선조 말에 광해군과 영창대군의 왕위 계승문제에 대하여 정인홍이 광해군을 지지하다가 실각하여 귀양 가는 도중에 선조가 죽자 광해군이 왕위에 오르면서부터 정세가 일변하였다. 광해군 즉위와 더불어 정인홍의 정치적 입지는 최고조에 이르게 되고 막강한 권력을 쥐게 되면서 마침내 대북정권시대를 열었다. 광해군의 개혁정치 시행에 대북정권은 중심축의 역할을 하였고, 남명학파는 대북 중북 소북 등으로 부분적 입장 차이를 보이기도 했지만 북인으로서 최고의 전성기를 누렸다. 오늘날 『덕천사우연원록』에는 140명에 가까운 문인들의 이름이 등재되어 있지만 사실상 당시 남명의 문인은 이보다 훨씬 많은 숫자에 달한 것으로 확인된다.[14] 이 시기 남명에 대한 추숭사업도 활발하게 전개되어 그를 영의정에 추증하고, 그를 향사하는 덕천서원 용암서원 신산서원을 사액하였으며, 문묘에 배향하기 위한 청무운동이 일어났으나 이는 끝내 실현되지 못했다.

---

14) 남명이 전라도와도 관련이 있어서 그곳을 방문하기도 했고 당시 많은 선비들이 모여 강학을 했다는 기록도 확인된다. 그러나 오늘날 전라도 출신 문인들의 명단은 단 한 명도 문인록에 등재되어 있지 않다. 뿐만 아니라, 경상우도 사림조차도 다양한 문집들을 통해서 확인할 수 있는 바로는 누락된 인물이 적지 않은 것으로 파악된다.

1623년 3월 12일 밤, 우리 역사상 가장 명분 없는 쿠데타가 일어나 다음날인 13일 성공을 거둔다. 반역이었지만 성공했기에 역사에서는 이를 '인조반정'이라 기록하고 있다. 반역의 최대 명분은 인륜을 저버렸다는 것으로 '폐모살제'와 '명나라의 은혜를 저버림'이었다. 그리고 그 원흉으로 내암 정인홍이 지목되었다. 그러나 정인홍은 폐모살제에 동조한 일이 없으며, 명과의 외교에서도 오히려 후금의 편을 지지하지 않은 것으로 밝혀졌다.[15] 사실 인륜을 저버린 사례로 본다면 역사상 인조만큼 패륜적 행태를 보인 임금도 없을 것이다.[16] 정인홍은 10년 동안 정승의 자리에 있으면서도 하루도 한양에서 정무를 본 적이 없었다. 반정 이후 압송되어 나흘 만에, 재판 없이 단지 공소장 낭독만으로 아흔 가까운 나이에 저자에서 처형되었다. 인조반정 이전에 한강 정구가 세상을 떠났고, 인조반정으로 내암 정인홍이 처형당함으로써 남명학파는 지도자를 모두 잃게 되어 급격한 쇠퇴의 시기를 맞이하였다. 반정이 일어나자마자 내암이 처형당한 이후 남명학파는 정치적으로는 물론 학문적으로도 몰락의 길을 걷게 되었던 것이다.

　　인조반정으로 재기할 수 없는 정도로 타격을 받은 강우학파는 이제 더 이상 하나의 커다란 결속력으로 묶일 수 없었다. 고령 성주 거창 창

---

15) 이 문제에 대해서는 오이환, 「선조 시기의 정인홍」, 「광해군 초기의 정인홍」, 「대북정권 시기의 정인홍」 등 세 편의 논문에서 자세히 다루고 있다. 이 논문들은 오이환, 『남명학의 새 연구』 상, 하(한국학술정보(주), 2012)에 모아서 수록하고 있다.

16) 인조는 외교의 실패로 우리 역사에서 최대의 비극인 '삼전도의 굴욕'을 당하였고 두 왕자를 비롯한 많은 사람들이 청나라에 인질로 잡혀갔으며, 나중에는 소현세자 독살설에 휘말렸고 며느리인 강비를 사사했으며 세 명의 손자들을 제주도로 귀양 보내는 등의 반인륜적 행태를 보였다.

녕 밀양 현풍 등 낙동강의 중류에 자리한 지역의 남명학파는 대부분 퇴계학파로 전향하게 된다. 그들은 대부분 한강 정구에게 연원을 대어 퇴계에게로 소급하게 되는 경로를 거친 경우가 많았다. 이들을 오늘날에는 '낙중학(洛中學)' 내지는 '강안학(江岸學)'으로 분류한다. 이에 반해 서부경남의 중심인 진주를 비롯한 지역의 남명학파는 그나마 주류가 남명학파의 계승을 자부하게 된다. 이에는 특히 진양 하씨가 중심이 되어 덕천서원과 대각서원을 거점으로 삼아 남명학을 계승하면서, 『남명집』에 남아있는 정인홍의 흔적을 지우고 퇴계와의 갈등 요소들을 지우는 작업을 주도하게 된다. 이후 남명학파의 가장 중요한 과제가 바로 『남명집』의 수정과 보완이었다고 할 수 있다. 경상우도 사림의 주된 관심사였고, 이 일은 1910년 경술년에 이르기까지 계속되는 일련의 연속된 활동이었다. 이것이 바로 남명학파의 역사라고 하여도 과언이 아니다.17)

특기할 것은 인조반정 이후 남명학파로 자처하는 인물로서 정계에서 중요한 역할을 한 인물로 정인홍의 제자이면서도 스승과 정치적인 입장을 달리하여 제주도로 귀양 가 있었던 동계 정온을 들 수 있다. 그가 가장 존경한 역사적 인물이 바로 남명이었으며 『학기류편』의 수정본 간행에 발문(跋文)을 썼다. 그는 인조반정 이후 정계에 복귀하여 요직을 지냈는데 병자호란을 당해서는 끝까지 결사항전을 주장하다가 뜻이 관철되지 않자 배를 갈라서 자결을 시도하였으나 요행히 살아났

---

17) 오이환, 『남명학파연구』(남명학연구원출판부, 2001)에 수록되어 있는 일련의 연구논문들은 바로 이러한 역사를 추적하고 있으며, 그 자체가 바로 남명학파의 역사라는 관점을 담고 있다.

다. 이후 낙향하여 산속에 홀로 거처를 마련하고 청나라의 속국에서는 살지 않는다는 의미로, 그곳을 이름 없는 마을이라는 뜻의 모리(某里)로 명명하고 살다가 세상을 떠났다. 역사의 아이러니는, 나중에 그의 현손 정희량이 무신사태의 주역으로 나타나 집안이 풍비박산되는 사실을 만들었다.

이 시기 경남지역 사림의 동향 중에서 가장 눈에 띄는 점은 정인홍과의 관계를 청산하기 위한 노력들이라고 할 수 있다. 실제로 광해군 당시 정인홍의 위상은 상상을 초월하는 정도였으며, 그 문하에 수천 명이 운집하였다는 사실은 당시에 쓴 일기인 정경운의 『고대일록』에 상세히 묘사되어 있다. 그러나 대북정권 말기에 이르면 이른바 '우함양'으로 자부하던 함양의 사족들이 서인과 북인으로 갈라져 첨예한 대립을 하게 되었다. 정인홍이 일패도지한 이후 모두가 그와의 관계를 부인하는 지경에 이르렀고, 진주의 경우는 같은 문중이면서도 정인홍과 사돈간이었던 단목의 하진보 계열과 수곡의 하항 계열이 서로 배척하는 지경에 이르기도 하였다. 수곡의 하씨 집안이 이후 남명학 계승의 적통임을 자부하면서 서부경남 남인세력의 구심점이 되었다고 할 수 있다.

그런 과정 속에서 중요한 역할을 하게 되는 인물이 겸재(謙齋) 하홍도(河弘度, 1593-1666)와 무민당(无悶堂) 박인(朴絪, 1583-1640)이다. 하홍도는 『남명집』의 수정에 일정한 역할을 하게 되고 그러한 과정이 계속되어 결국 『남명집』의 이정합집본이 출간되고, 박인은 남명학파의 계보를 정리하여 『산해사우연원록』을 편찬한다. 또한 이 당시에 인조반정 이후 철폐한 정인홍이 지어 세웠던 남명의 신도비를 새로 세우기 위한 노력이 진행되는데, 아이러니하게도 당시 노론의 영수였던 우암(尤庵) 송시열(宋時烈, 1607-1689)과 남인의 영수였던 미수(眉叟) 허목(許穆, 1595-1682)이 각각 지은 비문을 비슷한 시기에 받게 된다. 물론 기호 남인의 영수였던 용주(龍州) 조경(趙絅, 1586-1669)으로부터 받은 또 하나의 신도비문이 있기도 하다. 이로써 남명의 신도비문은 모두 4개가 있게 되었는데, 바로 이러한 사실이 남명학파의 역사적 명운을 대변한다고 볼 수 있다.

당시 남명학파는 거의 와해된 상태에서 병자호란을 피해 남쪽으로 내려와 오래 거주했던 미수 허목이 이 지역의 사림들과 교유를 통해 오히려 전체 남인을 대표하는 인물로 부상하게 된다. 『남명집』 판본의 훼철과 새로운 『남명집』의 간행이라는 일련의 남명학파 내부의 사태에 노론도 개입하게 되고, 이는 정치적인 문제로까지 비화된다. 더불어 남명은 말년에 구암 이정과 이른바 '진주음부사건'으로 인하여 절교하게 되었는데, 이 시기에 이르러 다시금 이 문제가 거론되어 구암의 후손과 남명의 후손 사이에 첨예한 공박문서가 오가게 된다. 이 또한 남명학파의 결속력이 와해되어 구심점이 없어진 데서 오는 하나의 사례라고 할 수 있다. 부사(浮査) 성여신(成汝信, 1546-1632)은 남명과 구암 모두를 스승으로 섬긴 인물인데, 두 가문의 후손들과 깊은 관계를 맺고 있었음에도 이러한 논란을 중재한 흔적을 찾아볼 수 없다. 그리고 남명보다는 구암 이정의 후손과 많은 관계를 가졌던 허목은 당시에 남명 후손과 구암 후손의 다툼에 중재를 하지 않은 듯하며 오히려 구암 이정의 후손 편에서 상황을 판단한 듯하다. 또한 이 무렵에는 경남지방을 대표할만한 종장격의 인물도 뚜렷하다고 할 수 없는 실정이었다.

이런 와중에 이와 같은 상황을 만회하려는 극단적인 행동이 있었으니, 바로 영조 4년에 일어난 무신사태이다. 인조반정으로부터 약 100여 년이 흐른 후인 1728년에 일어난 무신사태로 강우학파 곧 남명학파는 결정적인 타격을 받게 된다. 이 사건은 정치적으로 소외되었던 서북지방 세력과 영남의 남인들이 연합하여 일으킨 실패한 쿠데타라고 할 수 있다. 서북에서는 이인좌(李麟佐, 1695-1728)가 주동하고, 영남에서는 동계(桐溪) 정온(鄭蘊, 1569-1641)의 후손인 정희량(鄭希亮, ?-1728)이 주동하여 노론을 축출하고자 일으킨 정변이 배신자의 밀고로 일망타진되면서 영남의 거사는 하루아침에 물거품이 되었다.

이 여파로 인하여 반역향으로 낙인찍힌 강우지역 사림은 이후 50년간 과거에 응시할 자격을 박탈당하였다. 『조선왕조실록』에서는 이 사건에 대해 '안음과 합천은 정인홍이 악취를 남긴 곳으로 정희량 조성좌와 같은 흉역의 무리들이 출생했고, 조식의 사상이 불순하고 바르지 못했기 때문에 그 문하에 정인홍이 나왔으며, 경상우도는 오로지 기개와 절조를 숭상하여 무신란 때 정희량 등 범법자가 많았으나, 이황의 안동 등 경상좌도는 범법자가 없었기 때문에 마땅히 등용해야 한다'고 기록하고 있다. 이후로 강우지역에서 남명학파를 자처하는 가문에서는 문과를 통하여 3품 이상의 벼슬에 나간 경우가 개화기에 이르도록 거의 없었던 것이다. 이 기간은 실로 남명학의 침체기라고 할 수 있으며, 이러한 침체의 기간은 개화기를 전후하여 남명사상이 다시 폭발적으로 발산하게 되는 응축기였다고도 말할 수 있는 기간이었다.

19세기 중엽에 이르러 기호남인의 영수였던 성재(性齋) 허전(許傳, 1797-1886)의 역할로 인하여 강우사림이 다소나마 회복되기까지 경남지방의 유학은 그 명맥이 거의 끊어진 실정이었다고 할 수 있다. 허전은 고종이 즉위하던 해(1864)에 김해부사로 부임하여 지역의 유풍을 크게 일으켰다. 이 기간에 강우지역 사림은 대부분 그에게 나아가 학문을 익혀 새로운 중흥기를 이루게 된다. 그는 대원군의 절대적 신임을 받아 과거에서 고시관(考試官)으로 참여하였으므로 강우지역 사림들이 벼슬에 나가는 길을 열어주기도 하였던 것이다.

그 기간 경남에는 대학자로 칭할 수 있는 정도의 인물은 없었다고 할 수 있으며, 단지 진양 하씨 문중이 꾸준히 학문의 맥을 이어가고 있었으니 설창(雪窓) 하철(河澈, 1635-1704)과 그의 후손들이 두드러지며, 진주의 능허(陵虛) 박민(朴敏, 1566-1630), 서계(西溪) 박태무(朴泰茂, 1677-1726), 태계(台溪) 하진(河溍, 1597-1658) 그리고 박태무의 아들인 어은(漁隱) 박정신(朴挺新) 정도가 그나마 일정한 비중을 가졌던 인물이라고 하겠다.

52) 능허(陵虛) 박민(朴敏, 1566-1630)

본관은 태안(泰安)이다. 자는 행원(行遠), 호는 능허(凌虛)이다. 1566년(명종 21)에 태어나 정구(鄭逑)에게서 『대학(大學)』과 『심경(心經)』을 배웠다. 당시의 권세가였던 정인홍(鄭仁弘)을 만나보고 스승인 정구에게 정인홍을 멀리할 것을 요구하였으나, 모두 그의 말을 믿지 않을 뿐 아니라 도리어 그를 못마땅하게 여기게 되었다. 1623년 인조반정 후 이원익(李元翼)이 천거하였으나 등용되지 못하였다. 정묘호란 때 의병을 일으켰다가 화의가 성립되자 되돌아가 1630년(인조 8) 별세할 때까지 학문을 익혔다. 1627년 정묘호란이 일어나자 주군(州郡) 백성들이 창의(倡義)하여 그를 강우의병장(江右義兵將)으로 추대하였다. 이에 의병을 거느리고 상주에 이르렀으나 화의가 성립되었다는 소식을 듣고 되돌아갔다. 후에 기자헌(奇自獻)이 그를 찾아가 강가에서 낚시질하다가 시 한 수를 지어주었는데, "천지에 눈보라치니 모든 풀은 시들었는데, 그대의 마음은 대나무같이 푸르도다."라고 하여 그의 철석같은 절의를 기렸다. 정구(鄭逑)의 문하에서 학문을 익혔으며, 정구는 그의 기국이 충후함을 인정하여 제자들에게 그를 스승으로 삼을 것을 말하고는 하였다. 그 뒤 장현광(張顯光)을 만나 역리(易理)를 의논할 때 장현광은 그의 높은 학문에 감탄하였다.

53) 동계(桐溪) 정온(鄭蘊, 1569-1641)

본관은 초계(草溪)이다. 자는 휘원(輝遠), 호는 동계(桐溪), 고고자(鼓鼓子), 시호는 문간(文簡)이다. 증조할아버지는 사포서 별제((司圃署別提)를 지낸 정옥견(鄭玉堅)이며, 할아버지는 진용교위(進勇校尉) 정숙(鄭淑)이다. 아버지는 진사(進士) 정유명(鄭惟明), 어머니는 장사랑(將仕郎) 강근우(姜謹友)의 딸 진주 강씨(晉州姜氏)이다. 부인은 충의위(忠義衛) 윤할(尹劼)의 딸 파평 윤씨(坡平尹氏)이다. 정온은 1569년(선조 2) 경상도 안음현 역동리(嶧洞里)[지금의 경상남도 거창군 위천면 강천리]에서 출생하였다. 젊은 시절부터 아버지 정유명의 스승인 임훈(林薰), 퇴계(退溪) 이황(李滉), 조목(趙穆) 등 여러 명현들을 만났다. 1592년(선조 25) 임진왜란(壬辰倭亂)

이 일어나자 의병을 일으킨 아버지를 도왔다. 또한 1593년에는 남쪽으로 내려온 명나라 군대를 맞이하는 과정에서 사민(士民)을 위하여 열읍(列邑)에 통문(通文)을 보냈다. 28세가 되던 1596년(선조 29) 아버지 정유명이 세상을 떠났다. 이듬해 정유재란(丁酉再亂)으로 다시 왜적이 쳐들어오자, 상복을 입은 상태에서 어머니를 모시고 영남과 호남 사이에 피신하였다. 어려운 상황 속에서도 정온은 어머니를 봉양하기 위해 음식을 동냥해 어머니 진주 강씨가 끼니를 거른 적이 없었다고 한다. 1599년(선조 32) 정온은 가야산에 가서 정인홍(鄭仁弘)의 제자가 되었다. 1604년(선조 37)에는 도내의 많은 선비들과 함께 오현(五賢)[김굉필(金宏弼), 정여창(鄭汝昌), 조광조(趙光祖), 이언적(李彦迪), 이황]의 문묘(文廟) 종사(從祀)를 청원하는 상소를 가지고 한양으로 올라갔다. 이때 임금이 상소문을 가지고 온 선비들을 대상으로 특별히 정시(庭試)를 치렀는데, 정온이 2등을 하였다. 1606년(선조 39) 진사시(進士試)에 급제하였다. 1607년에는 고을 사람들이 정온을 학행(學行)으로 천거하였다. 1608년(선조 41) 선조가 세상을 떠나기 전 세자 광해군에게 전위(傳位)를 하교하였다. 그러나 소북(小北)의 영수였던 유영경(柳永慶)이 하교를 숨기고 임해군(臨海君)을 즉위시키려 했다. 대북(大北)의 영수이자 정온의 스승이었던 정인홍은 이 사실을 알고 유영경을 공격하는 상소를 올렸다가, 도로 영변(寧邊)으로 귀양을 가게 되었다. 이때 아무도 말을 하지 못했으나, 복시(覆試)를 보기 위해 한양에 와 있던 정온이 여러 선비들과 직언(直言)하였다. 광해군 즉위 초에는 임해군을 역모죄로 다스리려고 하는 여론에 반대하였다. 정온은 1609년(광해군 1) 광릉 참봉(光陵 參奉)에 임명되었으나 나가지 않았으며, 1610년에는 봉자전 참봉(奉慈殿 參奉)에 임명되었다. 그리고 그해 문과(文科) 별시(別試)에 급제하였다. 1611년(광해군 3) 시강원겸설서(侍講院兼說書), 사서(司書), 사간원 정언(司諫院正言)이 되었다가 경성 판관(鏡城判官)으로 부임하였다. 이어 1612년에는 장악원 첨정(掌樂院僉正)이 되었다. 1613년 부사직(副司直), 성균관사예(成均館司藝), 시강원필선(侍講院弼善)을 거쳐 1614년 부사직이 되었다. 그런데 이 무렵 선조의 유일한 적자인 영창 대군(永昌大君)이 불과 9세의 나이로 죽임을 당하였다. 이에 앞서 1613년 계축옥사(癸丑獄事)가 일어났는데, 이 사건으로 영창 대군의 외할아버지인 김제남(金悌男)이 반역죄로 죽임을 당하고 많은 서인(西人) 인사들이 숙청되었다. 영창 대군도 이에 연루되어 강화도로 유배되었고, 1614년 죽임을 당하였던 것이다. 정온은 이 과정에서 영창 대군에게 은전을 베풀어야 한다는 주장을 지속하였고, 이 사건을 주도한 대북의 이이첨(李爾瞻)과는 절교하였다. 그러나 이로 인해 요로(要路)에 있던 인사들과 광해군의 미움을 사게 되었고, 결국 국문을 받고 제주도 대정현(大靜縣)에 유배되었다. 이때부터 정온은 10년간 유배 생활을 하였다. 1623년(인조 1) 인조반정으로 광해군이 쫓겨나자, 유배지에서 풀려났다. 또한 광해군 대에 절의를 지킨 인물로 지목되어 사간원 사간(司諫院司諫)에 임명되었고, 이어서 성균관직강(成均館直講), 상의원정(尙衣院正), 남원 도호부사(南原都護府使)에 임명되었다. 1624년(인조 2) 이괄(李适)의 난이 일어나자, 정온은 공주(公州)로 피신한 임금을 호위하였고, 이어 사간원 대사간(司諫院大司諫)이 되었다. 이후 사간원 대사간, 승정원 도승지(承政院都承旨), 형조참판(刑曹參判), 경상도관찰사(慶尙道觀察使) 등에 임명되었으나, 사직을 청하고 고향으로 내려왔다.

1627년(인조 5) 정묘호란(丁卯胡亂)이 일어나자 정온은 곧장 강화도의 행재소(行才所)로 가서 임금을 호위하였다. 후금(後金)의 군사가 물러간 후, 한성부 우윤(漢城府右尹)과 병조 참판(兵曹參判)에 임명되었다. 정온은 사직을 청하였으나, 임금은 시국이 어지러우니 계속 머물러 직임을 보라며 거부하였다. 1628년 승정원 도승지, 예조참판(禮曹參判), 1629년 이조참판(吏曹參判), 사헌부대사헌(司憲府大司憲)에 임명되었는데, 모두 나가지 않았다. 이후 고향에 머무르면서 여러 차례 관직에 제수되었으나 사직하였으며, 상소문을 올려 공신 세력을 견제하기도 했다. 1636년(인조 14) 사헌부 대사헌에 임명되었는데, 이때 상소를 올려 청나라와의 관계에 대한 척화(斥和)를 주장하였다. 그해 12월 병자호란(丙子胡亂)이 일어나자, 남한산성(南漢山城)으로 들어가 적들과 맞섰다. 1637년 전세가 불리해지자 최명길(崔鳴吉) 등이 화평 교섭을 진행하였는데, 정온은 이를 매국(賣國)으로 보고 강력하게 척화를 주장하였다. 그러나 강화도가 함락되자 임금은 남한산성에서 내려가 항복하기로 결정하였다. 이 소식을 듣고 분개한 정온은 자결을 시도하였으나 뜻을 이루지는 못했다. 끝내 조선 정부가 청나라에 항복하자, 사직하고 고향으로 내려왔다. 1638년(인조 16) 덕유산의 모리(某里)[지금의 경상남도 거창군 북상면 농산리]에 은거하였다. 모리는 인적이 드문 골짜기로, 정온은 이곳에 풀을 엮어 집을 만들고 흙을 쌓아 침상을 만든 뒤 '모리구소(某里鳩巢)'라 이름을 붙였다. 또한 산밭을 개간하여 기장과 조를 심어 자급자족하다 1641년에 생을 마감하였다. 정온의 문집으로는 『동계집(桐溪集)』이 전한다. 『동계집』은 1660년(현종 1) 초간 되었는데, 이후 부록(附錄), 보유(補遺), 속집(續集)이 추가되어 최종적으로 1852년

(철종 3) 원집 4권, 속집 3권, 부록 2권, 연보(年譜) 1권의 합 9권 9책으로 완성되었다. [묘소] 경상남도 거창군 가북면 용산리 용산(龍山)에 정온의 묘소가 있다. 1652년(효종 3) 자헌대부 이조 판서 겸 지경연 의금부 춘추관 성균관사 홍문관 대제학 예문관 대제학 세자 좌빈객(資憲大夫吏曹判書兼知經筵義禁府春秋館成均館事弘文館大提學藝文館大提學世子左賓客)으로 증직되었다. 1657년(효종 8) 문간공(文簡公)이라는 시호가 내려졌다. 1694년(숙종 20)에는 '숭정대부 의정부 좌찬성 겸 판의금부사 세자 이사 지경연 춘추관 성균관사 홍문관 대제학 예문관 대제학 오위도총부 도총관(崇政大夫議政府左贊成兼判義禁府事世子貳師知經筵春秋館成均館事弘文館大提學藝文館大提學五衛都摠府都摠管)'에 증직되었다. 1642년(인조 20) 경상남도 함양군 안의면 봉산리에 있는 용문 서원(龍門書院)에 배향되었다. 용문 서원은 1582년(선조 15) 건립된 서원으로 정여창(鄭汝昌), 임훈, 임운(林芸)이 배향되어 있었는데, 이때 정온이 추가로 배향된 것이다. 용문 서원은 1662년(현종 3)에 사액(賜額)되었다. 1642년에는 경상남도 함양군 수동면 원평리에 있는 남계 서원(灆溪書院) 별사(別祠)에 배향되었다. 1552년(명종 7) 건립된 남계 서원에는 정여창이 배향되어 있었는데, 이미 사액된 서원이었기에 정온은 별사에 배향된 것이다. 1677년(숙종 3) 정온의 위패가 별사에서 본사(本祠)로 옮겨졌으며, 강익(姜翼)도 함께 배향되었다. 1661년(현종 2)에는 지금의 경상남도 거창군 가조면 일부리에 건립된 도산 서원(道山書院)에 배향되었다. 도산 서원은 1662년 사액되었으며, 정온을 비롯해 김굉필, 정여창, 이언적을 배향한 서원이다. 1668년(현종 9)에는 제주특별자치도 제주시 이도동에 위치한 귤림서원(橘林書院)에 배향되었다. 귤림서원에는

정온을 비롯해 조선 시대에 제주도로 유배되었던 김정(金淨), 김상헌(金尙憲), 이약동(李約東), 송인수(宋麟壽), 송시열(宋時烈), 이회(李檜)를 배향하고 있다. 귤림서원은 1682년(숙종 8)에 사액되었다. 경기도 광주시 중부면 산성리에 있는 현절사(顯節祠)에도 정온이 배향되어 있다. 현절사는 1688년(숙종 14) 병자호란 삼학사(三學士)인 윤집(尹集), 오달제(吳達濟), 홍익한(洪翼漢)의 충절을 기리기 위해 건립된 서원으로, 1693년(숙종 19)에 사액되었다. 정온은 1711년(숙종 37) 김상헌과 함께 추가로 배향되었다. 한편, 경상남도 거창군 북상면 농산리에는 모리재(某里齋)[경상남도 유형 문화재 제307회]가 건립되어 있다. 모리는 병자호란이 끝난 후 정온이 은거한 곳으로, 모리재는 지역 유림들이 정온의 행적을 기리기 위해 건립한 재사(齋舍)다.

54) 무민당(无悶堂) 박인(朴絪, 1583-1640)

본관은 고령(高靈)이다. 자는 백화(伯和)이며, 호는 스스로 임헌(臨軒)이라고 하였다가 인조 15년(1637, 정축)에 뜻한 바 있어 무민당(无悶堂)으로 고쳤다. 박인(朴絪, 1583-1640)은 선조 16년 계미(1583) 12월 6일 갑인 진시에 야로현 우거촌(일명 우계촌, 현 야로면 하림리) 외가에서 출생하였다. 중시조인 환(還)을 1세로 하여 2세인 동신(東臣)은 고려조에 호부상서(戶部尙書)를 지내고서 11세손 윤빈(允斌)은 신령현감(新寧縣監)을 지냈으니 5세조이다. 고려 관(寬)은 기자전(箕子殿) 참봉이고 증조 순신(舜臣)은 군자감 주부(軍資監 主簿)이다. 조부 충노(忠老)는 일찍 별세하여 드러나지 아니하고 선고 수종(壽宗)은 용사(龍蛇)의 난에 창기하여 의진 (義陣)에 참여한 창의장이며 성균 생원이다. 어머니는 강우의 문한가로 알려진 서산인 정건(鄭健)의 딸이었다. 박인은 남명선생의 고족(高足)이면서 강우사림의 종장인 외종숙 내암 정인홍(1535~1623)선생 문하에 입문하여 고고탁절한 기상과 '경의지학(敬義之學)'의 요체를 탐구하였으며, 당시 내암의 명성을 듣고 모인 문하생들과 종유하기도 하였다. 박인의 생애와 사상은 『무민당선생문집』을 통해서 살펴볼 수 있다. 무민당의 남명학파로서의 면모는 『산해사우연원록』과 「남명선생연보」, 그리고 「언행총록」의 편찬 및 간행을 통해서 살펴볼 수 있다. 무민당이 찬한 「남명연보」은 원래 중요한 일이 있었을 때만 그 해와 나이를 아울러 적고, 그렇지 못한 해에는 남명에 관한 아무런 기록도 없는 조략한 형태로 된 것이었다. 『산해사우연원록』은 남명 조식의 사우록으로서 인조년간에 무민당에 의해 편찬된 것이다. 이『산해사우연원록』은 무민당의 사후 수년, 강대수(姜大遂, 字 學顔, 號 寒沙; 1591~1658)의 원장 재임 기간 중 덕천서원을 중심으로 이 작업이 추진되고 있었다. 『산해사우연원록』은 성순(成錞, 字 而振, 號 川齋, 1590~ 1659; 浮査 成汝信의 第四子이자 凌虛 朴敏의 사위)의 『천재유고(川齋遺稿)』에 수록된 「행장(行狀)」, 「묘갈명(墓碣銘)」 등에 하겸재(河謙齋) 및 제현과 더불어 이 「사우록」을 수교하여 입재(入梓)했다(『謙齋集』「사우문도록」成而振條)는 기록이 보이며, 박무민당(朴无悶堂), 하겸재(河謙齋), 조윤송(趙潤松) 등이 『남명집』 및 『학기유편』을 논정하기도 하였다(『德川師友淵源錄』 권6의 崔絅條)고 한다. 무민당의 임종을 지켜본 정훤은 무민당이 졸한 다음해에 찬한 「재제박백화문(再祭朴伯和文)」(『學圃集』 卷4)에는 무민당의 문집 및 유저인『산해사우연원록』의 간행이 논의되고 있었으나 좌절되었다고 한다.「제문」에서는 무민당의 몰후 19년째인 효종 9년에 그를 제향하는 용연향사(龍淵鄕祠)의 건립이 시도될 무렵부터 현종 10년, 숙종 17년에 걸쳐 무민당의 정치적 입장, 혹은 소속당파에 관한 평가를 둘러싼 대립이 통문전과 관부(官府)의 소지전(所志戰: 歡願書)의 양상으로 발전하게 되었다. 숙종 17년의 경우에는 용연서원의 사액소청이 저지되고 그 소두인(疏頭人)이 삭적의 처분을 당하기에 이르렀다.『무민당집』의 별집 권2에 있는「언행총록」이 문집 권5의 부록에도 있으며, 여기에 수록된 내용은 대부분 문집의 부록 등에서 절취해 온 것이다. 그리고 보면, 별집 권2는 그 내용의 대부분이 문집의 권5 등과 중복되고 있다. 이것은 결국 무민당의『산해사우연원록』이 남명별집의 형태로 간행되기는 했지만, 일반적인 문집의 별집과는 그 성격이 매우 다르므로, 독립적인 저술로서의 원래 형태를 유지하여 별행본으로서도 통행될 수 있도록 배려하였음을 나타낸다. 필사본인『산해사우연원록』의 권2는「남명조선생」편으로 되어 있고, 여기에는 김동강(金東岡)이 찬한「행장」과 성대곡(成大谷)의「묘비문」, 그리고 무민당의「언행총록」과「붕우서술」이 차례로 수록되어 있으며, 별집에 이르러서는「행장」과「묘비문」이 허미수(許眉叟)와 조용주(趙龍洲)의「신도비문」및 정동계에 의한 학기「발문」으로 대체되었다. 무민당을 비판하는 측이 그에게 가한 죄목은 한결같이 광해군 때 대북에 동조하여 오현의 종사를 반대했다(『卞誣錄』所收 儒生呈書)는 것이었다. 무민당처럼 내암의 문도로부터 출문의 처분을 당한 인물에 있어서조차 그 이전의 남인과 대립했던 전력이 오랫동안 문제시되고 있음은 그것이 『산해사우연원록』의 출판이 지연된 배경을 이루고 있을 뿐 아니라, 인조반정 이후 남명학파의 해체 내지 전반적인 남인화가 불가피했던 사정을 시사해 주고 있다. 무민당은 당시 남명에 관한 불리한 시대, 정치적 상황과 건강의 악화에도 불구하고 대체적으로 사실의 객관적 기술을 위해 노력하였다. 대북정권이 몰락하자 대북의 허물을 그들이 존숭한 남명의 학문내용에까지 추급해서 이것을 폄하하는 분위기가 조성됨에 따라 남명의 연원가에서 조차 자신들의 父祖 혹은 師門이 남명의 학통인 것을 감추려는 경향이 나타났다. 그리고 이후 남명학파의 잔여세력들은 학파의 연원을 내암의 관련기사나 이름을 문집에서 삭제하기에 바빴으며, 당시 남인적인 시각에서 좌, 우도의 대립에 관련된 민감한 부분을 가능한한 삭제 혹은 축소하여 초고의 모습을 변질시키고 있었음을 부정할 수 없을 것이다.

55) 겸재(謙齋) 하홍도(河弘度, 1593-1666)

본관은 진양(晉陽)이다. 자는 중원(重遠), 호는 겸재(謙齋)이다. 하홍도의 고조할아버지는 승훈랑을 지낸 하보용(河保溶)이며, 증조할아버지는 참봉을 지낸 하철부(河哲夫)이고, 할아버지는 봉직랑을 지낸 하무제(河無際)이다. 아버지는 하광국(河光國)으로, 자는 군빈(君賓)이다. 어머니는 이광우(李光友)의 딸인 합천 이씨이다. 부인은 권극의(權克義)의 딸인 안동 권씨로, 사이에 1남 2녀를 두었다. 아들 하한남(河漢南)이 요절하여 하진(河溍)의 손자 하영(河泳)을 양자로 들였다. 모한재에서 강학 하홍도는 1593년(선조 26) 경상도 진주 안계[현 경상남도 하동군 옥종면 안계리]에서 태어났다. 임진왜란 중에 태어난지라 부모를 따라 전라도 남원과 석성(石城) 등지로 피난을 다니다가 9세 때 비로소 고향으로 돌아왔다. 10세 때 처음으로 『소학(小學)』을 배우기 시작했고, 12~13세 때 도를 구하는 데 뜻을 두었다. 광해군 말년에 정치가 어지러워지자 과거 공부를 그만두고 자신의 수양에 힘썼다. 하홍도는 송정(松亭) 하수일(河受一, 1553-1612)에게 수학했는데, 하수일은 조식의 제자인 각재(覺齋) 하항(河沆, 1538-1590)에게 배웠다. 하홍도는 조식으로부터 하항과 하수일에게 내려온 남명학의 핵심을 전수받아 후대에 이어지도록 하는 중요한 역할을 담당하였다. 31세 때 산수가 아름다운 곳에 서재를 짓고 이름을 '경승재(敬勝齋)'라 하였다. 이곳에서 동생 하홍달(河弘達)과 경전의 의리를 강설하고 예문을 상고하며 성리학의 이치를 밝힌 것이 많았다. 또한 사림산(士林山) 밑에 '모한재(慕寒齋)'를 짓고는 하홍달과 함께 그곳에서 강학을 하였는데, 주자의 「백록동학규(白鹿洞學規)」, 정자(程子)의 「사물잠(四勿箴)」, 주자의 「경재잠(敬齋箴)」을 벽에 걸어 두고 학문의 방도로 삼았다. 하홍도의 학문은 설창(雪牕) 하철(河澈, 1635-1704)과 삼함재(三緘齋) 김명겸(金命兼, 1635-1689)을 거쳐 주담(珠潭) 김성운(金聖運, 1673-1730)과 지명당(知命堂) 하세응(河世應, 1671-1727)에게 이어졌다.

그의 활동은 크게 두 가지로 요약할 수 있다. 첫째는 남명학을 계승하여 그 정신을 실천하고 보급하는 데 주력한 것이다. 그는 20세 때 덕천서원에 들어가 『남명선생학기』를 교정하였으며, 이듬 해 하진(河溍)과 덕천서원에서 『남명선생문집』을 교정하였다. 이를 보면 젊은 나이에 이미 문명이 있었음을 알 수 있으며, 남명학의 계승에 주도적이었음을 알 수 있다. 또 20세 이후 하진, 신상용(申尙溶), 이배근(李培根), 문후(文後), 이정(李瀞), 하증(河憕), 성호정(成好正), 정훤(鄭暄), 정외(鄭頠) 등 경상우도 주요 인사들과 교유하였고, 그들과 함께 남명학과 남명 정신을 계승하는 데 주도적 역할을 하였다. 둘째는 17세기 경상우도 지역의 정신적 지주로서 교육과 풍속을 순화시키는 역할을 담당하였다는 점이다. 하홍도는 17세기 경상우도 지역에서 '남명 이후 제일인자'로 추앙될 정도로 학덕이 높았다. 그래서 현직 관찰사와 목사가 직접 찾아와 학문과 사무를 물을 정도였다. 또한 인근의 학자들이 수시로 찾아와 학문과 관련해 의문 나는 점을 질의하였다. 이를 통해 볼때 17세기 남명학파의 정신적 지주였음을 알 수 있다. 1645년 유일(遺逸)로 천거되어 건원릉참봉에 제수되었으나 나아가지 않았다. 이후 여러 차례 참봉, 교관, 현감 등에 제수되었으나 끝내 나아가지 않았다. 1662년(현종 3) 현종이 곡물을 하사하자, 상소하여 사은하고서 아홉 가지 일을 건의하기도 하였다. 1666년(현종 7) 5월 6일 74세를 일기로 세상을 떠났다. 하홍도의 학문은 한 마디로 '겸사상(謙思想)'이라 할 수 있다. 그가 존경하고 사숙한 남명 조식(南冥 曺植)은 공자가 『주역(周易)』에서 "경으로써 안을 곧게 하고 의로써 바깥을 방정하게 한다[敬以直內 義以方外]"고 한 말을 사상적 근거로 하여, "내면을 밝히는 것은 경이고, 외적인 일을 처단할 적에는 의에 따른다[內明者敬 外斷者義]"고 자기 철학을 재정립하였다. 이것이 바로 남명학의 요체라고 하는 경의(敬義)이다. 하홍도는 공자로부터 정자, 주자, 남명을 거쳐 내려온 심성수양의 요지를 '겸(謙)'으로 다시 자기화하였다. 그래서 그의 사상은 한 마디로 겸(謙)에 있다고 할 수 있다. 그는 이러한 자신의 사상을 「겸괘도(謙卦圖)」에 정리해 놓았는데, 그 속에 담긴 정신은 주자의 「백록동학규」, 정자의 「사물잠」, 진백(陳柏)의 「숙흥야매잠(夙興夜寐箴)」, 주자의 「경재잠」을 바탕으로 하고, 그 위에 조식의 '내명자경 외단자의(內明者敬 外斷者義)'의 경의사상을 근간으로 한 것이다. 하홍도는 또한 역행(力行)을 특별히 강조하여 심성 수양의 실천적인 측면을 중시하였다. 그래서 관혼상제의 예를 매우 중시하였는데, 여자들이 성년이 되면 거행하던 계례(笄禮)를 당시 아무도 행하지 않았으나 하홍도의 집에서만은 이 계례를 행했다고 하는 데서 단적으로 알 수 있다. 저서로 목록, 별집, 원집의 12권 합 6책의 『겸재집(謙齋集)』이 있다. 이익(李瀷)은 「겸재집서(謙齋集序)」에서 "일찍이 겸재라 자호하고, 「지산육획도(地山六劃圖)」을 그려 걸어 두고서 비목(卑牧)으로 최초의 공정을 삼았다."고 하였다. 자호를 '겸(謙)'으로 한 것은 자신의 사상을 겸(謙)으로 정립한 것을 의미한다. 「지산육획도」은 『주역』의 겸괘를 말한다. '비목'은 『주역』 겸괘 초육효(初六爻) 효사에 "겸손하고 겸손한 군자는 자신을 낮추어서 스스로 자신의 덕을 기른다[謙謙君子 卑以自牧也]."에서 취한 말이다. 이를 보면, 하홍도는 남명의 경의학을 계승하면서 보다 구체적인 실천 방안으로서 겸사상을 정립한 것을 알 수 있다.

56) 태계(台溪) 하진(河溍, 1597-1658)

본관은 진양이다. 자는 진백(晉伯), 호는 태계(台溪). 대사간 하결(河

潔)의 후손이다. 1624년(인조 2) 진사에 급제하였고, 1633년 증광문과에 갑과로 급제하여 사재감직장(司宰監直長)에 제수되었으나 부모봉양을 이유로 취임하지 않았다. 1636년 병자호란이 터지자 의병장에 추대되어 상주지방에 이르렀을 때 아버지의 상을 당하여 성태동의 집으로 되돌아왔다. 효성이 지극하였고 관후한 성품으로 직언을 잘 하였다. 3년 상을 마친 뒤에 병조의 낭관(郎官)이 되었고 정언, 헌납, 지평 등 청직을 두루 거친 뒤 어머니의 상을 입어 벼슬길을 떠났다. 효종 즉위년인 1649년에 다시 지평 벼슬에 올라 김자점의 전형을 논박하고 물러났다. 그 뒤 다시 지평(持平), 장령(掌令), 집의(執義) 등에 연이어 임명되었으나 병을 핑계 삼아 끝내 취임하지 않았다. 『진양속지(晉陽續誌)』권4 「문과조(文科條)」과 『증보진양속지(增補晉陽續誌)』에 관련 기록이 남아 있다.

57) 설창(雪窓) 하철(河澈, 1635-1704)

본관은 진양(晉陽)이다. 자는 백응(伯應), 호는 설총(雪聰) 또는 설창(雪窓)이다. 조선 중기 진주지역의 학자로 이름이 높았던 겸재(謙齋) 하홍도(河弘度)가 큰아버지이고, 하홍달(河弘達)이 부친이다. 어려서부터 백부 하홍도 밑에서 수학하였다. 천성이 총명하여 겸재의 기대를 한 몸에 받았다. 17세 때 연이어 부모상을 당해 극진한 예로써 장사와 제사를 받들고, 상복을 벗고 말하기를 "부모가 계시지 않는데 무슨 마음으로 과거 공부를 하겠는가. 과거보는 곳은 예의와 양보가 있는 곳이 아니니 군자가 마땅히 들어갈 곳이 못된다." 하고는 고향에서 경서 공부에 몰두했다. 평생 하홍도의 곁을 한시도 떠나지 않았는데, 하홍도가 중풍에 걸려 거동이 자유롭지 못하자 곁에서 시중을 들고, 손님이 오면 하루 종일 모시고 서 있기도 했다. 하홍도가 세상을 떠나자 서원을 건립하고 비석을 세우는 일을 몸소 했으며, 유고가 불에 타 문집을 만들 수 없는 처지였는데도 사방으로 수습해 마침내 하홍도의 문집을 발간하기도 했다. 학문에 조예가 깊을 뿐만 아니라 활쏘기 등 무예에도 남다른 재주를 가지고 있었으나, 벼슬보다는 학문 정진에 더 뜻을 두었다. 정승 최석정, 관찰사 민창도 등이 모두 조정에 천거를 했으나 윤허를 받지 못했다. 만년에 작은 정자를 짓고 수양하는 곳으로 삼았으니, 당시 사람들이 높여 말하기를 '설창선생'이라고 했다. 문집으로 『설창문집(雪牕文集)』 2권 1책이 있다.

58) 갈암(葛庵) 이현일(李玄逸, 1627-1704)

본관은 재령(載寧)이다. 자는 익승(翼升), 호는 갈암(葛庵)이다. 증조할아버지는 이은보(李殷輔)이며, 할아버지는 현감 이함(李涵), 아버지는 증 이조판서(贈吏曹判書) 이시명(李時明)이다. 어머니는 안동장씨 장흥효(張興孝)의 딸 장계향(張桂香)이다. 부인은 무안박씨(務安朴氏) 박륵(朴玏)의 딸이다. 그는 숙종 연간 퇴계학파를 이끌었으며, 정치적으로는 남인(南人)의 산림(山林)으로 추앙받았다. 그러나 당쟁의 여파 속에 갑술환국 이후 명의죄인(名義罪人)으로 낙인찍히며 정치적 고초를 당하였다. 그는 1627년에 경상도 영해도호부(寧海都護府) 인량리(仁良里)에서 태어났다. 9세 때 「영화왕(詠花王)」이라는 시를 짓자 사람들이 이현일이 훗날 왕을 잘 보필할 것이라고 하였다. 아버지 이시명을 따라 가학을 익혔으며 형들에게 학문을 배웠는데, 특히 중형(仲兄) 이휘일(李徽逸)을 따라 독서하였다. 20세 때 진사시에 입격하였으나 시제(試題)가 시휘(時諱)를 범하였다고 파방(罷榜)되었고, 22세 때 성시(省試)에서 떨어진 뒤로 과업을 그만두었다. 효종이 승하한 뒤 조정에서 송시열(宋時烈)의 예설(禮說)을 채택하였다. 이에 1666년 영남 유림들이 상소를 준비하며 글짓기를 청하자 '복제소(服制疏)'를 지었다. 이때부터 영남을 대표하는 학자로 떠올랐다. 1674년 숙종 즉위 후 남인이 집권하자 영릉참봉(寧陵參奉), 장악원주부(掌樂院主簿), 공조좌랑(工曹佐郎) 등에 제수되었으나 조정에 오래 머무르지 않았다. 1680년 남인이 실각한 뒤에는 학문에 침잠하였다. 1689년에 기사환국으로 남인이 집권하자 영남남인을 대표하는 학자로 조정에 출사하였다. 성균관 사업을 시작으로 공조참의, 이조참의, 성균관좨주, 이조참판, 대사헌 등을 역임하고 이조판서에까지 올랐으며, 경연에 참여하였다. 그러나 1694년 갑술환국으로 남인이 실각하자 정치적 시련이 다가왔다. 당시 이현일은 이조판서로 있었는데, 4월에 조사기(趙嗣基)를 구원하였다는 이유로 함경도 홍원(洪原)으로 유배되었다. 그러나 7월에 1689년에 올린 상소가 인현왕후(仁顯王后)를 모욕하였다는 혐의로 다시 서울로 와 국문을 받고 함경도 종성(鍾城)에 위리안치(圍籬安置)되었다. 이 혐의로 인해 이현일은 노론 측에 의해 명의죄인(名義罪人)으로 낙인찍혔다. 3년 뒤인 1697년에 고향과 좀 더 가까운 전라도 광양(光陽)으로 이배(移配)되었고, 74세 때인 1700년에 유배에서 풀려났다. 이후 안동의 금소[지금의 경상북도 안동시 임하면 금수리]에 거처를 정하고 후학을 양성하다가 1704년에 사망하였다. 이현일은 외할아버지 경당(敬堂) 장흥효(張興孝)와 중형인 이휘일에게 퇴계학맥을 이어받았다. 이현일은 퇴계(退溪) 이황(李滉)의 '이기호발설((理氣互發說)'을 옹호하고 「율곡사단칠정서변(栗谷四端七情書辨)」 등을 통해 이이의 학설을 배격하였다. 이를 바탕으로 영남 남인의 학설을 퇴계의 설로 완전히 규합하였다. 이현일은 300명이 넘는 제자들을 키워냈고, 이후 이 학맥은 '이재(李栽)-이상정(李象靖)-류치명(柳致明)'을 중심으로 이어지면서 영남학파의 대종을 이루었다. 이현일은 형 이휘일과 함께 『서경(書經)』 「홍범(洪範)」 편의 주석서인 『홍범연의(洪範衍義)』를 편찬하였다. 이현일의 유문(遺文)은 아들이자 제자인 이재가 수합하였다. 그러나 이현일의 정치적 부침이 사후에도 계속되면서 문집 출간은 계속 미루어졌다. 제자인 이재, 권두경(權斗經), 이광정(李光庭) 등이 정리한 본을 후에 김성탁(金聖鐸)이 교정하였고, 이현일 사후 100년이 지난 1810년에 후손인 이광진(李光振), 이상채(李相采) 등이 영해에서 간행하였다. 그러나 이 판본은 죄인의 문집을 사사로이 간행하였다는 이유로 파판(破板)되고 주관한 사람들은 유배에 처해졌다. 문집은 이현일 관작이 회복된 1909년에 중간되었고, 이후 속집까지 편찬되었다. 이렇게 완성된 『갈암집(葛庵集)』은 본집 29권 15책, 별집 6권 3책, 부록 5권 3책으로 총 40권 21책이다. 이현일은 경북 영덕 출신이지만 경남 유학에 미친 영향이 지대하므로 수록했다.

59) 서계(西溪) 박태무(朴泰茂, 1677-1726)

　　본관은 태안(泰安)이다. 자는 춘경(春卿). 호는 서계(西溪)이다. 능허(凌
虛) 박민(朴敏)의 증손으로, 아버지는 황해도수군절도사를 지낸 박창윤
(朴昌潤)이며, 어머니는 진주하씨(晋州河氏)로 하달영(河達永)의 딸이다.
『영남인물고(嶺南人物考)』에 의하면, 1677년(숙종 3) 출생하여 1736년
(영조 12) 59세의 나이로 별세하였다. 1706년(숙종 32) 사마시에 급제하
였으나 평생 영달을 구하지 않고 학문에 전념하였다. 하정(河瀞)의 문
하에서 수학하였으며, 권두경(權斗經), 하덕망(河德望) 등과 교유하였
다. 하정의 문하에서 공부할 때 집안의 제삿날을 당하면 옆방으로 옮
겨서 종일토록 사람들과 말을 나누지 않으니, 선생이 학동들에게 말
하기를 "태무는 너희들의 사표이니, 나이 어리다고 해서 얕보거나 홀
대하지 말고 공경하여라"고 하였다 한다. 1728년(영조 4) 이인좌(李麟
佐)의 난이 일어나자 문도 수 백인을 거느리고 반군에 대항하였으며,
창고 안의 양곡 수백 석을 내어 군량으로 쓰고, 남은 재산을 다 털어서
다른 의병을 돕고 격려하였다. 집안사람들이 먹을 것이 없다고 걱정
하자 그가 태연히 이르기를 "임금이 급한데 가족 걱정을 어찌 하겠는
가?"라 하였다 한다. 그가 세상을 떠나자 고을 사람들이 모두 삼베옷
으로 복을 입었다. 시문집『서계집(西溪集)』을 비롯하여,『동유사우록
(東儒師友錄)』,『소학촬요(小學撮要)』등의 저술이 있는데,『서계집』은
1812년(순조 12) 증손 박지서(朴旨瑞)가 편집, 간행하였다.

60) 어은(漁隱) 박정신(朴挺新, 1705-1769)

본관은 태안(泰安)이다. 자는 계방(季方), 호는 어은(漁隱)이다. 능허(凌虛) 박민(朴敏)의 후예다. 진사에 합격하고 『남명연원록(南冥淵源錄)』을 교정하였다. 당시에 호걸과 문호라 일컬어졌다. 그는 묵재 김돈과 함께 『남명선생별집』의 「사우록」을 편찬하였다.

61) 성재(性齋) 허전(許傳, 1797-1886)

본관은 양천(陽川)이다. 자는 이로(以老)이며, 호는 성재(性齋)이다. 시호는 문헌(文憲)이다. 경기도 포천 출신으로 문과에 급제한 후 이조 판서에까지 올랐다. 허전이 죽은 후인 1891년(고종 28) 제자들이 경상남도 산청군 신등면에 이택당(麗澤堂)이란 재실을 세우고, 다시 1916년 그 안에 물산 영당(勿山影堂)을 지어 허전의 초상을 모셨다가 2008년 경기도 박물관에 기증하였다. 2011년 12월 23일 보물 제1728호로 지정되었고, 2021년 11월 19일 문화재청 고시에 의해 문화재 지정번호가 폐지되어 보물로 재지정되었다. 다음은 경남매일신문에서 소개된 내용이다. 성재 허전은 1864년(고종 1년) 김해도호부사로 부임하여 향약을 강론하며 유림을 모아 직접 교육을 하였다. 김해 부사로 있으면서 인재를 양성하고 선정을 펼쳤다. 허전에게 배운 인재들이 조선 말과 대한제국시기와 일제강점기에 독립운동과 김해지역의 개화와 계몽을 주도하였다. 그의 제자로 소눌 노상직과대눌 노상익이 있다. 김해 금곡리 출신의 대눌 노상익(1849-1941)과 소눌 노상직(1855-1931) 형제의 애국정신과 망국에 대한 유가적 의리의 근원은 스승인 허전으로부터 비롯되었다. 스승의 영향을 받은 형제는 침략적 외세와 그에 빌붙어 권력을 도모하는 사람들에게 항거하며 조선의 자주 독립운동을 하였다. 대눌은 1882년 대과에 합격하여 벼슬을 하다 1905년 홍문관 시강을 제수 받았으나 을사늑약을 반대하는 의미에서 낙향하였다. 일제의 감시를 피해 1911년 11월 서간도로 망명을 떠났다. 망명지에서도 대눌은 일제의 감시로부터 자유롭지 않았다. 그의 망명은 망국에 대한 유가적 의리를 실천하고 지조를 지키는 데 있었다. 소눌 노상직도 1개월 뒤 형 대눌이 있는 만주 안동현으로 가서 독립운동을 하였다. 11살에 형과 함께 김해부사로 부임한 허전에게 수학을 시작한 후 21년 동안 문하를 떠나지 않았다. 소눌은 1919년에 3·1만세운동의 주동에서 소외됐던 전국 유림이 파리강화회의에 제출한 독립청원서의 '파리장서'에 서명해 제자 14명과 함께 옥고를 치르기도 했다. 2003년 8월에 독립운동 유공자로 건국포장을 받았다. 성재는 90년의 일생동안 관직에 있으면서도 한편으로는 학문에 정진하며 후학 양성과 많은 저술을 남겼다. 그의 학문과 사상이 담긴 문집은 원집(原集) 33권, 속집(續集) 6권, 부록(附錄) 6권 등 45권이 전한다. 단행본으로는 사의(士儀), 사의절요(士儀節要), 철명편(哲命篇)등 9권이 전한다. 성재는 퇴계 이황-한강 정구-미수 허목-성호 이익-순암 안정복-하려 황덕길로 이어지는 기호남인의 학맥을 계승했다. 그는 경기 출신이지만, 경남 유학에 끼친 영향이 지대하여 수록했다.

5부

개화기의 남명사상

V. 개화기의 남명사상

크게 위축되어있던 경남지역의 유학은 19세기 중엽 이후 다시 부흥하게 된다. 한강 정구로부터 미수 허목으로 전해진 학문을 이어받은 기호남인의 영수 성재(性齋) 허전(許傳, 1797-1886)과, 학봉(鶴峯) 김성일(金誠一, 1538-1593)로부터 갈암(葛庵) 이현일(李玄逸, 1627-1704)을 거쳐서 전해진 학통을 이어받은 영남남인의 영수 정제(定齊) 유치명(柳致明, 1777-1862)의 문하에 강우지역 학자들이 대거 급문하여 성황을 이루었다. 특히 성재 허전은 1864년(고종 1) 김해부사로 부임해 향음주례를 행하고 향약을 강론하는 한편 선비들을 모아 학문을 가르쳤다. 허전의 문인으로는 삼가의 만성(晚醒) 박치복(朴致馥, 1824-1894), 단성의 물천(勿川) 김진호(金鎭祜, 1845-1908)와 단계(端磎) 김인섭(金麟燮, 1827-1903), 진주의 약헌(約軒) 하용제(河龍濟, 1854-1919)를 비롯하여 밀양의 소눌(小訥) 노상직(盧相稷, 1855-1931) 합천의 후산(厚山) 허유(許愈, 1833-1904) 창원의 물와(勿窩) 김상욱(金相頊) 등과 남명의 후손으로서 근대에 남명선양에 힘을 쏟은 복암(復庵) 조원순(曺垣淳)이 당시 경남지역의 명망 있는 인물들이다. 이 계열에서 가장 두드러진 인물은 면우(俛宇) 곽종석(郭鍾錫, 1846-1919)이다. 그 외에 노론인 노사(蘆沙) 기정진

(奇正鎭, 1798-1879)의 문인으로 삼가에 이주하여 살았던 노백헌(老栢軒) 정재규(鄭載圭, 1843-1911)와 월고(月臯) 조성가(趙性家, 1824-1904) 및 계남(溪南) 최숙민(崔淑民, 1837-1905)도 있었다. 또한 심재(深齋) 조긍섭(曺兢燮, 1873-1933)의 역할도 상당히 강하게 남아 있다.

위에서 언급한 인물들은 대개 그 당시 또 한 차례 수정의 필요성이 제기되었던 『남명집』의 편찬과 밀접한 연관이 있다. 이때 강우지역 유림의 중요한 동향 중 하나는 남명에 대한 선양사업이었다. 대원군의 서원철폐령으로 남명을 배향한 세 서원이 모두 훼철된 상태에서 곧이어 서원이 아니라 산해정과 뇌룡정 등의 복원이 이루어진 것이다. 이 일에는 남인뿐만 아니라, 노론도 동참하는 상황이어서 노백헌 정재규와 같은 인물이 대단히 적극적이었다. 그 이전인 1818년에는 남인과 노론이 연합하여 덕산의 산천재도 복원하였고, 같은 해에 김해 신산서원 옆에는 산해정도 중건하였다. 일제강점기에 들어서는 1921년에 덕천서원의 경의당이 복원되기도 하였다.

한편, 일제강점기 중 경남에서는 유교부흥을 위한 독특한 움직임이 있었으니, 바로 1920년대에 진주지역(단성)에서 일어난 공자교[18] 운동이 그것이다. 공자교는 그 연원이 다소 복잡하지만 실질적으로는 진암(眞庵) 이병헌(李炳憲, 1870-1940)이 주도하였고, 나중에는 산청군 단성면에 있는 배산서당(培山書堂)이 중심이 되었다. 그는 1919년 『유

---

18) 공자의 가르침으로 세계질서를 회복할 수 있다는 신념에서 1898년 청나라의 캉유웨이[康有爲]는 무술변법(戊戌變法)을 주도하면서 유교를 국교화하려 하였고, 기독교의 교회조직을 본받아 1907년 공교회(孔敎會)를 조직하였다. 전통사회에서 교화의 중심소임을 맡았던 유교가 서양 근대문물의 도입과 더불어 급변하는 사회현실에 자주적으로 대응하기 위한 자기개혁을 전개하는 과정에서 이 운동이 일어났다.

교복원론(儒教復原論)』을 저술하여 공자교 이념을 체계적으로 정리하고, 1923년에는 중국 공교회로부터 배산서당이 한국지부로 인정받았다. 이병헌의 공자교운동은 중국의 캉유웨이[康有爲] 등과 연대하여 시작한 유교 종교화운동을 핵심으로 하였다. 그는 유교를 하나의 종교로 규정하면서 유교는 서양의 종교가 지닌 기능을 가지고 있을 뿐만 아니라 과학과 철학까지 포함한 최고의 진리임을 주장하였다. 그러나 공자교는 혁신적인 유교지식층의 일부의 동조를 받았으나, 보수적 유림의 반대와 유교를 사회교화기관으로 축소시키려는 일제총독부의 종교정책에 부딪혀 끝내 뿌리를 내리지 못하고 1930년 이후 점차 쇠퇴하여 사라졌다. 다만, 오늘날 산청군 단성면에는 배산서당이 배산서원으로 이름을 바꾸고서 역사의 흔적으로 남아 있다. 배산서당의 현판은 캉유웨이의 친필 글씨이다.

이 당시까지 강우지역에서 유학자의 가문으로서 그 명맥을 유지해온 집안이 더러 있다. 물론 대학자라고 평하기에는 무리가 있지만 가학의 전통을 이어 강우유맥을 이어온 집안 몇몇을 거론하면 다음과 같다. 단목의 하진보 가문, 산청의 당암 강익문 가문, 원당의 안분당 권규 가문, 단계의 동계 권도 가문, 단성의 청향당 이원 가문과 죽각 이광우 가문 및 매월당 이하생 가문, 수곡의 각재 하항 가문, 함양의 옥계 노진 가문, 진양의 부사 성여신 가문 등이 대표적이라고 할 수 있다.

구한말 강우지역 유학의 종장이라고 할 수 있는 인물은 바로 곽종석이다. '파리장서운동'19)을 주도한 면우 곽종석은 당시의 유림을 대표하는 인물로 산청군 단성면에서 태어났다. 25세 때 한주(寒州) 이진상(李震相, 1818-1886)의 문하에 들어간 뒤로는 '심즉리설(心卽理說)'이 더욱 심화되었다. 주로 도덕성의 회복과 사회 기강의 확립으로 내수 자강하여 대외적으로도 국권을 확립해야 한다는 논리였다. 이에 고종의 감복을 얻어 곧 의정부 참찬에 임명되고 증조부 이하 삼세(三世) 추존까지 있었다. 그 뒤 영남은 물론 호남의 전우(田愚)와 기정진(奇正鎭), 기호의 이항로(李恒老), 김복한(金福漢) 등 유학자들 또 양명학계의 황원(黃瑗)과 개성 출신 김택영(金澤榮) 등과도 교유하였으며, 그리스 철학과 기독교 교리까지 탐구하면서 심즉리설을 발전시켜갔다. 이러한 가운데 학자적 명성은 더욱 널리 알려졌고, 따라서 파리장서운동 때 137인의 대표로 추대된 것이다. 그로 말미암아 2년형의 옥고를 겪던 중 옥사 직전에 병보석으로 나왔으나 여독으로 곧 죽었다. 면우 곽종석의 문인으로는 회봉 하겸진, 당천 이한룡, 낭산 이존후, 성와 이인재, 심산(心山) 김창숙(金昌淑), 중재 김황 등이 있다.

면우의 뒤를 회봉(晦峰) 하겸진(河謙鎭, 1870-1946)이 이었고, 그 뒤의 맥을 잇는 유학자는 중재(重齋) 김황(金榥, 1896-1978)이 있다. 김황은 경상남도 의령(宜寧) 어촌리에서 출생하였고, 1910년 국권이 피탈되자 아버지를 따라 경상남도 산청군 황매산(黃梅山) 만암(晩巖)이라는 산골로 이사하여 독서에 전념하였다. 당시 한주학파의 주리학(主理學)을 대

---

19) 1919년 3·1독립운동이 일어나자 유교계에서도 곽종석(郭鍾錫), 김복한(金福漢) 등이 주도하여 프랑스 파리에서 개최된 만국강화회의에 대한민국의 독립을 청원하는 내용을 담아 장문의 서한을 보낸 것을 말한다. 이 장서는 심산 김창숙이 짚신으로 엮어서 상해 임시정부로 가져갔다. 임시정부에서는 다시 이것을 영문으로 번역하여 한문 원본과 같이 3천부씩 인쇄하여 파리강화회의는 물론 중국 그리고 국내 각지에 배포하였다. 이 사건으로 면우 곽종석을 비롯한 수많은 유림들이 체포되고 투옥되었다.

표하던 면우 곽종석의 문하에서 수학하고 문명을 떨쳐 그 학통을 계승하였다. 일제강점기에 창씨개명과 단발을 거부하고 끝까지 도학의 전통을 지키는 유종(儒宗)의 모습을 보였다.

김황 이후 경남의 유학자로는 합천의 추연(秋淵) 권용현(權龍鉉, 1899-1988)과 김해의 화재(華齋) 이우섭(李雨燮, 1931-2007) 등이 명맥을 이어왔다.

62) 정재(定齋) 유치명(柳致明, 1777-1861)

본관은 전주(全州)이다. 자는 성백(誠伯), 호는 정재(定齋)이다. 아버지는 진사(進士) 유회문(柳晦文), 어머니는 교리(校理)를 지낸 이완(李埦)의 딸 한산이씨(韓山李氏), 할아버지는 생원(生員) 유성휴(柳星休), 증조할아버지는 유통원(柳通源)이며, 부인은 김복구(金復久)의 딸 선산김씨(善山金氏)와 신노악(申魯岳)의 딸 평산신씨(平山申氏)이다. 유치명은 퇴계학파의 학맥을 계승한 이상정(李象靖)의 외증손이다. 그는 1777년(정조 1) 안동대도호부(安東大都護府) 소호(蘇湖)[지금의 경상북도 안동시 일직면 망호리]의 외가에서 출생하였다. 5세 때 종증조할아버지 유장원(柳長源)으로부터 글을 배우기 시작했으며, 성장해서는 이상정의 문인인 남한조(南漢朝), 정종로(鄭宗魯)에게 학문을 배웠다. 1805년(순조 5) 별시(別試) 문과에 급제한 뒤, 승문원정자(承文院正字), 성균관전적(成均館典籍), 사간원정언(司諫院正言), 사헌부지평(司憲府持平), 세자시강원문학(世子侍講院文學), 전라도장시도사(全羅道掌試都事), 홍문관교리(弘文館校理), 초산부사(楚山府使), 사간원대사간(司諫院大司諫), 한성좌윤(漢城左尹), 병조참판

(兵曹參判) 등 내외 관직을 두루 역임하였다. 그러나 1855년(철종 6) 호군(護軍) 재임 중 대사간(大司諫) 박내만(朴來萬) 등의 탄핵을 받고 지도(智島)[지금의 전라남도 신안군 지도읍]로 유배를 떠났다. 장헌세자(莊獻世子)[사도세자(思悼世子)]의 추존을 청원하는 영남만인소(嶺南萬人疏)에 연루되었기 때문이다. 유치명은 1855년 유배지에서 풀려나고, 1856년(철종 7) 가의대부(嘉義大夫)에 올랐으나 더 이상 관직에 나가지 않았다. 만년에는 고향의 만우정(晩愚亭)[지금의 경상북도 안동시 임동면 수곡리]에서 학문 연구와 후진 양성에 주력하였다. 84세인 1860년(철종 11) 동지춘추관사(同知春秋館事)에 임명되었다. 문집으로 53권 27책의 『정재집(定齋集)』이 전하며, 『예의총화(禮疑叢話)』, 『상변통고(常變通攷)』, 『주절휘요(朱節彙要)』, 『대학동자문(大學童子問)』, 『태극도해(太極圖解)』, 『가례집해(家禮輯解)』 등 다수의 예학서(禮學書)와 성리서(性理書)를 저술하였다. 유치명은 '이황(李滉)-김성일(金誠一)-장흥효(張興孝)-이현일(李玄逸)-이재(李栽)-이상정(李象靖)-남한조(南漢朝)'로 이어지는 김성일 계열 퇴계학통의 적통을 이어 받은 인물이다. 이에 안동 지역을 비롯해 청송도호부(靑松都護府)와 진보현(眞寶縣) 지역의 많은 선비들이 유치명의 문하에서 수학하였다. 옛 청송 지역에서 활동한 선비들 가운데 유치명의 문인으로는 권동벽(權東璧), 권병운(權秉運), 권봉규(權鳳奎), 권석장(權錫璋), 권석황(權錫璜), 권오규(權五奎), 김응건(金應楗), 남병인(南秉仁), 남수명(南守明), 이성화(李性和), 이응협(李膺協), 서병화(徐炳華), 서성희(徐聖熙), 서효원(徐孝源), 신광호(申光浩), 신익호(申翼浩), 신종호(申鍾浩), 신진운(申晉運), 장재덕(蔣在德), 조기록(趙基祿), 심응지(沈應之), 황원수(黃元守) 등이 있다. 또한 청송 지역 선비들은 1909년 부강서당(鳧江書堂)[경

상북도 청송군 주왕산면 지리]에서 유치명의 저술인『주절휘요』를 간행하며, 유치명의 학맥을 적극적으로 계승하였다. 한편, 1895년(고종 32) 을미왜변(乙未倭變)으로 명성황후(明成皇后)가 시해되자, 전국적으로 많은 의병이 일어났다. 이에 청송 지역에서도 병신창의(丙申倡義)라 하여 1896년 청송의진(青松義陣)이 조직되었는데, 당시 의병 지도부 상당수가 유치명의 문인으로 구성되었다. 묘소는 경상북도 안동시 임동면 수곡리에 있다. 1874년(고종 11) 유치명의 학맥을 계승한 청송군의 달성서씨(達城徐氏) 일문이 주도하여 이상정(李象靖), 김종덕(金宗德), 유치명을 배향하는 부강서당을 지금의 경상북도 청송군 주왕산면 지리에 건립하였다. 그는 경북 청송 출신이지만 경남 유학에 미친 영향이 지대하므로 수록했다.

63) 한주(寒州) 이진상(李震相, 1818-1886)

본관은 성산(星山)이다. 자는 여뢰(汝雷), 호는 한주(寒洲)이다. 아버지는 이원호(李源祜)이며, 경상도 성주 한개 [大浦] 마을에서 출생하였다. 한주(寒洲) 이진상(李震相, 1818-1886)은 19세기 내우외환(內憂外患)의 격동기에 경상북도 성주에 거주하며 성리학 및 경학을 면밀히 탐구하여 방대한 저술을 남겼다. 이진상은 독자적인 이론 체계를 구축한 학설을 성립하여 자신의 학문을 계승한 한주학파를 형성하게 한 인물이다. 한주학파는 경상북도 성주를 중심으로 경상북도 서남부, 경상남도 북동부 등으로 확산되었고, 이전 시대 성리학에서 논쟁이 되었던 문제들을 치밀하게 분석하여 자신들의 사상을 구축하고 국가의 위기 상황을 타개하려 노력하였다. 경상북도 성주군 월항면 대산리 성주 한개 마을은 성산 이씨(星山李氏)의 집성촌으로, 많은 이들에게 알려진 유명한 민속 마을이다. '한개'라는 이름에서 '한'은 크다는 뜻이고 '개'는 개울이나 나루를 의미하는 말이다. '한개 마을'은 한자로는 대포리(大浦里)로 쓰는데, '큰 개울', '큰 나루'를 순우리말로 쓴 것이다. 성주 한개 마을에는 '주리세가'라고 현판을 걸고, '한주', '대계(大溪)', '삼주(三洲)'라는 세 개의 편액을 현판으로 붙인 집이 자리하고 있는데, 한주 이진상의 종가이다. 이진상의 종가인 '주리세가'는 1767년(영조 43)에 지어져 지금까지 그대로 보존되고 있는 유서 깊은 집이다. 대산 동 한주 종택[경상북도 민속 문화재]은 이진상의 증조할아버지 이민검(李敏 儉)이 1767년에 건립하였고 1866년(고종 3)에 증손자 이진상이 새로 고쳐 짓고, 현재까지 보존되고 있다. 할아버지 이형진(李亨鎭)은 입재 (立齋) 정종로(鄭宗魯)의 제자로 지역의 이름 높은 학자였으며, 두 아들 한고(寒皐) 이원호(李源祜)와 응와(凝窩) 이원조(李源祚) 형제가 여기에서 태어났다. 이원호는 이진상의 아버지이고 이원조는 숙부이다. 이진상 의 아들 대계 이승희(李承熙, 1847-1916)는 아버지에 버금가는 성리학 자이며 뛰어난 독립운동가였다.

19세기 조선 사회는 대내외적으로 급변하던 시기였다. 대외적으로 는 서구 열강들이 통상을 요구하며 여러 가지 충돌을 일으키고 있었 고, 대내적으로는 외척 가문에 의한 세도 정치가 전개되면서 소수 집 단이 권력을 휘두르는 파행을 겪고 있었다. 인재 등용의 폭이 극도로 좁아진 가운데 매관매직이 성행하면서 대다수 지식인층은 관료 진출의 희망을 잃었다. 이로 인한 피해는 고스란히 하층 농민에게 옮겨갔으며 견디다 못한 농민들은 1862년(철종 13) 항쟁을 일으키게 되었고, 성주에 살던 이진상도 농민의 항쟁을 직접 목격하였다. 농민 항쟁 이후 집권한 흥선 대원군은 농민들의 요구를 일정하게 반영한 여러 시책을 마련하였다. 호포제(戶布制), 서원 철폐 등이 그 대표적인 예였다. 이로 인해 양반은 평민과 다름없이 군포 징수의 대상이 되어 특권 의식에 상처를 입었으며, 양반 지배층의 상징적인 장소인 서원이 거의 철폐되어 존립의 근거마저 위협받게 되었다. 이진상은 이러한 대내외 위기 상황에서 현실 문제를 타개하기 위해 치열한 고민을 했을 것이다. 하지만 서울에서 멀리 떨어진 성주에 사는 선비가 할 수 있는 일은 많지 않았다. 이진상은 1862년 농민 항쟁[임술 농민 항쟁]의 수습을 위해 삼정(三政)의 대책을 구하는 조정의 조처에 호응하여 자신의 개혁안을 작성해 올렸다. 또한 철폐된 서원을 서당으로 개칭하여 복구하고, 서원에서 대규모 강회(講會)나 향음주례(鄕飮酒禮) 등을 행하여 향촌의 결속을 다졌다. 이진상은 당시 국가의 중대 사안에 대해서는 어떠한 형태로든 현실에 참여하는 적극적인 자세를 보였다. 지식인으로의 시대적 책무를 다하고자 하였으며 이러한 영향은 제자들에게도 고스란히 이어졌다.

이진상은 한문을 공부하면서 다방면에 관심을 가지다가 숙부 이원조의 권유로 성리학을 탐구하기 시작하였다. 18세 때 『성명도설(性命圖說)』을 짓고 20세 때 도산서원을 참배하여 퇴계(退溪) 이황(李滉)을 사숙(私淑)하고자 하였다. 그 후 성리학을 궁구하며 이황에 대한 각종 도설(圖說)과 변증(辨證)을 지어 이론을 구축하기 시작한다. 27세부터 증광 문과 초시에 장원한 이후, 거듭 공부에 매진하다가, 30세 때에는 운곡노인(雲谷老人)이라던 주자(朱子)를 조술(祖述)하고 도산(陶山)에 살았던 퇴계를 본받겠다는 의지에서 자신의 서재를 '조운헌도재(祖雲憲陶齋)'라 이름 짓고 더욱 성리학을 연마하였다. 이진상은 학맥이나 학통에서 특별한 스승을 내세우지 않아 독자적으로 학문 체계를 세운 것으로 알려졌다. 어린 시절에는 숙부 이원조에게서 배우고, 장복추(張福樞), 이정상(李鼎相), 허훈(許薰) 등과 강론(講論)하였으며, 35세 때 퇴계 학통의 종장인 정재(定齋) 유치명(柳致明)을 만나 학문적 담론을 하였다. 40세 때 유치명의 수제자 서산(西山) 김흥락(金興洛)을 찾아가 학문을 논하기도 하였다. 이진상은 과거를 포기하고 성리학과 유학 경전 연구에 더욱 정진하여 총 89책을 저술하였다. 특히 학문을 탐구하면서도 후학을 양성하였는데, 그 명성이 널리 퍼져 많은 학자들이 그의 문하에 모였다. 이진상은 퇴계를 헌장하겠다는 학문 방향을 밝혔으나 일정한 독자 노선을 걸어 성주 지역을 중심으로 한 독립적인 학단(學團)을 열었다. 사승(師承)이나 연원에 구애되지 않고 자득을 중시하였으며, 당론에 매인 편협한 학풍을 혐오하였다. '성주'의 지역적 연고가 그의 학문적인 성향에 영향을 끼친 것으로 보인다. 성주는 한강(寒岡) 정구(鄭逑, 1543-1620)와 동강(東岡) 김우옹(金宇顒, 1540-1603)의 고향으로 이 두 사람은 모두 퇴계와 남명(南冥) 양문(兩門)에서 수학하여, 퇴계학과 남명학이 대립하지 않고 서로 교류하도록 가교 역할을 한 인물들이다. 이진상은 성주의 선배 학자들의 인격과 학문을 존중하였다. 또한 숙부 이원조 역시 이진상의 학문에 영향을 주었다. 이원조는 일찍이 관계(官界)에 진출하여 영남 학인을 비롯하여 기호의 학인들과도 접하며 지역을 초월한 학문적 성향을 보였다. 이원조는 기호 학파 학인은 '자득(自得)', 영남학파 학인은 '답습(踏襲)'을 각 학파의 특성으로 들면서, 답습하여 정채(精彩)가 없는 것보다 흠이 있지만 자득하는 것이 낫다고 하였다. 이는 이진상에게도 영향을 미치게 되는데, 이진상의 성리학이 '절충과 종합'을 추구하면서도 퇴계학파와는 일정한 차별성을 띠게 된 것이다.

「심즉리설(心卽理說)」은 이진상이 44세에 지은 글로, 자신의 성리학적 입장을 밝힌 것이다. 이진상의 심즉리설은 명칭에 있어서는 왕양명(王陽明)의 심설(心說)에서 제시한 기본 명제와 동일하게 보이나, 이진상은 자신의 '심즉리설'의 의미에 대해 심을 구성하는 리(理)와 기(氣) 속에서 근원적으로 심(心)이 리임을 밝히는 것이라 해명하였다. 자신의 학설과 왕양명의 심즉리설을 엄격히 구분하였으며, 자신이 성리학의 입장에 서 있음을 분명히 밝혔다. 이진상은 「심즉리설」에서 '심'을 돌[石]과 옥이 섞여 있는 옥의 원석에 비유하면서, 왕양명의 심즉리설은 옥에 섞여 있는 돌까지 옥이라 하는 것으로 본체와 작용을 혼동하여 기에 속하는 심의 작용까지이라 주장하는 것이니 실은 '심즉기설(心卽氣說)'이요, 자신의 심즉리설은 원석 속의 옥만을 가리켜 옥이라 하듯이 심의 본체만을 가리켜 이라 하는 것이니 진정한 의미에서 심즉리설이 되는 것이라 하여, 자신의 학설을 왕양명의 심즉리설과 엄격히 구별하고 있다. 또한 왕양명이 '기'를 '리'와 오인하였기 때문에 심즉리(心卽理)가 바로 심즉기(心卽氣)임과, 본심의 올바름은 리에 있을 뿐 기에 있지 않음으로 공자(孔子)의 '마음이 하고자 하는 바대로 하여도 법도에 어긋나지 않음[從心所欲不踰矩]'과 맹자(孟子)의 '양심(養心)'과, 정자(程子)의 '마음과 성이 모두 리[心性一理]'라는 말과, 주자의 '마음이 태극[心爲太極]'이라는 말과, '주재하는 것은 리[主宰卽理]'라는 말이 모두 리를 가지고 마음을 말한 것이니 '심즉리' 세 글자가 요결임을 밝혔다. 이진상의 성리학에 대한 해석은 영남학파의 정통적인 견해와는 차이가 있는 것으로, 이진상의 사후 영남학파 사이에 이를 둘러싸고 상당한 논란과 학문적 토론이 일어나게 되었다. 이진상의 심즉리설은 당대의 성리학계에 중요한 쟁점을 제공하였을 뿐 아니라 면우(俛宇) 곽종석(郭鍾錫), 한계(韓溪) 이승희(李承熙), 중재(重齋) 김황(金榥) 등 그의 문하에 계승되어 20세기 초반에 이르기까지 하나의 특징적 학풍으로 전승되었다. 그들은 이진상의 심즉리설에 입각하여 다른 학설을 비판하고 그들의 학설을 옹호하는 논변을 활발히 펼쳤으며, 특히 곽종석, 이승희가 심즉리설의 타당성 여부를 둘러싸고 이만인(李晩寅), 이재기(李載基)와 맞서 1886년(고종 23)부터 4년에 걸쳐 논쟁을 벌인 것은 그 대표적 예라 할 수 있다.

이진상의 나이 50세에 이르러 그 명성이 성주를 비롯한 강우(江右) 지역에 널리 퍼졌으므로 많은 학자들이 그의 문하에 모여 들었다. 53세 때인 1870년 봄에 후산(后山) 허유(許愈)에 이어 그 해 겨울에 면우 곽종석이, 1872년에 자동(紫東) 이정모(李正模)가, 1874년 홍와(弘窩) 이두훈(李斗勳)이, 1876년 교우(膠宇) 윤주하(尹冑夏)가, 1878년에 회당(晦堂) 장석영(張錫英)과 물천(勿川) 김진호(金鎭祜)가 들어오게 됨으로써 아들 이승희와 더불어 '주문팔현(洲門八賢)'이 되었고, 여기에 130여 명의 문인들로 한주학파가 성립되었다. 이진상이 자신의 성리학을 종합하여 『이학종요(理學綜要)』를 저술하였고, 이후에 제자들이 『한주문집』을 간행하였다. 이진상의 대표 저술은 간행되어 나오자 안동을 중심으로 한 퇴계 비호 세력에게 비판을 받았다. 도산서원에서 문집의 내용 중 퇴계의 주장에 반하는 내용이 있다고 하며 문집을 반송하는 일이 있었다. 이때 이진상의 제자들은 스승의 이론을 적극적으로 옹호하였고, 이후 도산서원에서 사과의 글을 보내는 것으로 일단락되었다. 그러나 이진상의 주요 저작들이 발표되어 한주학파가 학문적인 입지를 공고히 한 즈음에 한주학파의 학설은 이단으로 이해되었고, 이진상의 문인들은 성주에서 지내며 외부 활동을 자제하고 있었다. 1903년 고종이 이진상의 고제(高弟)인 곽종석을 불러 국정의 난맥상과 일제의 침탈에 대응할 방책에 대해 자문하였고, 이를 계기로 한주학파의 위상은 정치적, 학문적으로 상승하였다.

　　성주의 문인 한주 이진상의 유학을 계승한 한주학파는 일제의 조선 침탈이 시작되던 시기에도 학문적, 정치적으로 활발한 모습을 보였다. 이진상의 아들이자 제자인 이승희는 1908년 러시아 블라디보스토크로 망명하여 유인석(柳麟錫), 이상설(李相卨), 김학만(金學滿), 장지연(張志淵) 등을 만나 국외에서 독립운동을 전개하였다. 곽종석 등은 1919년 3월에 있었던 유림의 대규모 독립 청원 운동인 파리 장서 운동(巴里長書運動)을 주도하기도 하였다. 파리 장서 운동에는 곽종석과 장석영 외에 이승희의 제자인 심산(心山) 김창숙(金昌淑) 등이 주동 인물로 참여하였다. 김창숙은 성주에서 한학을 배우고, 곽종석, 이승희 등에게서 한주학파의 성리학을 수학하였다. 김창숙은 솔선수범하는 선비를 표방하며 국권 회복 운동에 투신하였다. 1906년 국채 보상 운동이 시작되자 성주에서 모은 단연금(斷煙金)을 기금으로 성주 청천서원(晴川書院)에 사립 성명(星明)학교를 설립하여 민족 교육 운동을 전개하였다. 1908년 대한협회의 지부를 성주 향사당(鄉射堂)에 설치해 활동하며 혁신적 유학자로서 구국 운동을 전개하였다.

경상북도 성주군 월항면 대산리에 있는 삼봉서원은 한주 이진상을 배향한 곳이다. 애초에 삼봉서원은 이진상이 세상을 떠난 후 제자들이 중심이 되어 1892년에 삼봉서당을 건립한 데서 시작되었다. 삼봉서원의 강당 심원당(心源堂)에는 장석영의 '상량문(上樑文)', 이승희의 '심원당기(心源堂記)', 곽종석의 '삼봉서당기(三峯書堂記)' 등 이진상의 문인이자 당대의 쟁쟁한 학자들이 쓴 현판들로 빼곡하다. 이진상 제자들의 간절한 마음으로 세워진 삼봉서당은 그의 문인들이 모여 학문을 논의하고, 국권 회복을 논의하던 장소였다. 그러나 이진상의 제자들은 독립운동으로 서당을 유지하는 데 전력할 수 없었고, 특히 이승희가 블라디보스토크로 망명하면서 삼봉서당의 기능이 약화되었고, 삼봉서당은 서원으로 승격되지 못하였다. 2016년 한주선생기념사업회의 주도로 삼봉서당은 서원의 규모를 갖추고 삼봉서원으로 재탄생하게 되었다. 한주 이진상에 대한 향사를 올리는 장소로 명맥을 이어오던 삼봉서당은 한주학파 문인들의 염원을 후학들이 이어서 삼봉서원으로 자리매김하게 된 것이다. 이제 삼봉서원은 한주 이진상의 학문 정신을 계승하고 국권 회복의 중심이 된 역사적 장소로 후대에 이어지고 있다. 이진상은 경북 성주 출신이지만 경남 유학에 미친 영향이 지대하므로 수록했다.

64) 만성(晚醒) 박치복(朴致馥, 1824-1894)

본관은 밀양(密陽)이다. 자는 훈경(薰卿)이고, 호는 만성(晚醒)이다. 출신지는 함안이다. 부친은 박준번(朴俊蕃)이고, 모친은 곽심태(郭心泰)의 딸 현풍곽씨(玄風郭氏)이다. 형은 박치윤(朴致瀰)이고, 동생은 박치회(朴致晦)이다. 정재(定齋) 유치명(柳致命)의 문하에서 수학하였다. 또 성재(性齋) 허전(許傳)이 1864년(고종 1) 김해부사(金海府使)로 부임하자, 그를 스승으로 섬기면서 성리학을 깊이 익혀 노론계 기호학파의 성리설을 받아들였다. 1860년(철종 11) 황매산(黃梅山) 기슭에 백련재(百鍊齋)를 짓고 학문에 정진하는 한편, 제자 양성에 힘썼다. 늦은 나이인 1882년(고종 19) 증광시에 진사 3등 28위로 합격하였다. 1888년(고종 25) 남명(南冥) 조식(曹植)을 문묘에 배향할 것을 상소하였다. 1890년(고종 27) 『성재집(性齋集)』과 『성재연보(性齋年譜)』를 편찬, 간행하였다. 문집으로『만성집(晚醒集)』이 전한다.

65) 월고(月皐) 조성가(趙性家, 1824-1904)

본관은 함안이다. 자는 직교(直敎)이며, 호는 월고(月皐)이다. 그는 성리학 6대가 중 한 사람인 기정진(奇正鎭) 문하에서 수학하였다. 전남 장성군 진원면 진원리에 고산서원(高山書院)이 있다. 고산서원은 우리나라 성리학 6대가의 한 사람이자 위정척사운동의 중심 인물이었던 노사(蘆沙) 기정진(奇正鎭, 1798-1879)의 학덕을 기리기 위해 지은 서원으로, 1878년 노사가 강학을 했던 담대헌(澹對軒)을 강당으로 삼아 1927년 영·호남 유림들의 공동 발의로 건립한 것이다. 사당인 고산사(高山祠)에는 노사를 주벽(主壁)으로 북쪽의 중앙에 모시고 서벽에는 북에서 남으로 석전(石田) 이최선(李最善), 동오(東塢) 조의곤(曺毅坤), 송사(松沙) 기우만(奇宇萬), 일신(日新) 정의림(鄭義林)의 신위를 모시고 동벽에는 북에서 남으로 월고(月皐) 조성가(趙性家), 신호(莘湖) 김록휴(金錄休), 노백헌(老栢軒) 정재규(鄭載圭), 대곡(大谷) 김석구(金錫龜)를 배향하고 있다. 모두 노사의 뛰어난 제자들이다. 이들 중 노사의 행장(行狀)을 지은 제자가 바로 월고 조성가이다. 일반적으로 스승의 사후에 일대기인 행장은 그의 학덕을 가장 잘 아는 사람이 짓는다는 점을 감안하면 월고는 노사의 수제자라고 할 수 있다. 월고 조성가는 하동 선비이다. 하동 회산마을(현재 옥종면 회신리)에서 태어나 옥종면 월횡리에서 살았던 선비이다. 노사의 학문을 배우기 위해 300리길을 멀다않고 달려간 유학자라고 할 수 있다. 월고의 행적을 알기 위해 월횡을 찾았으나 지금 흔적을 찾을 길 없고 회신리에 그의 묘소가 있을 뿐이다. 영남 땅에 살면서 스승을 찾아 전라도 장성까지 가서 기호학파의 학문을 계승한 월고의 흔적을 그의 고향에서는 찾기가 어렵다. 월고가 살았던 하동군 옥종면 월횡리는 예로부터 많은 명현들이 살아왔다. 진양하씨, 함안조씨, 해주정씨 집안에서 드러난 인물들이 많이 배출된 마을로 알려져 있다. 세종 때인 1434년 양정공 하경복의 아들인 회령절제사(會寧節制使) 강장공(剛莊公) 하한(河漢)이 수곡면 사곡에서 이곳으로 이주해와 300여년간 번성하였고, 월고 조성가의 증조인 조경진이

1780년경 들어와 200년 동안 문한으로 이름을 드러냈고, 농포 정문부의 후손인 월포 정광익이 1830년경 들어와 크게 번성했다고 한다. 현재 월횡에는 진양하씨 문중의 도천서당이 있어 경현사에서 양정공 외 3현을 향사하고 있고, 함안조씨 문중의 월봉서당과 서강정사 함월정이 있었으나 서당과 정사는 없어지고 함월정(涵月亭)만이 마을 앞 도덕천 가에 있다. 월횡의 함안조씨 집안의 대표적 인물은 월고(月皐) 조성가(趙性家)라고 할 수 있는데, 현재 그의 흔적이 아무데도 남아 있지 않다. 『옥종면지』에는 다음과 같이 소개돼 있다. "자는 직교(直敎)이고 호는 월고이다. 어려서부터 총명이 남보다 뛰어났다. 약관의 나이에 널리 백가의 글을 섭렵하였으며 문장은 간략하고 고졸하여 유속의 말을 익히지 않았다. 기노사 문간공(文簡公)을 사사하니 노사가 외필(猥筆)을 지어 주었다. 임인년에 기로사에 들어가서 은전으로 통정의 품계에 오르게 되었다. 고산원에 배향되었다. 월횡에 살았다." 노사의 문인으로 그의 학문을 전수받고 장성의 고산서원에 배향되어 있다고 소개하고 있다. 월고는 1824년 회산에서 동몽교관 광식(匡植)의 아들로 태어났다. 함안 조씨로 인조때 이괄의 난을 평정한 공으로 공신록권을 하사받은 익도(益道)의 5세손인 원로(元老)가 함안에서 옥종 운곡으로 이주했으며, 얼마 후 그의 아들 경진(經鎭)이 월횡으로 옮겨왔는데, 이 분이 월고의 증조이다. 조부 때 어려운 가정형편으로 회신으로 옮겨와 월고가 회신에서 태어난 것이다. 월고는 어려서 자질이 남달라 10세쯤에는 누구에게 배우지 않아도 식견이 뛰어나 마을 어른들이 칭찬을 아끼지 않았다. 공부를 배울 때는 시키지 않아도 스스로 익혀 학문에 정진했다. 약관의 나이에 경사백가(經史百家)를 이미 섭렵해 향시에 여러번 합격을 하기도 했다. 이때 마을 사람들이 월고의 높은 식견을 칭찬했으나 "이것은 내가 바라는 바가 아니다" 라고 말하며 자신을 일깨워줄 스승을 찾아 나섰다. 전라도 장성땅에 당시 기호학파의 영수인 노사 기정진이 있다는 것을 알고, 28세 때인 1851년 300리 길을 멀다 아니하고 달려가 제자의 예를 갖추었다. 노사가 300리길을 달려온 월고를 시험해 보고, 자질과 학식이 특출함을 한 눈에 알아보고 남달리 아꼈으며 이로 인해 조예가 날로 깊어 동료들이 그의 학식을 인정하면서 명성이 날로 더해갔다. 1852년 부친을 모시고 회산에서 월횡으로 옮겨와 자식의 예를 다하면서 학문에 더욱 정진했다. 1859년 스승인 노사 기정진이 월횡의 월고 조성가를 찾아왔다. 이때 월촌 하달홍, 노백헌 정재규, 계남 최숙민 등 영남 기호학파의 대표적 선비들이 자리를 같이 하여 학문을 강독했다. 1877년에는 당시 성리학의 한 학파를 형성했다고 할 수 있는 성주에 사는 한주 이진상이 남쪽으로 내려와 산청 사월리에 이르러 월고를 청해 향음주례를 마련하는 등 강회를 열었다. 이어 월고는 한주 등 이때 모인 선비들과 남해 금산에 올라 쌍홍문 등을 감상하고 시를 지어 서로를 격려했다. 월고와 한주는 비록 당색은 달랐으나 학문적인 깊이를 서로 인정하며 교유를 했던 것이다. 1883년 뛰어난 학문으로 인해 선공감역(繕工監役)의 벼슬에 천거됐다. 이때 월고는 벼슬에 뜻을 두기 보다는, 집안의 자제들과 마을의 학동들을 모아놓고 봄, 가을로 향약을 마련하고 강독을 열어 여러 가지 질문과 답변을 모아 '분서강약(汾西講約)'을 만들었으며, 강회전후에 반드시 예법을 익혔으니 율곡의 '해서강약(海西講約)'을 본받아 완성한 것이라고 할 수 있다. 월고는 사는 곳 인근 시내가 위에 정자를 짓고 '취수(取水)'라고 이름을 붙였는데, 일찍이 공자가 냇가에 물을 보고 밤낮으로 쉬지않고 흐르는 것이 학문을 하는 방법이라고 가르친 것을 본받고자 한 것이다. 1893년에는 진주목사가 월고를 도약장(都約長)으로 삼아 향교에서 고을의 자제들에게 향약을 강론토록 해 풍속을 교화시키고자 했다. 월고는 진주 뿐만 아니라 단성 신안사(新安社), 삼가 관선당(觀善堂) 등지에서도 강학을 했는데 그 명성이 자자했다. 이후로 인근고을 수령들이 부임해 오면 관리를 보내 음식을 내리고 안부를 묻고 뒤에는 수령이 몸소 방문해 고을을 다스리는 덕목 등을 자문했다. 을미년인 1895년 국모가 살해 당하는 등 변고가 일어나자 가족을 이끌고 지리산 깊은 골짜기인 중산리로 이주해 은거하면서 평생을 살고자 했다. 월고가 지리산에 있다는 소문이 나자, 그를 찾아오는 인근의 선비들의 발걸음이 끊어지지 않았다. 월고 역시 이들을 뿌리치지 못하고 교유를 했는데, 면암 최익현, 심석재 송병순, 소아 조성희, 계남 최숙민, 노백헌 정재규, 송사 기우만 등과 교제 깊었다. 이들중 계남, 노백헌, 송사 등은 동문으로 우의가 더욱 돈독했다고 한다. 하지만 배우러 오는 사람은 완곡한 말로서 돌려보내고 자신의 학문정진에 힘을 쏟았다. 월고는 당시 남명선생문집 중간의 일로 의견이 분분하자 이를 바로 잡는데 앞장섰으며, 우암이 지은 남명의 신도비를 지역 선비들이 당색을 이유로 세우기를 꺼려하자 이를 주선해 세우도록 했다. 또 환성재 하락의 문집이 간행되지 않은 것을 안타깝게 여기고 간행해 그의 충절을 세상에 널리 알렸다. 월고는 79세 때인 1902년 조정에서는 3품인 통정대부의 벼슬을 내렸고, 1904년 6월 향년 81세로 세상을 떠났다.

66) 후산(厚山) 허유(許愈, 1833-1904)

　　본관은 김해(金海)이다. 자는 퇴이(退而), 호는 후산(后山), 남려(南黎)이
다. 조부는 허국리(許國履)이고, 경상도 삼가현(三嘉縣) 오도리(吾道里)에
서 허정(許積)의 아들로 태어났다. 모친은 해주정씨(海州鄭氏)로 정산의
(鄭山毅)의 딸이다. 그는 1866년(고종 3) 34세에 의령(宜寧)의 미연서원
(嵋淵書院)에서 성재(性齋) 허전(許傳)을 만났는데, 성재는 후산을 당대의
큰 선비로 인정하였다. 그 해 겨울에 처음으로 한주(寒州) 이진상(李震
相)을 만났다. 1870년(고종 7)에 성주(星州)로 이진상을 찾아가 주리설
(主理說)의 요지를 들었으며, 사흘 동안 태극(太極), 동정(動靜), 인물성동
이(人物性同異) 등에 대해서 토론하였다. 1877년(고종 14)에 이진상이 오
도리로 후산을 방문하였고, 1894년(고종 31)에 윤주하(尹冑夏)와 이진
상이 함께 편집한 『이학종요(理學宗要)』를 삼가현의 병목서당(幷木書堂)
에서 교정하였다. 또한 한주가 남긴 시문을 성주의 대포서재(大浦書齋)
에서 교정하여 문집의 체재로 편집하였다. 1899년(고종 36)에 진주(晉
州)의 청곡사(靑谷寺)에서 『남명집(南冥集)』을 교정하였다. 1903년(고종
40)에 조정에서 선비를 우대하는 취지에서 숨은 선비를 찾아 벼슬을
내렸는데, 후산에게 경기전참봉(慶基殿參奉)을 제수하였다. 그러나 그
는 세 차례의 제수에도 불구하고 이를 받지 않았다. 1904년(고종 41)에
후산서당에서 세상을 떠나니, 향년 72세였다. 이해 6월에 후산의 서
쪽 기슭 정좌의 언덕에 장사지냈다. 허유는 38세에 한주 이진상에게
집지하고 그를 스승으로 섬겼다. 한주는 퇴계(退溪)학통의 정맥인 정
재(定齋) 유치명(柳致明)의 제자이다. 한주의 심즉리설(心卽理說)은 퇴계

의 주리론을 더욱 발전, 심화시킨 것으로, 후산의 학문은 퇴계에 잇닿아 있다. 그러므로 후산이 평생 퇴계의 학문을 존모하는 것은 당연한 현상이다. 그와 교유한 인물들은 박치복(朴致馥), 김인섭(金麟燮), 정재규(鄭載圭), 곽종석(郭鍾錫), 한주의 아들인 이승희(李承熙), 하겸락(河兼洛), 이기상(李驥相), 조성가(趙性家) 등이며 하겸진(河兼鎭), 김성탁(金聖鐸), 김기주(金基周), 이정모(李正模), 이도추(李道樞), 김창숙(金昌淑) 등이 그의 후배이다. 허유는 주리설을 정학(正學)으로 보아 평생 이를 연구, 발양하여 사람들의 심성을 바로잡아 세상을 구제하려고 노력하였다. 또 성리학자들 가운데서는 상당히 특이하게 현실문제에 대해서도 관심이 깊었고 그 대처방안도 상당히 합리적이었다. 국방 및 국가경제, 국제 관계에 이르기까지 그는 선각적인 시각을 갖고 있었다. 그 예로 소금에 대한 감세, 국가의 술의 전매에 대한 부정적인 시각, 광물질의 채취의 주장 등을 들 수 있다. 후산의 문학관은, 문장은 세상 사람들을 교화하는데 기여할 수 있는 것이라야 존재할 가치가 있다는 것이다. 교화에 아무런 도움이 되지 않는 글은 아무리 많아도 필요 없다는 생각을 가졌다. 그래서 자신도 부화한 수사를 하지 않고 간명하면서도 내용을 분명하게 전달할 수 있는 문장을 지었다. 그의 시는, 음풍농월적(吟風弄月的)인 것은 거의 없고 유교의 온유돈후(溫柔敦厚)한 시교에 바탕을 둔 자신의 성정이 자연스럽게 드러난다. 그래서 아주 화려하거나 사람을 놀라게 할 절묘한 그런 시보다는, 진실한 본성을 그대로 나타낸 충담한 작품이 많다. 후산이 남긴 시문 원고를 그 문인들이 수습하여, 후산이 죽은 지 6년 뒤인 1910년에 목판 19권 10책의 『후산선생문집(后山先生文集)』으로 간행하였다. 그로부터 55년 뒤인 1964

년에 문집에 들지 못했던 시문 원고를 정리하여 8권 2책의『후산선생문집속집(后山先生文集續集)』을 활자본으로 간행하였다. 이때 후산의 대표적인 저서인「성학십도부록(聖學十圖附錄)」도 2권 1책으로 간행되었다.

67) 심재(心齋) 조성렴(趙性濂, 1836-1886)

본관은 함안이다. 자는 낙언(洛彦), 호는 심재(心齋)이다. 조성렴은 함안군 산인면 모곡리 수동마을에서 태어났다. 19세에 향시에 합격을 했으나 문과는 급제하지 못했다. 이로부터 과거는 포기하고 자신을 수양하는 학문에 전념하였다. 1868년 모친이 병이 나자 단지(斷指)를 했으며, 상을 당해서는 3년 여막을 지켰다. 1876년 병자년에 흉년이 들자 심재는 논밭을 팔아 가난한 이웃을 구제했다. 심재의 덕망과 선행이 널리 알려져 조정에서는 통덕랑(通德郎)의 벼슬을 내렸다. 문집으로는 심재선생문집(心齋先生文集)4권2책이 전해진다. 특히, 지리산을 유람하면서 적은『두류유기(頭流遊記)』(1872)가 있다.『두류유기』의 한 소절을 적어본다.

"임신년(1872년, 고종 9년) 음력 8월 나는 두류산 유람길에 올랐다. 처중(處重) 김한영(金翰永) 군, 원실(元實) 송기필(宋基弼) 군과 더불어 20일에 산천재(山天齋)에 모여 함께하기로 약속했기 때문에 16일에 출발하였다. 황규석(黃珪錫) 군이 함께 했다. 행장을 가볍게 하고 길에 올라 말 머리를 서쪽으로 향하였다. 가을날의 기운이 맑고 들판은 널찍하니 내 마음이 어느덧 이미

반야봉(般若峰)이나 천왕봉(天王峰) 위에 있는 듯하였다. 채미정*[현 함안 군
북에 있는 생육신 "조려"의 정자]에서 점심을 먹었고 어스름이 내릴 즈음에
동산점(東山店)에 투숙하였다.

21일에, 출발하여 덕천원에 이르러서 세심정(洗心亭)에 올랐다. 잠시 동
안 머물렀다가 인하여 대포(大浦) *[현 삼장면 대포리]를 향하여 가다가 형칠
(衡七) 조원순(曺垣淳)을 방문하여 머물러 잤다.

22일에, 형칠의 집에 말을 부탁하여 짧은 지팡이를 쥐고 형칠을 따라 면
상촌 *[현 삼장면 명상부락]에 들렀다. 옛날 오덕계가 남명 선생을 가서 배알
하니, 돌아갈 때에 선생께서 20리 밖까지 나와 전별연을 해 주시므로 오덕계
가 취하여 이 마을을 지나다가 말에서 떨어져 그 얼굴을 상하였으므로 뒷날
사람들이 이 마을의 이름을 '면상리'라고 하였다. 돌아보며 배회하다 보니
당시의 풍취(風趣)를 상상할 만하다. 형칠과 이별하고 앞으로 나아가 평촌*
[현 삼장면 평촌리]에 이르러 점심을 먹고는 장차 대원암(大源庵) *[현 대원
사]을 향하여 가는데 좌우에 울창한 숲, 커다란 대나무, 위태로운 바위, 커다
란 돌이 있었다. 한 줄기 푸른 시냇물이 돌 사이에서 흘러나오는데, 혹 느리
게 혹 빠르게 흐르기도 하고, 혹 모이기도 혹 여울을 이루기도 하면서 거센
소리를 내기도 옥 같은 소리를 내기도 시원한 소리를 내기도 하는 소리가 귀
에 그치지 않았다."

68) 계남(溪南) 최숙민(崔淑民, 1837-1905)

본관은 전주(全州)이다. 처음의 자는 원칙(元則)이었으나 뒤에 이름
을 바꾸면서 치장(穉章)이라 했다. 하지만 처음의 자가 널리 알려져 그
대로 썼다. 호는 계남(溪南), 초명은 최유민(崔有民)이다. 최숙민(崔琡民)
의 가계는 8대조 모산공(茅山公) 최기필(崔琦弼)을 파조로 하여 '모산공
파'라고 한다. 최기필은 1593년(선조 26) 진주성 2차 전투 때 가솔 60

여 명을 거느리고 진주성에 들어가 병사 최경회와 함께 싸우다 순절하여 창렬사(彰烈祠)에 제향되었다. 7대조 할아버지는 명나라가 망하자 스스로 자신의 호를 '대명처사(大明處士)'라고 한 최익(崔瀷)이다. 아버지는 최중길(崔重吉)이고, 어머니는 하덕망(河德望)의 손녀로 진양 하씨(晉陽河氏)이다. 부인은 권사길(權思吉)의 딸인 안동 권씨(安東權氏)다. 1남 4녀를 두었는데, 아들은 최제효(崔濟斅)이고, 딸들은 권재순(權載純), 박해봉(朴海奉), 권태용(權泰容), 정홍규(鄭洪圭)에게 시집갔다. 노사 기정진에게 수학하였다. 최숙민은 1837년 3월 16일에 태어났다. 어려서부터 비범하여 성년이 되기도 전에 경전과 역사서를 대략 섭렵하였다. 20세 때 과거 시험에 응시하여 한양에 갔는데, 선비들의 풍속이 예전 같지 않은 것을 보고서 과거를 보지 않고 귀향하였다. 그 뒤 과거를 단념하고 위기지학(爲己之學)에 전념하였다. 몇 년 동안 독학을 하다가 스승을 구해야 한다는 생각이 들어 명유(名儒)들을 두루 방문했다. 그리고 당색은 다르지만 기정진(奇正鎭)의 문하생이 되었다. 그는 뒤에 김평묵(金平默), 최익현(崔益鉉) 등 화서학파 학자들과 교유하였다. 계남정에서의 강학과 삭발령 반대 최숙민의 활동은 크게 두 가지로 정리할 수 있다. 첫째는 『진양지(晉陽誌)』 인물 조에 기술되어 있듯이, 유학의 도가 무너져 가는 시대에 후생을 장려하고 진취시키는 교육을 자신의 책임으로 여겼다는 점이다. 그는 계남정(溪南亭)에서 강학한 것은 물론, 인근 지역의 강회에 참석해서 강의를 하기도 하였다. 산청의 강약(講約)은 권운환(權雲煥)이 청해 강의를 부탁하였고, 산천재의 강규(講規)는 최숙민이 남명의 후손들을 위해 만든 것이다. 또 정의림(鄭義林)과 구례 종산(鍾山)에서 모여 강학하기로 약속하였고, 뇌룡정, 신안사

(新安社)에서도 강의하였다. 그리하여 이름이 나서 경전을 들고 배우러 찾아오는 사람들이 많았다. 둘째는 유교의 도를 목숨보다 더 소중하게 생각하여 죽음을 무릅쓰고 지키려 했다는 점이다. 1896년(고종 33) 삭발령이 내렸을 때 "부모가 온전히 낳아 준 신체를 훼손하면 자식이 아니다. 선왕이 대대로 지키던 법복을 바꾸면 사람이 아니다. 자식이 아니면 적일 뿐이고, 사람이 아니면 짐승일 뿐이다."라고 하면서 죽을 지언정 삭발을 할 수 없다고 항거하였다. 한글로 글을 지어 무지한 백성들에게도 그 사실을 깨우쳐 주므로 백성들이 삭발령을 따르지 않자, 단성현감은 최숙민이 그가 사주한 일로 여겨 해를 끼치려 하였다. 이는 노사학파 학자들에게서 한결같이 나타나는 도를 지키려고 하는 시대적 위기의식이었다. 말년에 자옥산(紫玉山) 남쪽 골짜기에 서당을 짓고 머물며 강학하다 1905년 11월 28일 신시에 69세를 일기로 별세하였다. 최숙민의 성리사상은 스승 기정진의 주리설을 계승하여 그와 같은 맥락에서 전개되었다. 그런데 최숙민은 경상우도 지역에 살면서 자연스럽게 남명학의 실천을 중시하는 학문 성향을 체득하였고, 또 그가 살던 시대가 유학의 도가 없어져 가는 절망의 시대였기 때문에 특히 도덕적 실천을 중시하는 학문 성향을 보이고 있다. 그는 약관의 나이가 되기도 전에 구도의 마음을 가졌다. 그래서 안회(顔回)처럼 존심양성(存心養性)하는 데 뜻을 두었고, 학문은 증자(曾子)처럼 성찰을 중시하였다. 그는 이처럼 실천을 중시하는 성향을 가지면서도 궁리(窮理)를 소홀히 하지 않아 거경(居敬)과 궁리를 상수(相須)해야 한다고 하였다. 최숙민은 스승 기정진으로부터 『논어(論語)』를 열심히 읽으라는 말을 듣고 4년 동안 읽어서 『논어』에 대해 박학하였다. 그리고 문명

사회를 건설하느냐 미개한 사회로 전락하느냐 하는 문제에 민감하게 반응하여 이(夷)를 배격하고 화(華)를 존숭하였으며, 인륜의 도를 따르는 인간이 되느냐 아니면 짐승처럼 사느냐 하는 문제를 중시하여 서양 문물을 오랑캐와 금수로 보아 배척하였다. 이는 시대의 변화에 적응하지 못한 보수적인 사상이라 할 수 있지만, 그에게는 춘추대의의 의리 정신이었다. 그래서 금수가 아닌 인간을, 오랑캐가 아닌 중화 문명을 지향하였다. 30권 10책의 『계남집(溪南集)』이 있다. 묘소는 처음에는 서당 우측에 장사지냈다가 1909년 경상남도 하동군 옥종면 두양리 양천마을 동쪽 간좌(艮坐) 언덕에 이장하였다. 그의 행장은 정재 규(鄭載圭)가 지었고, 기우만이 묘지명을 짓고 썼다.

69) 자암(紫巖) 조성원(趙性源, 1838-1891)

본관은 함안이다. 자는 효언(孝彦), 호는 자암(紫巖), 한천(寒泉)이다. 1838년 헌종4년에 태어나 1891년 고종 28년에 졸하였다. 증조부는 조복현(趙復鉉)이고, 조부는 조식(趙湜)이며, 부친은 조맹식(趙孟植)이다. 외조부는 송유선(宋有璿)이고, 처부는 곽찬곤(郭瓚坤)이다. 그는 성재(性齋) 허전(許傳)의 문하에서 수학하였다. 조성원은 향리에서 학문에 전념했던 선비로 20대에 성재 허전에게 수학하였으며, 50대인 1890년에 한천재(寒泉齋)를 짓고 지역 학자들과 유계(儒契)를 모아 강학에 노력하였다. 그의 사후 20여 년 만에 지역 사람들에 의해 한천재 강회(講會)는 발전적으로 계승되었다.

그에 대하여는 "떨어져 지내던 형이 병이 심하여 거처에서 세상을 떠나자, 전염병과 비가 내리는 위험을 무릅쓰고 백리 길을 왕래하여 시신을 옮겼다."는 미담이 전해지고 있다. 만년에는 한천재를 짓고 밤낮으로 부모님의 묘를 돌보며 지냈다. 문집으로 『자암선생문집(紫巖先生文集)』, 『자암유고(紫巖遺稿)』가 있다. 『자암유고(紫巖遺稿)』는 1957년경 간행되었다. 발간 경위에 대해서는 간행을 주도했던 조성원의 손자 조용호(趙鏞瑚)가 쓴 문집의 발문에서 확인할 수 있다. 내용은 다음과 같다. 조성원은 생전에 자신이 쓴 시문들을 정리하지 않았는데, 조성원의 아들 조복규(趙馥奎)가 조성원의 지인들을 찾아다니며 선친의 유고를 수습해서 정리하여 1권을 만들었고, 아울러 만사, 제문 등 관련 기록들을 모아 1권을 만들었다. 그러나 문집을 간행하려던 차에 1949년 죽었다. 이듬해 1950년에는 6·25 전쟁이 발발하여 많은 서책이 불에 탔는데, 다행히 조성원의 문집 초고는 모곡에 새로 지은 집에 보관해 두어서 피해를 입지 않았다. 이를 바탕으로 조용호가 집안의 여러 사람들과 함께 『자암유고』를 간행하였다. 서문은 2편인데, 1937년 하겸진(河謙鎭), 안정여(安鼎呂)가 각각 지었다. 문집 앞에 두 편의 서문이 있고 끝에는 조용호의 발문이 있다. 권1에는 조성원이 지은 시와 편지, 통문, 기문, 제문등이 수록되어 있다. 권2는 부록으로 조성원의 전기 자료인 가장, 유사, 묘지명, 묘갈명 등과 조성원의 죽음을 애도하는 만장(輓章), 제문 및 한천재(寒泉齋) 관련 지인, 제자들의 시문 등이 포함되어 있다. 한천재는 조성원이 만년에 지어 강학하고 교유하던 곳이다. 『자암유고』는 개항기 함안 지역에 살았던 조성원의 시문과 관련 기록을 모은 책으로, 이를 통해 개항기 함안 지역 유림 사회의 단면을 파악할 수 있다. 특히 조성원은 허전의 문인으로 간주할 수 있는 바, 『자암유고』는 함안 지역 허전 문인들의 성격과 동향을 살필 수 있는 자료이다.

70) 물천(勿川) 김진호(金鎭祜, 1845-1908)

김진호는 경상도 단성의 상산김씨(商山金氏) 가문에서 1845년에 태어나 1908년까지 활동한 학자이다. 물천의 벗이자 한말 영남학맥의 종장이라고 할 수 있는 면우 곽종석은 "나의 벗 상산 김군 치수(致受:물천의 자)는 일찍이 독학역행(篤學力行)하여 이미 존심(存心)과 주리(主理)의 뜻을 깊이 터득하였다. 또 이미 물천 위에 서당을 지어 이로써 이름하고 날마다 여기서 학문에 정진하면서 찾아오는 후진들을 거처하게 하였다. 그 좌우에 두 방을 두어 하나는 복재(復齋)라 하였으니 안자를 이른 시일내에 회복하여 후회가 없기 위해 능히 물자(勿字)를 종사(從事)한다는 뜻이고 하나는 몽재(蒙齋)라고 하였으니 어린아이로부터 시작하여 허탄(虛誕)함이 없는 이들에게 성인의 언동으로써 가르쳐 물자에 종사하려는 뜻이다. "라고 하여 풀이를 하고 있다. 일찍이 면우 제자이자 독립투사인 심산(心山) 김창숙(金昌淑)은 "물천 김공은 성재의 예학(禮學) 단서와 한주의 이학(理學) 요점을 계승하여 남쪽에서 우리 유학을 이끌었으니 후학들에게 혜택을 끼친 것이 지대하였다"라고 했다. 물천에게 공부를 배웠던 제자 회봉 하겸진은 "공은 만년에 용문 골짜기에 정사를 지어 두문불출하면서 오로지 공부하러

오는 학자들을 가르치는 것으로 자기 임무를 삼았다. 그 가르침은 소학에 근본을 두고서 경전을 깨우치게 하였으며 정자, 주자가 지은 여러 서적들을 참조하게 하였으니 요컨대 실제 체험하고 마음으로 터득하게 하였다. 한갓 귀로 듣고 입으로 외우는 것만 일삼아 그 실행(實行)이 없거나 신학(新學)에 몰두하여 그 진리를 상실한 자들을 보면 통렬하게 변척하여 사색을 펴지 못하게 하였다."라고 했다. 일찍이 물천은 제자들에게 훈계하기를 "경전을 대충대충 읽지말고 문장에 내포된 맥락을 세밀히 파악해야 한다"며 독서의 중요성을 강조하기도 했다. 물천의 독서방법은 58세 때 동산(東山) 계곡에 세운 용문서당(龍門書堂) 강규(講規)에 잘 드러나 있다.

> "무릇 독서를 할때는 모름지기 완전히 외우고 자세히 생각해야 학문에 도움이 된다. 또 매일 과업 분량은 한 단락을 넘어야 심지(心志)를 그대로 유지할 수 있다. 고인들이 과정을 엄격히 정해놓은 것은 대개 이런 이유 때문이다. 이제부터 서사(書社) 동지(同志)를 결성하여 나이 적고 많음을 막론하고 매월 초하루마다 각각 한달 안에 익힌 책을 가지고 와서 제비를 뽑아 암송하고 서로 돌아가며 강론하며 영구히 법칙으로 삼을 것."

그의 이러한 독서방법은 '가거절목(家居節目)'에도 잘 드러나 있다. "독서를 할 때는 엄격히 과정을 정하여 조금도 그침이 있어서는 안된다. 예전에 익힌 것은 마땅히 더욱 점검하고 밤중에 반드시 복습하여 잊지 말 것이며 새로 읽은 것도 모름지기 정밀하게 이해해야 한다. 책을 읽는 것은 평소에 규칙이 있어야 하고 글씨 또한 완전히 폐해서는 안된다. 다만 간간이 여가를 틈타 몇 편을 정성들여 쓸 것이지 이에 탐

익하여 공부에 방해가 되지 않게 해야 옳다."라고 했다. 여기서 물천이 독서에 얼마나 관심을 기울였는 가는 잘 알 수 있다. 문장을 지을 때도 경전(經典)에 근거해 평이하고 간결하게 하면서 이치가 통하는 것을 주로 삼았다. 젊은 시절에는 한유, 구양수 등 당송팔가문을 읽으면서 자신의 뜻을 서술하여 비교해 이를 본받고자 했다. 물천은 남명의 고장에 태어난 것을 자랑스럽게 여기며 선생의 학문을 평생 사숙(私淑)했다. 경의(敬義)의 학문 요체 항상 잊지 않고 궁구했으며, 이를 바탕으로 남명집 교정의 일에도 많은 노력을 기울였다. 백운동(白雲洞)의 남명선생 유적지(遺蹟地)에 '남명선생장구지소(南冥先生杖屨之所)' 8자를 돌에 새겨 그 사적을 기록하는 등 평생 남명의 학문을 연마했다고 할 수 있다. 물천은 주문팔현(洲門八賢)의 한사람이다. 곧 곽면우, 이대계(李大溪), 허후산(許后山), 윤교우(尹膠宇), 이홍와(李弘窩), 이자동(李紫東), 장회당(張晦堂)과는 동문수학을 한 교우로서 서로 질정하며 연마하는 데 게을리 하지 않았다. 만년에 물천은 청심대(淸心臺)에서 달빛을 감상하며 자연을 즐기는 등 유유자적한 생활을 좋아했다. 호를 스스로 약천(約泉)이라고 지어 자연속에서 검약함을 지키고자 하는 마음을 드러내기도 했으며, 간헌(艮軒)이라고 불러 머물 곳을 안 연후에 정함이 있다는 뜻을 새기기도 했다.

71) 자동(紫東) 이정모(李正模, 1846-1875)

본관은 고성(固城)이다. 자는 성양(聖養)이고 호는 자동(紫東)이다. 이

정모는 1846년(헌종 12)에 태어나 1875년(고종 12) 12월 17일에 졸하였다. 그의 나이 30이었다. 경상남도 의령군(宜寧郡) 석곡리(石谷里)에서 태어났다. 부친은 이운규(李雲逵)이다. 고모부인 만성(晚醒) 박치복(朴致馥)의 문하에서 5～6년을 공부하면서 문장과 식견이 탁월해져 인근 지역까지 명성이 자자하였다. 1866년(고종 3)에는 한주(寒洲) 이진상(李震相)의 학문을 듣고 의령(宜寧)에서 경상북도 성주(星州) 한계마을[대포(大浦)]로 찾아가 제자의 예를 갖추었다. 다음 해인 1867년(고종 4) 22세 때에 자미산(紫微山) 아래 도당곡(陶唐谷)에 조그마한 집을 짓고 '자도재(紫陶齋)'라고 이름을 지어 수양에 뜻을 두었다. 1874년(고종 11) 29세 때 여름 금산(金山) 동당시(東堂試)에 참가하였다. 시관이 그를 도장원으로 뽑으려고 성명 문건을 요구하였는데 문건을 주고 장원으로 뽑힌다는 것을 부끄럽게 여겨 응하지 않고 물러났다. 그해 겨울 서울에 갔으나 시대의 변화를 보고 과거를 보지 않기로 결심하고 경학에만 전념하였다. 곽종석(郭鍾錫)을 비롯하여 허유(許愈), 윤주하(尹冑夏), 김진호(金鎭祜), 이승희(李承熙), 장석영(張錫英), 이두훈(李斗勳) 등과 함께 주문팔현(洲門八賢: 한주(寒洲) 이진상(李震相)의 제자들)의 한 사람으로 꼽힌다.

72) 교우(膠宇) 윤주하(尹冑夏, 1846-1906)

본관은 파평(坡平)이다. 자는 충여(忠汝)이고, 호는 교우(膠宇)이다. 출신지는 경상남도 합천군(陜川郡)이다. 부친은 윤흠도(尹欽道)이고, 생부는 윤문도(尹文道)이다. 1863년(철종 14)부터 2년에 걸쳐 과거에 응시를 했으나 번번이 떨어지자 과거에 뜻을 두지 않고 성현의 학문에 정진하며 평생 처사로 지냈다. 1881년(고종 18) 한주(寒洲) 이진상(李震相)을 모시고 거창(居昌)에 있는 갈천서당(葛川書堂)에서 향음례(鄉音禮)를 행하였다. 이는 동계(桐溪) 정온(鄭蘊)과 갈천(葛川) 임훈(林薰)의 정신을 본받고자 한 것이다. 1884년(고종 21)에는 면우(俛宇) 곽종석(郭鍾錫)을 방문하여 학문의 대의(大義)와 방도(方道)를 질의하고 논의하였다. 1894년(고종 31) 사미헌(四未軒) 장복추(張福樞), 대계(大溪) 이승희(李承熙) 등과 학문을 질정(質正: 묻거나 따져서 바로잡음)하고 논변하였다. 이승래(李承來), 이영훈(李永薰), 박종권(朴鍾權), 윤계하(尹啓夏) 등과 교유하였으며, 문인으로 윤희도(尹禧道), 최효근(崔孝根), 윤정하(尹貞夏) 등이 있다. 1895년(고종 32) 후산(后山) 허유(許愈)와 삼가(三嘉)의 병목서당(幷木書堂)에서 이진상의 저서 『이학종요(理學綜要)』를 교정하였다. 1906년(광무 10) 을사조약을 체결하게 한 매국오적(賣國五賊)의 목을 벨 것을 임금에게 주청하고자 하였는데 뜻을 이루지 못하고, 향년 61세를 일기로 세상을 떠났다. 저서로 『교우선생문집(膠宇先生文集)』이 있다.

73) 복암(復庵) 조원순(曺垣淳, 1850-1903)

본관은 창녕(昌寧)이다. 자는 형칠(衡七)이고, 호는 복암(復菴)이다. 출신지는 경상남도 산청군(山淸郡)이다. 남명 조식(南冥 曺植)의 후손으로, 증조부는 조용현(曺龍現)이고, 조부는 조이진(曺鯉振)이다. 부친 조석영

(曹錫永)과 모친 이우병(李佑秉)의 딸 성산이씨(星山李氏) 사이에서 태어 났다. 부인은 최용(崔溶)의 딸 전주최씨(全州崔氏)이다. 허전(許傳)의 문인으로 학문의 방도와 예법(禮法)을 배웠으며, 이진상(李震相)의 문하에서 수학하면서 주리론적(主理論的) 입장에서 성리학을 연구하고 전수하였다. 1894년(고종 31) 남명의 「신명사도(神命舍圖)」을 교정하면서, 경상우도(慶尙右道)의 유학자 사이에서 논란이 컸던 '국군사사직(國君死社稷)'의 다섯 글자를 빼는 등 상당부분을 수정하였다. 그러나 여러 가지 논란이 끊이지 않더니 마침내 미수(眉叟) 허목(許穆)이 지은 '남명신도비(南冥神道碑)'를 허물고 철거하는 일마저 발생하여, 결국 남명 문집을 편찬하려던 일은 이루어지지 못하였다. 일찍부터 과거에 뜻을 두지 않고 은거하면서 남명학(南冥學)을 연구하고 정도(正道)를 실천하며 강학에 힘쓰다가, 향년 54세를 일기로 세상을 떠났다. 슬하에 1남 2녀를 두었는데, 아들은 조용상(曺庸相)이다. 묘는 공전(公田)에 있다. 저서로 『복암집(復菴集)』이 있다.

74) 소눌(小訥) 노상직(盧相稷, 1855-1931)

자는 소눌(小訥), 눌인(訥人), 자암병수(紫巖病叟)이다. 1855년 11월 21일 경상남도 김해군 생림면 금곡리에서 아버지 노필연과 어머니 성욱호의 딸 창녕성씨 사이에서 둘째 아들로 태어났다. 형은 대눌 노상익(盧相益)이다. 1871년 장수황씨와 혼인하여 1남을 두었고, 장수황씨 사후 진양하씨와 혼인하여 4남을 두었다.노상직은 1865년 김해부사 성재 허전의 제자가 되었다. 1882년 28세에 동당시에 입격하였다. 1883년 집안 재실인 창녕 국동의 추원재에서 하과를 개설하고 강학 활동을 시작하였다. 1895년 밀양 금곡에 금산서당을 건립하고 후학 양성에 힘썼다. 1896년 밀양 노곡에 '자암초려'를 짓고 강학을 확대하였으며, 『자암일록』을 기록하였다. 1911년 12월 압록강 건너 서간도 안동현 흥륭가로 망명하였다. 대눌에게 입적한 아들 노식용을 잃은 후 고향으로 돌아가 후학 양성에 힘쓰라는 대눌의 권고를 받아들여 1913년에 환국하였다. 이후 자암서당을 건립하여 강학을 재개하고 선현의 서책을 간행하였다. 1919년 독립 청원을 위하여 작성한 파리장서에 제자들과 함께 서명하였다가 옥고를 치렀다. 1923년 3월 창립한 밀양교육회의 고문으로 참여하였으며, 1925년 경남 유교협성회 회원으로 활동하였다. 1931년 3월 24일 마산에서 77세를 일기로 생을 마감하였다. 부음을 듣고 각지에서 모인 제자가 1,000여 명에 달하였다. 노상직은 1934년 48권 25책, 판목 1123장의 문집이 간행되었다. 주요 저서로는 역사지리서 『강역고』, 인명사전 『동국씨족고』, 여성교육 교재 『여사수지』 등이 있다. 소눌문집 책판은 1979년 12월 29일 경상남도유형문화재로 지정되었다. 노상직의 묘소는 2009년 6월 경상남도 김해시 생림면 금곡리에서 국립대전현충원으로 이장 안치되었다. 노상직은 파리장서에 서명한 공로가 인정되어 2003년에 건국포장에 추서되었다.

75) 물와(勿窩) 김상욱(金相頊, 1857-1936)

본관은 상산(商山)이다. 자는 인숙(仁叔), 호는 물와(勿窩)이다. 현재의
경상남도 창원시 동읍 석산리에서 태어났다. 동산(東山) 김명윤(金命
胤)의 10세손으로, 공자와 주자,정자에 조예가 깊어 성설(性說), 심합
이기설(心合理氣說), 인심도심도(人心道心圖) 등 이기설(理氣說)에 관해
독자적인 이론을 세우기도 하였다. 또 강의록을 만들어 후학 양성을
위해 힘을 쏟기도 하였는데『모정강의(慕亭講義)』,『계산강의(桂山講義)』,
『벽계정강회논어발문(碧桂亭講會論語發問)』등이 그것이다.

76) 심재(深齋) 조긍섭(曺兢燮, 1873-1933)

본관은 창녕이다. 자는 중근(仲謹)이며, 호는 심재(深齋)·암서생(巖棲
生)·중연당(中衍堂)이다. 1873년(고종10) 12월 3일 현재의 경남 창녕군
고암면 원촌리에서 태어났다. 그는 구한말에서 근대에 이르는 시기에
주자(朱子)와 퇴계(退溪)의 학문적 전통을 계승한 영남권의 대표적 유학
자중 한 사람이다. 저술로는『암서집(巖棲集)』이 있다. 1889년(17세)에
영천(靈川)으로 면우(俛宇) 곽종석(郭鍾錫, 1846-1919)을 찾아가 태극(太極)
성리(性理) 등의 문제를 질의하고, 두 해 뒤 대구에서 향시를 보고 돌아
오던 중 만구(晩求) 이종기(李種杞, 1837-1902)를 배알하였다. 이듬해에
는 사미헌(四未軒) 장복추(張福樞, 1815-1900)에게, 또 그 이듬해에는 안
동의 금계(金溪)에 사는 서산(西山) 김흥락(金興洛, 1827-1899)을 찾았다.

조긍섭은 당시에 영남의 석학들을 두루 배알하고 가르침을 받아 학문의 기초를 확립하였는데, 특히 퇴계(退溪) 이황(李滉, 1501-1570)을 종통으로 하는 영남학맥의 적통을 계승한 서산 김흥락에게 의귀(依歸)하였다. 1895년(23세)에는 덕산(德山)에서 남명(南冥)선생의『남명선생문집』을 중간할 때 조긍섭은 이를 교정하는 일로 참여하여 이후 4년 동안 왕래하였다. 1898년(26세)에는 사서(四書) 가운데 의문되는 점을 가지고 안동으로 가서 서산 김흥락에게 질의하였다. 이 행차의 도중에 도산서원과 퇴계의 묘소를 참배하고, 여러 고을의 명사들을 두루 방문하였다. 안동에서 돌아와 선재(先齋)에서 강학을 일삼았는데, 이후로 원근의 학자들이 차츰 모여들기 시작하였다. 이때는 세도가 이미 변해 서양의 이설(異說)이 전래하여 확산되는 시기였으나 고도(古道)를 만회하기 위한 노력을 더욱 기울였다. 1910년(38세)에 일제에 의하여 나라가 망하자 두문불출하고, 학문이 더욱 증진(增進)하여 조예가 정심(精深)하였다. 이에『곤언(困言)』을 저술하였는데, 이 책에서 동서의 학설을 비교하여 성현의 모율(謨律)로 단안을 내렸다. 이 저술은 5년 후 중국 강소성 남통 한묵림서국(翰墨林書局)에 있던 창강(滄江) 김택영(金澤榮, 1850-1927)에게 전해져 그곳에서 출판되었다. 1913년(41세)에는 창강(滄江) 김택영(金澤榮)의 문집을 읽고 3편의 시로 감회를 읊어 창강에게 보냈다. 조긍섭이 창강과 알게 된 시기가 언제인지는 분명하지 않으나 김택영에게 보낸 시를 통해 볼 때 조긍섭이 창강의 시문을 처음 접한 것은 이보다 20년 전의 일이었음을 알 수 있다. 그러나 창강이 조긍섭의 존재를 안 것은 중국으로 망명한 10년 후인 1915년 무렵인데, 이후 두 사람은 바다를 사이에 두고 서로 천애(天涯)의 먼 곳에서 학문과 문학을 통한 긴밀한 관계를 유지하였다. 조긍섭은 부친의 상을 마친 후 1914년(42세) 2월에 가족을 데리고 달성 비슬산(琵瑟山) 북쪽 골짜기의 정산(鼎山)으로 들어가 은거하여 강학과 저술에 힘썼다. 수봉(壽峰) 문영박(文永樸, 1880-1930)과는 일찍부터 막역한 교분이 있었는데, 이때에 이르러 재 하나를 사이에 두고 지내면서 더욱 빈번하게 왕래하며 교유하였다. 이듬해 여름에는 문영박과 함께 북쪽으로 유람을 떠나 서울 개성 평양을 지나 안시성까지 갔다가 돌아와 기행시를 남겼다. 1918년(46세) 가을에 정산서당이 완성되었다. 1919년(47세) 1월에 고종이 승하하자 망국의 군주를 위해 복을 입을 수 없다며 상복 입기를 거부하여 여러 사람들에게 공격을 당하였다. 이 문제와 관련하여 『복변(服辨)』을 짓기도 하였다. 그러나 후에 고종이 독살되었다는 소식을 듣고 마침내 복을 입었다. 3월에 만세운동이 일어나자 일본 총독과 동포 대중에게 보내는 글을 초안하다가 발각되어 17일간 구속되었는데, 이때 「구중잡제(拘中雜題)」 8수의 시로 자신의 심회를 읊었다. 구속에서 풀려나 정산으로 돌아와서는 일체 시사(時事)를 언급하지 않고 오직 와서 배우는 사람들만 상대하여 도학을 강명하고 덕성을 함양하였다. 1928년(56세) 겨울에 정산서당(鼎山書堂)이 궁벽하여 찾아오기 어렵다는 문인들의 요청을 받아들여 비슬산 서쪽 현풍(玄風)의 쌍계(雙溪)로 이사하였다. 2년 뒤에 쌍계서당이 완성되었고, 조긍섭은 이곳에서 줄곧 강학과 저술에 힘쓰다가 1933년 윤5월에 61세로 세상을 마쳤다.

77) 중재(重齋) 김황(金榥, 1896-1978)

　　본관은 의성이다. 자는 이회(而晦), 호는 중재(重齋)이다. 1896년 5월 26일에 경남 의령군 궁류면 운계리에서 때어났다. 1894년 아버지 매서(梅西)가 동학(東學)을 배척하였기 때문에 동학도들이 매서를 원망하며 행패를 부리려 했으므로 가족들을 이끌고 이 골짜기에 살게 되었다. 14세 때 관례(冠禮)를 행하고 이름을 황(榥), 자는 이회라고 지었다. 나중에 자를 이회(而晦)로 바꾸었다. 이해 의령 판곡(板谷)에 사는 참봉 남태희(南泰熙)의 따님에게 장가들었다. 이천(夷川) 남창희(南昌熙)는 처백부이고, 소와(素窩) 남정섭(南廷燮), 입암(立巖) 남정우(南廷瑀)는 처종조부였는데, 이들은 모두 문학과 명망이 있었으므로, 이들과 경전과 사서(史書)를 토론하였다. 15세 때 나라가 망했다. 중재는 "어찌 오랑캐가 되겠는가?"하며 탄식해 마지않았다. 매서공(梅西公)이 세상을 피하여 가족을 이끌고 단성현 만암리 지금의 산청군 차황면 상법리로 이거하였다. 24세 되던 해 정월에 다전(茶田)에 가서 수십 일을 머물다가 면우(俛宇) 곽종석(郭鍾錫)의 조카 겸와(謙窩) 곽윤(郭奫)과 함께 서울로 올라가 고종(高宗)의 인산(因山)에 참석하였다가 3.1운동을 보았다. 이 때 집안 종손인 심산(心山) 김창숙(金昌淑)을 만났는데, 심산으로부터 파리 평화회의에 청원서를 보낼 계획을 면우에게 알리라는 부탁을 받아 와서 면우에게 알렸다. 중재는 파리 청원서에 관한 일에 참여하여 면우의 명을 받아 진주 서부지역에 가서 유림 대표의 서명을 받는 일을 추진하였다. 3월에 면우가 체포되었는데, 중재는 4월에 대구로 가서 면우를 면회하였다. 그리고 다시 다전(茶田)으로 가서 면우의 초고(草稿)를 거두어 보관하였다. 5월에는 파리 청원서 보내는 일에 관여함 죄로 체포되어 단성 헌병대에서 7일 동안 구속되었다가 석방되었다. 30세 때 면우의 문집 간행소를 서울에 설치하고 창계(滄溪) 김수(金銖), 석당(石堂) 권상경(權相經) 등과 함께 간행역할을 맡았다. 이 때 위당(爲堂) 정인보가 들러 중재와 토론해보고 나서 말하기를 "그대는 가슴속에만 권의 책을 저장하고 있다고 들었는데, 과연 그러하도다." 라고 했다. 그 뒤 위당이 남쪽 고을을 방문하게 되면 반드시 중재를 초청하여 만나보고 속마음을 터놓고 이야기하였다. 37세 때 부공(父公) 매서(梅西)가 도산서원 원장이 되어 행공(行公)하게 되었으므로, 중재는 따라가 안동지역을 방문하게 되었다. 먼저 도산서원에 가서 수일간 머물렀다. 퇴계선생 묘소와 종가의 가묘(家廟)를 참배하고, 퇴계의 후손인 효암(曉庵) 이중철(李中轍), 동전(東田) 이중균(李中均) 등을 만나 세이를 강토(講討)하였다. 돌아오는 길에 일가들이 세거하는 해저(海底), 천전(川前), 지례(芝禮)를 방문하고, 봄에 진사(進士) 권철연(權喆淵), 성재(省齋) 권상익(權相翊) 등을 만나보고 돌아왔다. 1978년 11월 15일 내당서사(內塘書舍)에서 돌아가시니, 향년 83세였다. 중재 자신이 지은 "사례수용(四禮受容)"에 의거하여 고례(古禮)대로 유월장을 거행하니, 회장(會葬)한 유림(儒林)이 3,000여 명이고, 문인(門人)으로 복(服)을 입은 사람이 300여 명이었고, 접수된 만사(挽詞)와 제문(祭文)이 700여 편에 이르렀다. 신문사, 잡지 등에서 특집으로 기사를 다루었고, 방송사에서는 장례장면을 실황 중계하였다. 면우의 학문은 한주(寒洲) 이진상(李震相)으로부터 전수받았다. 한주는 정재(定齋) 유치명(柳致明)의 제자이고, 유치명의 학문은 퇴계(退溪)의 적전(嫡傳)을 이어받았다. 그

래서 중재는 학통적으로는 퇴계의 학통에 속한다고 할 수 있다. 중재
는 면우 곽종석을 스승으로 삼았는데, 면우는 한주 이진상의 제자이
고, 한주는 정재 이치명의 학맥은 결국 퇴계학파에 닿는다. 그러나 남
명(南冥)의 정신적 영향력이 큰 강우지역에서 주로 강학(講學)활동을 했
으므로 남명의 학문과 사상에 대해서 관심이 적지 않았다. 중재는 색
목(色目)이 다른 노론계 학자들과도 조금도 구애받지 않고 학문을 토론
하였다. 스승 면우의 파리 평화회의에 보내는 유림대표 서명에 스승
의 명을 받아 서명을 받는 일을 하였고, 집안 종손인 심산을 도와 유림
의 독립운동자금 모지에도 적극적으로 참여하였다. 중재는 평생 유도
(儒道)를 수호하는 것을 자신의 임무로 삼아 고금의 문장 가운데서도
도(道)를 해치는 것을 분변하는 데 힘을 다 쏟았다. 중재 자신은 경서를
2백 번 이하로 읽은 적이 없었다. 처음부터 본문을 읽어 그 내용을 터
득한 그런 뒤에 전주(箋注)를 보고서 상호 참고하여 바로잡았다. 그리
하여 자신이 터득한 바와 의심나는 것이 있으면 다 책에다 기록했으
니, 이것이 쇄경이다. 중재의 학문하는 방법은 경(敬)을 위주로 하여
그 근본을 세우고, 이치를 궁구하여 그 앎을 확실히 했다. 이치를 궁구
하는 일은 독서를 근본으로 하였는데 마음을 비우고 기운을 가라앉혀
정밀하게 연구하고 깊이 생각하여, 글자는 그 뜻을 구하고 구절에서
는 그 내용을 찾아서, 밖으로부터 안을 궁구하고, 흐름으로부터 권원
으로 거슬러 올라가서 성현이 그 말을 한 뜻을 추구하였다. 일본강점
기에 대부분의 유학자들이 강론만을 일삼아 국가나 민족을 위해서는
한 가지 도모도 내놓지 못하였는데, 중재는 치국(治國) 평천화(平天下)
는 유림의 본분이라고 생각하였다. 그래서 파리 장서를 보내는 일에

도 참여하고 임시정부와 관계를 맺어 도움을 준 바가 많았다. 중재의 시문집(詩文集)에는 그가 평생 저술한 시문이 수록되어 있는데, 우리나라 역사상 산문에 있어서는 가장 많은 작품을 남겼다. 중재는 33세(1928)때 신등면(新等面) 내당(內塘)으로 이사한 뒤로부터 여택당(麗澤堂)에서 제자들을 가르치기 시작하여 1978년 83세로 세상을 떠날 때까지 내당을 떠나지 않고, 계속 학생들을 가르쳤다. 해방 이후 심산 김창숙(집안 종손)이 성균관대학을 창설하고 중재를 교수로 초빙했지만, 중재는 사양했다고 한다. 36세 때 신고당(信古堂)이 준공되어 거기서 거처하면서 벽에 "제생의(諸生儀)"를 걸고 본격적으로 제자들을 가르쳤다. 배우는 사람으로 하여금 순서에 따라서 점차적으로 나아가도록 했는데 그 재력(才力)의 고하(高下)와 견해의 심천(深淺)에 따라서 정성을 다하여 잘 인도하였다. 중재는 배우는 사람들에게 이렇게 훈계했다. "글을 읽을 때 종이 위에서 의리를 구하지 말고 자신의 몸과 마음 위에서 구하도록 하라." "인심(人心)은 오직 위태롭고, 도심(道心)은 오직 미미하니, 오직 정밀하고 오직 한결 같이하여, 그 중용을 잘 잡아라."라는 말과 "마음을 통제하고 일을 통제하라"는 말과 "경건함은 태만함을 이기고, 의리는 욕망을 이긴다."라는 훈계는 사람으로 하여금 자기 몸과 마음을 점검하여 천리(天理)를 존속시키고 인욕(人慾)을 막게 하려는 것 아님이 없다. 여기에는 힘쓰지 않고, 단지 분석하고 강론하는 데만 마음을 쏟아 문구(文句)나 따지고 귀로 들은 것을 입으로 말한다면, 비록 천하의 책을 다 읽었다 해도 몸과 마음이 되지 않을 것이니, 어찌 학문이 되겠느냐? 고 했다. 중재는 학문을 이루지 못하는 것을 용기가 없는 것으로 보고 이렇게 훈계했다. '사람의 타고난 그릇은

같지 않다. 크면 크게 이루 수 있고, 작으면 작게 이룰 수 있다. 능히 이루지 못하는 것은 용기가 부족하기 때문이다.' 등산에 비유하면 평평하고 쉬운 곳은 오히려 갈 수 있지만 험준한 곳에 이르면 곧 마음이 풀리고 기운이 늘어져 이르러야 할 곳에 이르지 못하고 그치고 만다. 이것이 사람들이 일반적으로 갖고 있는 문제점인데, 채찍질을 가하고 통제를 가하여 경계하고 엄하게 면려해야 한다. 우유부단하여 학문에 정진하지 못하는 사람들에게 일침을 가한 말이다. 글 짓는 것을 배우는 사람들에는 상세한 비평을 가하였고, 이렇게 그 방법을 제시하였다. 문장이 법도가 없고 단락이 분명하지 못하면, 끝내 그 말의 내용을 전달할 수가 없다. 문장 짓는 것을 배우지 않으려고 하여, 문장이 좋게 되면 좋지만, 문장이 좋지 않더라도 일상생활의 수요에는 부족함이 없으면 되는 것이지만, 말을 수식하여 그 정성을 세워야 하지 않겠는가? 중재는 15세(1910) 때 나라가 망하였으므로 주로 일본 강점기에 학문을 완성하였다. 그러나 그는 일본이 보급한 신학문에 물들지 않고 사우(師友)들을 찾아 독실히 배워 전통학문에 최고수준의 조예를 이루었다. 그는 유교의 전통을 그대로 계승하여 후학들에게 전수함으로서 학교교육에서 전수되지 못하고 단절된 우리나라 전통학문이 계승되게 하는 데 결정적인 공헌을 하였다. 그의 제자들 가운데는 전통학문을 하는 분들이 대부분이지만, 일부는 서울 등지에서 대학교육을 받으면서 방학이나 휴학기간을 이용하여 공부한 분들이 있는데, 이들은 대학에서 국학을 연구하고 가르치거나 전통학문이 학교교육에 뿌리를 내리는 데 일조를 하였다. 일부 제자들은 국학연구기관이나 번역기관에서 종사하여 그 한문해독실력을 활용하여 고전을 현대화하

는 데 기여하였다. 중재는 뛰어난 자질을 타고났으면서도 부친 매서
공의 철저한 교육방침에 따라서 한문의 기초를 이룬 바탕 위에 면우
곽종석 같은 대학자를 만나 방향을 바로 잡았고, 또 회봉 하겸진, 입암
남정우 같은 선배들을 따라 강마(講磨)하여 학문을 성취하여 큰 업적을
남겼다. 그는 한 평생 잠시도 다른 일에 종사한 일 없이 오로지 학문연
구와 인재양성에만 전념한 전형적인 학자이다. 그는 세상을 등지고
학문만 연구한 문약한 서생(書生)이 아니고, 국가와 민족을 위해서는
목숨을 걸고 분연히 나설 수 있는 지행(知行)이 겸비된 학자였다. 학문
하는 데 있어서도 경학(經學)의 바다에 침몰하거나 이전의 학설을 묵수
(墨守)하지 않고, 명쾌한 판단과 정연한 논리로 독창적인 견해를 많이
내 놓았다.

78) 추연(秋淵) 권용현(權龍鉉, 1899-1988)

본관은 안동이다. 자는 문현(文見)이고 호는 추연(秋淵)이다. 추연은
『주역(周易)』에서 잠룡(潛龍)의 뜻을 취한 것이다. 부친이 태몽(胎夢)에
서 용을 보았으므로 이름을 용현으로 지으니 끝의 현(鉉)은 항렬자이
다. 선생은 나면서부터 영특하고 자라면서 중후(重厚)하여 함부로 말
하거나 웃음이 적고 또래 아이들과 장난치는 일도 없었다. 말을 배우
면서 천자문(千字文)을 익히고 10세에 통감(通鑑)과 사략(史略), 사서(四
書)에 통하고 시문(詩文)을 철(綴)하였다. 신장이 크고 용모가 수려하며
귀도 희고 크며 눈동자가 빛나고 집중되어 있는데 그 풍채가 시원스

럽고 밝았다. 성품이 과묵하되 덕스러운 기국(器局)이 자연의 순수함으로 이루어진 듯했으며 멀리서 보면 닭의 무리 속의 학(鶴)인 듯하고 앞에 다가서 보면 봄볕처럼 따스하였다고 그의 행장(行狀)에서는 묘사하고 있다. 그의 훈도(薰陶)를 거쳐간 사람이 4백여명을 넘는 것으로 추정된다. 추연의 학맥(學脈)은 우리나라 성리학의 양대산맥 중 율곡 이이(李珥)와 우암 송시열(宋時烈)로 이어지는 '기호(畿湖)'에 속한다. 그 학통(學統)은 우암의 9대손으로 구한말 을사늑약(乙巳勒約)에 자진한 연재(淵齋) 송병선(宋秉璿)의 문인(門人)이자 족형(族兄)인 각재(覺齋) 권삼현(權參鉉)에게서 이었다. 처음에 그 서실 이름을 운화당(雲華堂)이라 했는데 이는 마을 뒤의 운현산(雲峴山)과 마을 이름 유화(柳華)에서 딴 것이면서 운곡(雲谷)과 화양(華陽)을 앙모하는 뜻을 보인 것이다. 그러다가 만년에 문생들이 새로이 서실을 지어 수양할 곳을 마련하자 이를 태동서사(泰東書舍)로 편액(扁額)하였다. 생전에 '이 시대 마지막 선비'라고 불렸던 추연(秋淵)은 시류(時流)를 따르라는 주위의 권고에 "죽을지언정 다른 뜻을 가지지 않겠다"며 전통 유학자(儒學者)의 길을 고집했고 평생을 은거(隱居)하며 학문에 전념했다. 추연의 만세(晩歲)후 편간된 『추연문집(秋淵文集)』은 15책 45권으로 방대하다. 주로 성리학에 관한 저술과 5천여 편의 묘비문 및 문집 서문(序文) 등이 대종을 이루고 있다. 추연은 안동권씨 문중이 배출한 큰 인물일 뿐만 아니라 성리학의 대가(大家)이다. 1979년 산청에서 중재 김황(重齋 金榥, 1896-1978)의 장례가 있은 후 10년 만인 1988년 합천 초계에서 추연의 장례가 있었는데 강우(江右)지역에서 시행한 유월장(踰月葬: 별세한 달을 넘겨서 다음 달에 치르는 전통 유가의 장례)이였다. 태고에 운석충돌로 형성된 초계분지 태암산(泰巖山)의 동쪽이라는 뜻의 태동서사(泰東書舍)는 2012년 후학들이 뜻을 모아 태동서원(泰東書院)으로 완성되어 선생을 향사(享祀)하게 되었다. 경남 합천군(陜川郡) 초계면(草溪面) 유하리(柳下里)에 위치한 태동서원은 왜정 이후 유학자를 배향(配享)하기 위해 서원을 지은 예는 중재(重齋)를 기리는 도양서원(道陽書院) 이후로는 처음이다. 태동서원은 전통 서원건축 양식에 따라 교육장소인 강당(講堂)과 기숙사인 서재(書齋)를 갖추고 있다. 위패(位牌)를 모신 사우(祠宇)를 제외하곤 단청이 없다. 궁궐이나 사찰과 달리 유가(儒家)의 건물에선 꾸밈없는 소박(素朴)함과 고고(呱呱)한 선비정신을 추구하기 때문이다.

6부

구국의
경상우도 유학

VI. 구국의 경상우도 유학

　경남유학의 특징은, 무엇보다도 남명사상을 이어받아 불의에 저항하는 의리정신이라고 할 수 있다. 임진왜란 의병활동으로 구체화된 그 정신은 광해군 때의 개혁으로 이어졌다가 인조반정으로 좌절되었다. 다시 병자호란을 맞아 끝내 싸우다 죽을지언정 오랑캐와의 강화는 있을 수 없다고 하면서 임금 앞에서 할복자살을 시도한 동계 정온은 정인홍의 문인으로서 끝내 사제 간의 의리를 지킨 인물로도 유명하다.[20]

　정온의 이런 정신을 이은 현손(玄孫) 정희량은 나라가 노론의 손에 들어가 완전히 장악되고, 더 이상 남인의 설 자리가 없어진 것에 분개하여 무신사태를 일으켰다가 실패하고 몰락의 길을 갔다. 이 무신난(戊申亂) 또한 남명학파와 무관하지 않다. 무신난은 경종을 지지하던 남인과 소론의 일부 세력이 영조를 축출하고 노론을 제거하기 위하여

---

20) 정온은 스승 정인홍과의 정치적인 의견 차이로 제주도에 오랫동안 유배되었다가 인조반정 이후 풀려나 남명학파의 인물로는 거의 유일하게 중앙정계에서 요직을 지낸 인물이다. 정인홍이 처형된 후 아무도 시신을 수습하는 사람이 없었는데 남명의 둘째 아들인 曺次磨와 더불어 정인홍의 시신을 거둔 인물이다. 정치적인 의견 차이와 스승에 대한 의리의 구분을 알았다고 하겠다.

일으킨 것이므로 기본적으로는 남명학파와는 무관한 사건이다. 그러나 안음을 중심으로 일어난 정희량(鄭希亮)과 합천을 중심으로 일어난 조성좌(曺聖佐)는 각각 내암의 문인이었던 동계 정온과 도촌(陶村) 조응인(曺應仁, 1566-1624)의 후손이므로, 이후 남명학파의 근거지인 강우지역이 반역향으로 지목됨으로써 남명학파는 정치적 학문적으로 몰락하게 되었던 것이다.

정치적으로 완전히 소외된 강우지역 사림은 조선 후기 지방관들의 극심한 학정에 저항하여 또 한 번 저항운동을 펼친다. 단성에서 시작된 임술농민항쟁(1862)은 진주로 확대되고, 그 중심에는 남명정신을 강하게 갖고 있었던 단계(丹磎) 김인섭(金麟燮)이 있었다. 그는 부친인 해기(海寄) 김령(金欞)을 도와 농민항쟁을 주도하였다. 단성은 일찍이 남명이 단성현감을 제수 받은 곳으로, 이를 사직하는 「을묘사직소」은 역사적으로 유명한 직언상소이다. 또한 남명이 1568년 새로 즉위한 선조에게 올린 정치개혁안을 담은 「무진봉사(戊辰封事)」에서 강조한 '서리망국론(胥吏亡國論)'이 실제로 구현된 현장이 바로 단성농민항쟁이기도 하다. 단성농민항쟁 이후 불과 1년여 동안 전국의 70개 군현에서 농민항쟁이 연속적으로 일어났다. 이는 그 이전의 어떤 농민항쟁과도 성격이 다른 것으로, 근대 시민의식의 발로라고 할 수 있으니, 조선의 근대화가 바로 이때부터 시작되었다고 할 수 있다. 이것은 또한 경남정신이자 남명정신의 역사적 표출이다.

나아가 일제강점기에는 저항운동이 매우 강하게 전개되었다. 일제에게 국권을 빼앗기는 1910년 한일합방을 전후하여 유학자들의 활동이 두드러진다. 신암(愼菴) 노응규(盧應奎, 1861-1907) 의병장의 의병활동과 서비(西扉) 최우순(崔宇淳, 1832-1911)의 순국 그리고 면우(免宇) 곽종석(郭鍾錫, 1846-1919)이 주도한 파리장서운동 등 유학자의 항일 구국 활동이 전개된다.

신암 노응규는 성재 허전의 제자이며, 연재(淵齋) 송병선(宋秉璿, 1836-1905)과 면암(勉菴) 최익현(崔益鉉, 1833-1906) 및 입재(立齋) 송근수(宋近洙) 등의 문하에도 출입하였던 인물이다. 그는 거창에서 태어나 안의에서 생활하였고, 본래 세거지는 합천 초계였다. 노응규는 안의 용추암의 승려 서재기(徐再起)[본명 관성(寬成)]와 그의 문인인 정도현 박준필 최두원 최두연 임기홍 및 전 사과(司果) 임경희와 선비 성경호 등과 더불어 일찍이 거의의 뜻을 품고서 1906년 정월 초7일에 진주로 들어와 거병하였다. 관찰사와 경무관 등은 모두 도망간 상태에서 순검 등 12명의 관원을 죽이고 진주를 점령하였다. 그리고 창의 10여일 만에 수천 명의 군사를 모아 고성 사천 등과 연합하여 그 군세가 1만을 헤아리는 큰 규모로 확대되었다. 이들 의병은 고종의 '의병해산령'으로 3월 7일 해산하기까지 경남 일대를 완전히 장악하는 세력이 되었다. 노응규는 임금의 해산령에 따라 의병을 해산하고 대궐 아래 나아가 죄를 기다리고자 상경하였다. 이 과정에서 삼가에 주둔하고 있던 정한용(鄭漢鎔)의 부대에 잡혀서 감금되었다가 유림의 여론으로 풀려나서 고향인 거창으로 향했는데, 부형(父兄)이 안의의 서리배들에게 화형과 총살형을 당했다는 소식을 듣게 되었다. 이후 상경하였다가 전라도로 피신하여 광주 남원 등지를 전전하게 된다. 이 와중에 그는 신기선(申箕善, 1851-1909) 이유인(李裕寅) 조병식(趙秉式, 1823-1907) 민영준(閔泳駿, 閔泳徽, 1852-1935) 이용익(李容翊, 1854-1907) 등의 도움으로

「지부자견소(持斧自見疏)」을 올려 신원되고, 마침내 안의의 서리배들을 국법으로 처단하여 부형의 원수를 갚게 된다. 다시 가정을 일으키고 1902년부터 벼슬길에 나가 중추원의관 등을 지내게 된다. 이후 다시 왜적을 토벌하고자 하니 고종이 삼남시찰사를 은밀이 제수한다. 1906년 다시 충북 황간에서 의병을 일으켜 일제의 시설물 파괴를 목표로 삼고서 문태서(文泰瑞, 1880-1913) 등이 이끌던 덕유산의병과 연합훈련도 했다. 그러나 밀고자들에 의해 체포되어 경성으로 이감되어 옥중에서 단식으로 순국하였다.[21]

노응규의 거의에는 갑오경장에서 을미왜변 즉 명성왕후 시해 및 단발령 등으로 이어지는 일련의 급변하는 일제의 만행에 저항하는 전국민적인 의식이 동조하고 있었다고 할 수 있다. 그리고 무엇보다도 이때에는 천민으로부터 평민 그리고 전직 벼슬아치는 물론이고 지역의 명망 있는 유림들까지 모두 합심하여 거의에 동참했다는 사실이 주목할 만하다. 이 거사에는 당시 유림으로서 대단한 명망을 가지고 있던 노백헌 정재규가 군사로 참여하기도 하였다.

서비 최우순은 경상남도 고성 출신으로 절의를 숭상한 유학자였다. 그는 1905년 을사늑약이 체결되자 매일 비분강개하며 의리를 위해 목숨을 바친 사람들의 일을 듣고는 이들을 곡하고 만사(輓詞)를 지었다. 1910년 국권이 상실되자 분을 참지 못하여 두문불출하였는데, 1911년 일본헌병이 회유하기 위하여 은사금(恩賜金)을 전달하려 하였으나 끝까지 거부하였다. 일본헌병이 밤이 되어도 돌아가지 않고 은사

---

21) 진주시사편찬위원회, 『진주시사』 상, 진주시, 1994, 792-798쪽 참조.

금을 끝까지 거부하면 체포하겠다고 위협하였다. 일본헌병이 잠이 들자 궁궐을 향하여 재배하고 조국의 광복을 기원하며 음독 자결하였다.

회봉 하겸진은 1921년 나라마다 그 국가의 고유한 정신적 특성이 있다는 논리의 『국성론(國性論)』 3편을 저술하여 민족정신을 고취하여 잃어버린 국가의 재생을 도모하고자 했다. 그의 논리에 의하면, 국성이란 역사를 통해 형성된 국민의 성격 즉 국민성론이며 습관을 통해 형성된 일관된 국민의 성향으로 국민정신의 구심적인 요소라고 할 수 있다. 그는 나라 사람들이 국성을 가진다면 '그 나라가 어떻게 공고해지지 않을 수 있으며, 그 백성이 어떻게 이산할 수 있는가?'라고 하며, '국민이 억만이나 마음이 억 만이면 이것은 그 국성을 잃은 것이다.'[22]라고 말하고 있다. 나아가 그는 이러한 국성이 처음 형성되는 경위를 설명하면서 '인간의 본성은 하나뿐인데 어찌하여 숭상하는 바가 달라 각기 국성으로 삼는가?' 라고 자문하고서, 이에 대해 답하기를 '나라가 건국할 때 활동한 영웅들로서 다른 사람의 추앙을 받는 사람들이 추구하는 바가 있을 때 일반 사람들이 그것을 사모하고 습성화함으로써 국성이 형성된다.'고 하였다.

이와 같이 경남은 한국의 근대화와 현대화를 이끈 주역이 많이 배출된 지역이다. 이는 무신사태(정희량의 난) 이후 갑오경장(1894)으로 과거가 폐지될 때까지 문과급제를 통하여 3품 이상의 벼슬에 나아간 인물이 거의 없다는 사실과도 연관된다. 남명학파가 1623년 인조반정으로 역사의 무대에서 소외되고, 다시 100년 뒤에 이를 만회하기 위

---

22) 하겸진, 「국성론」 상, 『회봉집』 하, 권 25, 덕곡서당, 1985

하여 일으킨 무신사태를 겪고 향후 50년간 과거에 응시할 자격을 박탈당함으로써 중앙정계로부터 완전히 배제되었기 때문이다.

이로부터 경남지역의 사족은 양반으로서의 신분유지와 가문의 정통성을 계승하기 위하여 장자 중심의 종법질서를 강화하면서 토지의 겸병을 통한 부의 축적을 도모하는 양상이 나타난다. 이른바 '천석군' '만석군'이 생겨나면서, 벼슬의 권력을 가진 양반이 아니라 거대한 부를 지닌 양반으로 그 지위를 유지하게 되는 경향이 있었다. 그리고 근대화가 시작되면서 그들이 소유했던 부는 시대의 변화에 맞추어 상공업으로 전환되고, 한편으로는 일제로부터의 독립을 위한 자금으로도 활용된다. 경남지역의 양반들은 유교적 전통에 기반을 두면서도 거대한 변화라는 시대적 추세에 맞추어 적응하고 있었다. 일제에 대항해서는 면우 곽종석이 중심이 된 '파리장서사건' 즉 유림독립운동을 2차에 걸쳐 주도하였고, 한편으로는 백산 안희제가 중심이 된 기업운영을 통한 독립자금조달에도 많은 유림들이 뜻을 함께 하였다.

특히 현대화의 과정에서 기업의 경영에도 경남 출신이 두드러진 모습을 나타내었다. 서부경남 출신의 기업 중 대표적인 재벌로는 삼성 금성(현재는 LG와 GS로 분리) 효성 등 3성그룹이 있는데, 이들 창업주는 모두 진주시 지수면 지수보통학교의 동문이다. 의령의 정암진에 있는 정암(鼎巖)의 물 아래 부분이 솥의 세 발처럼 되어 있고, 이로 인하여 사방 30리 안에서 세 재벌이 난다는 이야기가 전하고 있다. 그 외에도 경남지역 출신의 기업들이 오늘날 재계에서 상당한 숫자를 차지하고 있는데 이들의 기업가 정신을 창업주들의 창업 및 경영정신과 더불어 조명하는 일도 중요하다. 그들은 대부분 재지사족으로서 향촌에서 큰 역할을 수행하다가 기업을 일으켜 국가의 근대화와 현대화를 주도하였다고 생각되기 때문이다. 그들의 창업 및 경영정신은 유교적 이념에 바탕한 '선비정신'을 기반으로 하고 있는 것으로 알려지고 있다.

따라서 경남출신 대표적 재벌과 남명학파와의 관계를 조명하는 일도 흥미로운 주제이다. 한국의 대표적 재벌인 삼성의 경우도 남명의 제자로서 『덕천사우연원록』에 그 이름이 등재되어 있는 이종욱(李宗郁, 1553-1623)과 그의 재종인 이종영(李宗榮, 1551-1606) 집안의 후손이다. 효성은 남명의 제자이면서 임진왜란 의병장이자 황석산성 전투에서 순절한 대소헌 조종도의 후손이다. GS그룹의 경우는 허추(1455-1521)가 지수로 이거한 것으로 보이는데, 본인과 부인의 묘갈명을 남명과 가까운 인물들이 지었다. 그의 손자 관란(觀瀾) 허국주(許國柱, 1548-1608)는 임진왜란 당시 의병장으로 이름을 날렸으며 남명의 제자 노파(蘆坡) 이흘(李屹, 1557-1627), 성여신 등과 깊이 교유하였다. 현재 지수에 거주하는 허씨들은 모두 그의 후손들이다. 그의 후손들도 대부분 남명의 제자 및 사숙인과 긴밀한 교유관계에 있어 후손들은 지속적으로 남명학파로서의 중요한 역할을 수행한 것으로 나타난다. 다만, LG그룹은 남명학파 중에서 대북파와 대립적인 관계에 있었던 인물의 후손이기는 하지만 후대에 이르러 GS그룹 집안과 혼인관계를 가지게 되어 그 인연을 오늘날까지 이어오고 있다. 그러면서 기업의 경영정신은 유교적 '종법질서'를 가장 중시하며 '기업의 사회적 책임'을 가장 잘 실현하고 있는 모범으로 평가받고 있다.

백산상회를 통하여 독립운동자금을 조달한 안희제의 집안도 남명 사후 남명학파의 움직임에서 중요한 역할을 한 사실이 확인되고, 그 외

경남출신 기업들의 '남명 선비정신' 내지는 '불의에 저항하는 의리정신'의 실천을 통하여 국가와 사회에 기여한 연원을 가지고 있다. 이 시기의 남명학파 활동양상에 대한 연구는 이제부터 시작단계라고 할 수 있다.

79) 단계(端磎) 김인섭(金麟燮, 1827-1903)

본관은 상산(商山)이다. 자는 성부(聖夫)이며, 호는 단계(端磎)이다. 김인섭은 1827년(순조 27년) 함양군 목동 외가에서 태어났다. 김인섭은 13세가 되던 1839년부터 일기쓰기를 시작하여 1903년 사망할 때까지 매일의 일상을 일기로 남겼다. 이것이 『단계선생일기』이다. 헌종 5년인 1839년부터 고종 40년인 1903년까지 64년 동안 썼던 일기이다. 현재는 53년분만 남아있다. 이 일기는 민란의 동기, 준비 과정, 당시 농민들의 동향, 민란의 봉기 과정 등을 이해하는데 매우 중요한 1차 사료이다. 또한 53년간에 이르는 방대한 기간 동안 작성된 일기로, 조선 말 경상도 지역의 사회, 정치, 경제, 문화 등 주요 사항을 연구하는데 큰 도움이 되고 있다. 21세 때 동강 김우옹의 7세손인 언기(彦耆)의 따님을 부인으로 맞이했다.

단계는 정재 유치명, 성재 허전 등 당대 영남학맥을 이끌었던 대학자들에게서 학문을 익혀 문과에 급제를 하고 사헌부 정언등의 벼슬을 역임한 관료였다. 안동으로 정재를 찾아가 가르침을 받고 인근의 학자들과 두루 교류하면서 학문의 깊이를 더해갔으며, 평생동안 스승으로 모셨다. 1864년 성재 허전이 김해부사로 부임을 해오자 그의 문하에도 들어가 학문에 정진을 하면서 만성(晚醒) 박치복(朴致馥), 방산(舫山) 허훈(許薰), 소눌(小訥) 노상직(盧相稷) 등과 활발한 학문적 교류를 하기도 했다.

단계의 학문적 특징은 집안 대대로 내려오는 남명학파의 학문을 바탕으로 하면서도 정재를 중심으로 하는 영남의 퇴계학풍, 성재를 중심으로 하는 영남 근기남인의 학풍을 두루 섭렵했다고 할 수 있다. 하지만 암울했던 시대를 살아가면서 소용돌이의 중심에 섰던 관계로 '농민항쟁'의 중심인물로 잘 알려져 있는 것이다.

김인섭은 철종 13년, 1862년에 단성 민란을 주도했던 인물이다. 김인섭은 17세에 진사에 합격하고, 20세에 문과에 급제하여 사간원 정언이 되었다. 32세에 벼슬을 버리고 고향으로 돌아왔다. 36세 때인 1862년에 부친이 민중봉기에 연루되어 임자도로 귀향가게 되자 같이 따라갔다. 41세 때에는 백성을 괴롭힌다는 어사의 거짓 상소로 인해 강원도 간성으로 1년간 귀향살이를 했다. 김인섭은 지리산 유람 도중 한유한의 은거지로 알려진 하동군 악양면 평사리 들판 초입의 삽암(鈒巖)에서 휴식을 취하며 한유한을 생각하면서 「게삽암」을 지었다. 삽암은 현재 하동군 악양면 평사리 외둔마을 섬진강 가에 있으며, '꽂힌 바위'라는 뜻으로 지역민들은 '섯바구' 또는 '선바위'라고 부른다. 김인섭은 한유한이 태평한 시절이나 어지러운 세상에서 모두 본받을 만한 훌륭한 행적을 남겼다고 하며, 이를 소부와 허유에 비기고 자신의 세상에서는 이런 사람을 찾아볼 수 없음을 안타까워하고 있다. 「게삽암」을 통하여 삽암과 관련 있는 한유한의 높은 절개를 사모하는 작자의 심정을 表現함으로써 한유한을 기리고, 삽암의 존재를 널리 알리는 데에 일조하였다.

80) 서비(西扉) 최우순(崔宇淳, 1832-1911)

　　본관은 전주이다. 자는 무구(舞九), 호는 서비(西扉)이다. 최우순은 고성군 하일면 학림리 학동마을에서 태어났다. 유학자로서 후학을 양성하는데 심혈을 기울였다. 그는 1910년 8월 일본의 강제에 의해 을사늑약이 체결되자 일본이 있는 동쪽이 싫어 '지금부터 서쪽에서 기거하며 서쪽에서 침식을 하고 서쪽에서 늙어 죽을 것이다'라는 글을 쓰고 서쪽 사립문을 뜻하는 서비로 자호했다. 1911년 3월 일본헌병이 찾아와 전국 유림들을 회유하기 위해 주는 일본왕의 은사금을 받을 것을 강요했다. 그는 대의와 명분에 어긋나는 일이라고 완강하게 거부하자 일본헌병은 밤이 되어도 돈을 받지 않으면 강제로 연행하겠다고 했다. 그는 '날이 밝으면 내 발로 걸어가겠다'며 거짓으로 말하고 그날 자정 조국광복을 염원하며 독약을 마시고 자결 순국했다. 1977년 건국포장, 1990년 애국장이 추서되었다.

81) 노백헌(老栢軒) 정재규(鄭載圭, 1843-1911)

　　본관은 초계이다. 자는 영오(英五), 후윤(厚允)이며, 호는 노백헌(老柏軒), 애산(艾山)이다. 노백헌의 시조는 고려 문종 때 광유후(光儒侯)로 봉해진 정배걸(鄭倍傑)이다. 1843년 묵동에서 정방훈(鄭邦勳)의 아들로 태어났다. 22세 때인 1864년 동향 선배 최유윤(崔惟允)의 권유로 4백 리 먼 길을 걸어 장성으로 노사를 찾아갔다. 이미 67세의 노령인 노사는 노백헌을 처음 보고 재주가 남다른 것을 느꼈다. 자신의 앞에 가까이 앉으라 권하고 "선비의 학문은 나를 위하는 것과 남을 위하는 두 종류가 있다. 어떤 것이 나를 위하고 남을 위하는 것인가를 분별하여 나갈 곳을 정해야 한다"고 하면서 '照顧後面切忌貪前'(공부하는 법은 이미 배운 것을 완숙하게 익히고 절대로 앞으로 배울 것을 탐내지 말라)라는 독서하는 방법 8자를 써주면서 경계하도록 했다. 이때 묵동으로 돌아온 노백헌은 스승의 가르침에 따라 산사에서 소학과 사서등을 읽으면서 뜻을 돈돈하게 해서 처음 읽는 것과 같이 독서를 하고 다시 방문을 하니, 노사는 노백헌을 시험해보고 "다만 내가 늙어 네가 크게 성취하는 것을 보지 못할 것이 한스럽다"라고 하면서 노백헌의 자질을 인정했다. 노백헌은 어릴 때부터 자질이 남달랐다. 조부인 구이헌(懼而軒) 언민(彦民)이 입구(口)자와 귀이(耳)자를 가르치자, 한참 듣고 있다가 "그러면 몸의 각 기관을 나타내는 글자가 다 있을 텐데 그 글자는 모두 어디에 있습니까"라고 했다. 조부가 "책에 있느니라"라고 하자 "그러면 세상의 모든 물건이 모두 글자가 있습니까"라고 했다. 그리고 보는 것마다 묻고 때로는 책을 펴고 묻되 "아무 글자가 어디에 있습니까"라고 하면서 음을 붙이고 의미를 공부해 나갔다. 이런 모습을 본 조부는 매우 가상히 여겨 "이 아이가 이제 겨우 다섯 살인데 추리를 할 줄 아니 장래에 큰 그릇이 될 것"이라고 하면서 8세 전에는 본격적인 공부를 시키지 않았다고 한다. 8세가 되어 본격적인 공부를 시작하자 글의 뜻을 스스로

해독할 줄 알았다. 조부가 "학문은 글을 읽는 데에 그치는 것이 아니라 사람이 되는 법을 배우고자 하는 데 그 뜻이 있다. 소학과 사서가 다 네 스승이 된다"라고 하니 "나에게는 스승이 다섯명이나 있다"고 하면서 소학과 사서 공부에 게을리 하지 않았다. 부친 친구인 지와 정규원은 노백헌의 이런 모습을 곁에서 지켜보고 "뛰어난 문장을 지녔으니 보통 선비로 대접할 수 없다"라며 칭찬을 아끼지 않았다. 노백헌은 노사의 손자인 송사 기우만과 친분이 두터웠다. 송사는 학문이 깊고 덕이 높아 노백헌의 유익한 친구였다. 서로 친밀하여 스승을 모실 때 같이 질문하고 물러나면 서로 토론하고 해서 이로부터 식견이 높아졌다. 25세때 달성 향시에 합격하고 대과에 나아갔다. 이때 정승인 김병시가 노백헌의 숙부와 친분이 있어 한번 보고자 했다. 노백헌이 "정승집에 출입하는 것은 해괴한 일이거늘 하물며 시험 보러 와서 청탁을 어찌 하겠는가"라고 하면서 시험을 보고 난 뒤 한번 보고 고향으로 내려왔는데, 숙부의 명을 어길 수 없었기 때문이었다. 이로부터 나라일이 날로 그릇됨을 보고 다시 과거장에 나아가지 않았다. 1860년 김홍집(金弘集)이 청나라 황준헌(黃遵憲)의 『조선책략(朝鮮策略)』을 조정에 제출하고 개화를 주장하자, 이때 노백헌은 유학의 큰 변란이라고 여겨 도내 유림들을 규합하여 임금에게 상소를 하기를 "국가에서 유교를 높이고 선비를 기르는 것은 장차 도를 밝혀 세상의 아름다운 풍속을 유지하려는 것입니다. 만일 유학이 쇠퇴하고 이단이 발전하여 사람이 금수가 되는 것을 보고 있으면서 돌이킬 것을 생각하지 않는다면 국가에서 선비를 기르는 뜻이 없어지게 됩니다"라고 하면서 김홍집 등이 주장하는 것을 규탄하면서 위정척사의 견해를 드러내었다.

이 당시 고산 임헌회의 제자인 신두선(申斗善)이 삼가 현감으로 부임을 했다. 신두선은 부임 하자마자 노백헌을 방문하고 백성들을 다스리며 선비를 양성하는 방법을 물었다. 노백헌이 이에 대해 자세하게 설명을 해주자 신두선은 "남쪽에 이론과 실천을 겸비한 선비를 보았다"고 하면서 선생으로 초빙해 고을의 자제들을 가르치게 했다. 이때 노백헌은 『격몽요결』과 『대학』, 『가례』 등을 교재로 삼아 고을의 자제들을 가르치면 학칙을 엄하게 하고 직접 몸으로 시범을 보이면서 학문을 독려했다. 노백헌은 남명 선생의 학문을 배워야 한다는 점을 유달리 강조하고 뇌룡정이 폐허로 남아 있는 것을 항상 부끄럽게 여겼다. 현감에게 청하여 다시 중수하고 규약을 정하여 봄 가을로 강회를 열고 석채례를 행하여 남명 학문의 요체인 경의지학(敬義之學)을 강조하니 마을의 유풍이 진작되고 '영남학문'을 말할 때 반드시 삼가를 첫손으로 꼽게 되었다. 1905년 을사조약이 체결되자 노백헌은 통곡을 하며 산으로 들어가 식음을 전폐하다시피 했다. 그리고 "임금이 원수에게 갇혀 계시니 어찌 평소와 같이 먹고 마시고 할 수 있겠는가. 선비가 비록 초야에 파묻혀 있다고 하더라도 500년 동안 나라의 은혜를 입었으니 종사가 위태롭고 임금이 포로가 되었는데 어찌 탄식만 하고 앉아 있을 수 있겠는가"라고 하면서 동지와 제자들에게 격문을 보내 목숨을 걸고 싸울 것을 재촉했다. 그리고 바로 정산(定山)으로 달려가서 면암 최익현과 함께 영호남 유림들에게 포고문을 띄워 노성 궐리사(闕里祠)에 모여 의거를 약속했지만, 외부 방해로 실천하지는 못했다. 고향으로 돌아오는 길에 장성에 들러 스승 노사 묘소에 참배하고 산중에 평생 은거하면서 살 궁리를 했다. 이로부터 5년 후 나라가 망하고,

왜놈들이 소위 '은사금(恩賜金)'이란 돈을 마련해 선비들을 포함한 지역의 유지들에게 주고자 했다. 노백헌도 그 대상이 되었으나 거절하면서 말하기를 "은사라는 말 자체가 가증스럽다. 이것은 나의 항복을 강요하는 것이다. 선비는 죽음을 당할 지언정 모욕은 당할 수 없는 것"이라며 "차라리 내 목을 베어가라"고 하면서 완강히 거부했다. 이듬해 2월 13일 쌍백 묵동의 노백서사에서 세상을 떠나니 향년 68세였다. 장례 때는 동료들과 문인들이 그의 죽음을 애도해 지은 만사가 천여장이 되었다고 한다. 문인 권재규(權載奎)가 지은 노백서사 기문에 보면 "물계(勿溪)의 소덕동(小德洞)에 우뚝솟은 삼칸 집은 우리 사문 정선생이 은거하여 수양하시던 집이다. 이곳은 일찍 노사 기선생이 지나간 적이 있으므로 첨과당(瞻過堂)이라고 한다. 이곳이 모두 노백서사이다, 그것은 선생이 1870년(경오) 생일저녁 꿈에 지은 시를 인용한 것이다. 그 집은 높지만 깊이 숨어 있으며 형세는 깊지만 앞이 열리어 있다. 그리고 지척에 있는 마을은 서로 가로 막히어 보이지 않으며 구름을 문으로 삼고 산을 울로 삼고 있으니 이곳은 참으로 노백헌 선생께서 은거할 만한 곳이라고 할 것이다."라는 구절이 있다. 망한 나라의 선비로서 지조를 지키려고 했던 노백헌의 마음을 엿볼 수 있는 글이다. 노백헌은 '애산(艾山)'이라는 호를 스스로 짓기도 했다. '칠년병(七年病) 삼년애(三年艾)'라는 말에서 취한 뜻으로 '칠년 묵은 병에 삼년 묵은 쑥'을 구한다는 말이다. '노백헌'이라는 호보다 먼저 스스로 지은 호로 '평소에 미리 구해놓지 않으면 급히 구하려고 하면 얻지 못한다'는 뜻이기도 하다. 자신의 학문 지향을 말하는 것이겠지만 한편으로는 젊은 나이에 나라가 위태로운 것을 보고 걱정하는 마음을 드러낸 것이 아닌가도 싶다. 지금은 그를 기억하는 사람이 거의 없다. 노백서사도 오랜 세월 만큼이나 퇴색돼 찾는 이들의 안타까운 마음을 자아내게 한다. 노사 기정진(蘆沙 奇正鎭, 1798- 1879)은 「외필(猥筆)」에서 율곡의 '기자이 비유사지(機自爾, 非有使之)'를 자신의 관점에서 비판적으로 분석하며 기에 대한 리의 주재(主宰)를 강력히 주장하였다. 노백헌 정재규(老柏軒 鄭載圭, 1843-1911)는 스승인 기정진의 이론을 옹호하고 간재 전우(艮齋 田愚, 1841-1922)를 비판하기 위해 「외필변변(猥筆辯辨)」을 저술하였다. 정재규는 전우와 논쟁하는 과정에서 리의 강력한 주재를 강조하면서 기정진이 「외필」에서 주목하지 않았던 '마음'으로 시선을 옮겨 보다 확장된 틀에서 논의를 전개하였다.

82) 면우(俛宇) 곽종석(郭鍾錫, 1846-1919)

본관은 현풍이다. 자는 명원(鳴遠)이며, 호는 면우(俛宇)이다. 곽종석은 1846년 6월 24일 경상도 단성현 사월리 초포마을에서 곽원조(郭源兆)의 막내아들로 태어났다. 그는 네 살 때부터 아버지로부터 글을 배우기 시작했다. 다섯 살 때부터 『십팔사략(十八史略)』을 읽기 시작했으며, 열 살이 되기 전에 『사서(四書)』와 『시경(詩經)』 그리고 『서경(書經)』을 모두 마쳤다. 그는 열두 살 때 부친을 여읜 후 더욱 학문에 전념하여 유교 경전은 물론 도가(道家)와 불가(佛家)의 경전까지 섭렵하였다. 곽종석은 열여덟 살이 될 무렵 성리학에 분명한 뜻을 세웠다. 그것은 이 무렵 아호(雅號)를 회와(晦窩)라고 지은 것에서도 알 수 있다. 성리학을 집대성한 주희(朱熹)의 아호가 회암(晦庵)이므로 주희를 본받는다는 뜻에서 이러한 아호를 지은 것이었다. 그는 스물한 살 때 「회와삼도(晦窩三圖)」을 지었는데 이 글에서는 주희 이외에 회헌(晦軒) 안향(安珦)과 회재(晦齋) 이언적(李彦迪)을 존경하고 추모하는 뜻을 밝히고 있다. 안향은 고려 말 성리학을 받아들인 인물이고 이언적은 영남의 대표적 성리학자이다. 그는 이 무렵 자신이 성리학의 학통을 계승하였음을 자각하고 있었다고 할 수 있다. 곽종석은 아홉 살 무렵부터 과거 응시를 위한 공부를 시작하였다. 그 결과 열아홉 살 때 향시(鄕試, 지역에서 보는 1차 시험)에 합격하였지만, 이듬해 서울에서 치러진 회시(會試, 향시 합격자가 모여서 보는 2차 시험)에서는 낙방하고 말았다. 그 뒤로도 과거 공부를 계속하여 스물일곱 살 때 마지막으로 향시에 응시하였다. 서른이 되던 해 과거를 위한 공부를 완전히 그만두었다. 사실 그때까지 과거에 응시한 것은 자신의 뜻이 아니었다. 모친의 명을 거스를 수 없어서 하는 수 없이 응시한 것이었다. 이 무렵 모친도 그의 뜻을 이해하고 더이상 과거 응시를 요구하지 않았다. 조선시대에는 학식과 덕이 높지만 벼슬을 하지 않고 숨어 지내는 선비를 일컬어 산림(山林)이라고 불렀다. 곽종석은 과거에 응시하는 것을 포기하고 산림으로서의 삶을 선택하였다. 그는 세상을 버리고 학문에만 전념하기 위해서 여러 차례 사는 곳을 옮겼다. 그는 스물두 살 때 단성현을 떠나 삼가현으로 옮겨 역동(嶧洞)이라는 곳에 역고재(繹古齋)라는 서재를 짓고 학문에 전념하였다. 곽종석은 서른여덟 살 때 태백산맥 한 가운데에 위치한 안동부 춘양(현재 경상북도 봉화군 춘양면) 학산촌(일명 筬山)이라는 곳으로 옮겼다. 그는 금강산을 유람하고 돌아오는 길에 이곳을 발견하고 은거할 만한 곳이라고 여겨 가족을 이끌고 이주한 것이다. 그는 움막을 짓고 감자를 심고 도토리를 주어 끼니를 이으며 야인으로 자처하면서 생활하였다. 그는 이로부터 3년 뒤에는 학산촌보다 더 깊은 산속에 위치한 태백산 금대봉 아래로 이사하였다. 곽종석이 은거지로 안동부 춘양을 선택한 것은 이곳이 깊은 산속으로 학문에 전념하기 적합했기 때문이기도 하였지만 이황의 학문을 계승하겠다는 의지의 발로이기도 하였다. 그는 학산촌으로 은거하기 5년 전 안동을 방문하여 도산서원과 이황의 묘소를 참배한 바 있다. 그때부터 자신의 호를 면우(俛宇)라고 하였다. 면우란 처마가 낮아서 머리를 숙여야 하는 작은 집을 일컫는 말이다. 따라서 그는 그 때 이미 이곳에 은거할 뜻을 품었던 것으로 보인다. 곽종석은 스물다섯 살 때 성주로 이진상(李震相)을 찾아가 심학(心學)을 배웠다. 그는 이진상에게 배운 내용을 「지의록(贄疑錄)」으로 정리하였다. 이진상의 아들인 이승희(李承熙)와도 친교를 맺었다. 당시 이진상은 경상도의 대표적인 유학자 가운데 한 사람으로 마음이 곧 이치라고 하는 심즉리설(心卽理說)을 제창해 영남지방에서 큰 파문을 일으킨 바 있다. 곽종석은 이진상이 1886년 별세하자 그의 문집인 『한주집(寒洲集)』의 간행을 주관하였다. 그런데 이진상은 퇴계의 학설의 변경을 시도하였기 때문에 그의 문집이 간행되자 도산서원에서 크게 반발하여 불태우기까지 하였다. 당시 그는 안동에 거주하고 있었기 때문에 매우 난처한 처지가 되었다. 이진상의 제자들이 크게 분개하여 성토하려 하였지만 그는 이를 뜯어말렸다. 그가 1896년 10월 가족을 이끌고 거창으로 이주한 것도 『한주집』을 둘러싼 소동과 전혀 무관하지는 않았을 것이다. 곽종석은 이후에도 퇴계의 학문에 대해

정면으로 반기를 들지는 않았다. 하지만 내면적인 변화가 전혀 없지는 않았다. 그것은 영남지방의 또 다른 스승인 남명(南冥) 조식(曺植)을 기리는 사업을 시작한 것이다. 그는 1899년『남명집(南冥集)』을 교정하였으며, 1912년에는『남명조선생묘지명』을 짓기도 하였다. 19세기 후반 남명학파의 본고장이었던 경상우도에서는 남명에 대한 재발견이 이루어지고 있었다. 그는 남명이 머물던 산천재(山天齋)를 개수(改修)하여 남명학파 재건의 센터로 삼았다. 그는 동학농민전쟁이 일어난 1894년 처음 나라의 부름을 받았다. 경상도에 파견된 위무사(慰撫使, 민심을 수습하기 위해 조정에서 파견한 임시 관리) 이중하(李重夏)가 영남의 여러 선비들을 조정에 추천하였는데 당시 안동에 살고 있던 그도 여기에 포함되었던 것이다. 이중하의 추천에 따라 그는 비안현감에 임명되었다. 하지만 그는 곧바로 사양하고 부임하지 않았다. 조정뿐 아니라 시골 유생들도 그를 찾았다. 1895년에 을미사변이 일어나자 그가 살고 있던 안동 지방의 유생들도 의병을 일으켰다. 유생들은 그를 부장(副將)에 추대하였지만 그는 이것도 사양하고 나가지 않았다. 그가 이렇게 세상에 나가는 것을 마다하였지만 세상은 그를 쉽게 놓아주지 않았다. 고종황제는 1899년에도 조서를 내려 그를 불렀다. 그가 상소를 올려 사양하자 중추원 의관을 제수했지만 이마저도 부임하지 않았다. 고종황제는 1903년에도 예물을 갖추어 보내며 간곡하게 그를 불렀다. 그는 더 이상 사양만 하기가 어려웠다. 그는 부득이 서울로 올라와 황제를 만났다. 하지만 이때에도 관복이 아닌 유건과 도포 차림으로 황제를 만남으로써 세상에 나갈 생각이 없음을 분명히 하였다. 그는 이 자리에서 성리학을 숭상하고, 민심을 결속하며, 군사를 정비하고,

돈 씀씀이를 절약할 것 등 4개 항목을 건의하였다. 황제가 의정부 참찬 벼슬을 내렸지만 그는 이것도 마다하고 귀향길에 올랐다. 이렇게 한사코 세상에 나오는 것을 마다하던 곽종석도 을사늑약 소식에는 가만히 있을 수 없었다. 일본 정부가 이토 히로부미(伊藤博文)를 파견하여 보호조약을 체결하려 한다는 소문을 듣고 스스로 서울로 올라갔다. 하지만 그는 상경하는 도중 옥천에서 을사늑약이 체결되었다는 소식을 듣게 되었다. 그러자 그는 서둘러 을사오적을 참수하고, 보호조약을 거절할 것을 촉구하는 상소를 올려보냈다. 그는 서울에 도착하여 황제를 만나고자 청했지만 이루어지지 않았고, 상소에 대한 답변도 받지 못한 채 결국 빈손으로 귀향하지 않을 수 없었다. 이듬해인 1906년 2월 최익현이 의병을 함께 일으키자는 내용의 편지를 그에게 보내왔다. 하지만 그는 '임금에게 화를 재촉하고 백성들에게 독을 끼치는 일은 감히 할 수 없다'고 하면서 이를 거절하였다. 과거 을미의병 때도 부장에 추대되었지만 동참하지 않은 바 있다. 곽종석은 이렇게 의병운동에 참여하는 것을 거부하였지만 세상일에 아주 무관하게 행동한 것은 아니었다. 과거 을미의병 당시에도 의병에 참여하는 대신 동문인 이승희와 함께 서울로 올라가 왕비를 시해한 일제를 토벌할 것을 요청하는 글을 각국 공사관에 보낸 바 있다. 이번에도 그는 무력보다는 만국공법에 호소할 것을 주장하였다. 곽종석은 1910년 일제의 한국병합 소식을 듣고 비통하여 두문불출하였다. 그는 이름을 도(鋾)로 고치고 자를 연길(淵吉)로 고쳤다. 이것은 도잠(陶潛)의 자인 연명(淵明)과 김이상(金履祥)의 자인 길보(吉父)의 앞글자를 딴 것이었다. 도연명은 귀거래사로 너무나 유명한 사람이지만 김이상도 송 말기의 유학자로 송이 망하자 시골에 숨어 산 사람이었다. 그는 나라가 망하자 문을 닫아 걸은 채 빈객(賓客)을 사절하였지만, 후생(後生)이 배우기를 청할 때는 거절하지 않았다고 한다. 곽종석은 고종이 승하(昇遐)하자 망곡례(望哭禮)를 행하고 상복을 입었다. 이미 연로하였기 때문에 서울에서 열리는 고종의 인산(因山, 국장의 다른 표현)에는 조카인 곽윤(郭奫)과 제자인 김황(金榥)을 대신 보냈다. 그는 1919년 3월 1일 발표된 기미독립선언서에 유림 대표가 한 사람도 참여하지 않은 것에 큰 충격을 받았다. 그는 유림이 늦게라도 파리강화회의에 독립청원서를 보내야 한다고 판단하였다. 파리강화회의에 보내는 독립청원서는 모두 2,674자에 달하는 긴 글이었기 때문에 '파리장서(巴里長書)'라고 부르기도 한다. 그의 제자인 김황이 초안을 작성하였고 그가 약간의 수정을 가하여 완성하였다. 김창숙(金昌淑)은 이 장서를 가지고 상해로 건너가 영문으로 번역하여 파리에 가 있는 김규식(金奎植)에게 발송하는 한편 국내의 모든 향교에도 우송하였다. 이 사건으로 말미암아 수많은 유생들이 옥고를 치러야만 하였다. 곽종석도 당시 거주하고 있던 거창의 헌병대에 체포되었다. 재판 결과 징역 2년이 언도(言渡)되었고, 곽종석은 항소를 포기하였다. 그는 병보석으로 석방되었지만, 1919년 8월 24일 고문의 후유증으로 세상을 떠났다. 사실상 옥사(獄死)와 마찬가지였다. 그는 문집인 『면우집(俛宇集)』을 남겼다.

83) 약헌(約軒) 하용제(河龍濟, 1854-1919)

　　본관은 진양(晉陽)이다. 자는 은거(殷巨)이고, 호는 약헌(約軒)이다. 조선 말기 무신,유학자,항일운동가이다. 출신지는 경상남도 산청군(山淸郡) 단성면(丹城面)이다. 증조부는 하시명(河始明)이고, 조부는 하한조(河漢祖)이다. 부친 하겸락(河兼洛)과 모친 유병두(柳炳斗)의 딸 문화유씨(文化柳氏) 사이에서 태어났다. 부인은 이종하(李鍾夏)의 딸 여주이씨(驪州李氏)이다. 17세 때 부친의 명으로 면우(俛宇) 곽종석(郭鍾錫)의 문하에서 사서(四書) 및 좌씨전(左氏傳) 등을 배우며 학문에 정진하였다. 1872년(고종 9)에 무과에 급제하였다. 1884년(고종 21) 의정부공사관(議政府公事官)에 임명된 다음부터 1892년(고종 29)까지 훈련원주부판관첨정(訓鍊院主簿判官僉正),선전관총어영초관(宣傳官總禦營哨官),의정부공사관(議政府公事官),대흥군수(大興郡守),삼척진영장(三陟鎭營將),격포진첨사(格浦鎭僉使) 등을 역임하였다. 1905년(광무 9) 을사조약이 체결되자 '미망인(未亡人)'으로 자처하며, 생을 마칠 때까지 세상에 나아가지 않을 계책을 세웠다. 1919년 파리 만국평화회의에 조선의 유림들이 조선의 독립을 호소하는 탄원서를 보내 천하의 대의(大義)를 보일 것을 결의할 때 동참하였다. 이 사건으로 진주감옥에 갇혔으나 자신의 뜻을 조금도 굽히지 않고 항의하였다. 향년이 66세의 나이로 세상을 떠났다. 슬하에 2남 1녀를 두었는데, 아들은 하홍규(河弘逵),하상규(河祥逵)이다. 저서로 『약헌문집(約軒文集)』이 있다. 산청 덕천서원의 경의당 현판을 쓴 인물이다.

84) 신암(愼菴) 노응규(盧應奎, 1861-1907)

본관은 광산(光山)이다. 자는 성오(聖五) 또는 경오(景五)이고, 호는 신암(愼菴)이다. 1861년 3월 15일 경상남도 함양군(咸陽郡) 안의면(安義面) 당본리(堂本里)에서 한사(寒士) 노이선(盧以善)의 차남으로 출생하였다. 합천군(陜川郡) 초계(草溪)에서 세거(世居)하다가 선대(先代)에 안의로 이주하였다. 기호유림의 권위자인 허전(許傳)의 문하에서 배웠다. 30세 전후 최익현(崔益鉉)을 만나 존화양이(尊華攘夷) 사상을 바탕으로 한 실천적 학문을 익혔다. 1894년 6월 최익현의 편지를 받고 의병 봉기의 필요성을 인식하였다. 송시열(宋時烈)의 9세손인 송병선(宋秉璿) 문하에도 출입하며 의병항쟁의 사상적 기반을 다져나갔다. 1896년 2월에 서재기(徐再起)를 비롯하여 정도현(鄭道玄), 박준필(朴準弼), 최두원(崔斗元), 최두연(崔斗淵), 임경희(林景熙), 성경호(成慶昊) 등과 고향 안의에서 의병부대를 편성하고 의병장이 되었다. 그 해 2월 20일 진주(晉州)를 점령하고 부산(釜山)을 공격하기 위해 김해(金海)까지 진출하면서, 경남 서남부지역을 무대로 의병항쟁을 전개하였다. 1896년 4월 12일 구포(龜浦)에서 파견되어 김해로 접근하는 일본군 정찰병 1개 분대를 격퇴하였으나 다음날 일본군이 증파되자 창원(昌原) 방면으로 퇴각하였다. 4월 24일 서울에서 내려온 경군 500명과 대구진위대 지방군 200명 등 700명의 공격을 받고, 소수 병력만 이끌고 진주를 빠져 나갔다. 이 무렵 안의에서는 부친과 형 노응교(盧應交)가 서리들에게 살해당하고, 가산이 몰수되었다. 이에 정모(鄭某)로 성명을 바꾸고 광주(光州)의 일족 노종룡(盧鍾龍)을 찾아가 기우만(奇宇萬) 등을 만나 재기를 도모하며 순창(淳昌)의 이석표(李錫杓) 집에서 반 년가량 머물렀다. 1897년 학부대신 신기선(申箕善)의 도움으로 부형의 장례를 치를 수 있도록 요청하였고, 그해 말에는 고종에게 「지부자현소(持斧自見疏)」를 올려 특사(特賜)를 받았다. 1898년 부형을 살해한 안의 관아의 서리들을 단죄하고, 1899년 고향에 돌아와 형의 장사를 지냈다. 1902년 규장각 주사에 임명되었고, 1905년까지 경상남도 사검(査檢) 겸 독쇄관(督刷官), 중추원의관(中樞院議官), 동궁시종관(東宮侍從官) 등을 역임하였다. 1905년 을사늑약이 체결되자 관직을 그만두고 노승용(盧昇容)과 족손(族孫) 노종룡을 찾아가 재기를 모색하였으나 성사되지 못하였다. 1906년 6월 4일 최익현이 태인(泰仁)의 무성서원(武城書院)에서 일으킨 의병부대에 합류하였으나 패산(敗散)하여, 노승용의 향리인 창녕(昌寧) 이방면(梨房面) 용배동(龍背洞)으로 피신하였다. 이후 1906년 가을 충북 황간(黃澗)에서 의병을 일으켜, 매곡면(梅谷面) 일대를 사병훈련소 삼아 인근의 문태수(文泰洙), 이장춘(李長春) 의병부대와 합동훈련을 실시하고, 경부철도 파괴, 열차 전복 등의 활동을 전개하였다. 1907년 1월 21일 서은구(徐殷九), 엄해윤(嚴海潤), 노승용, 김보운(金寶雲), 오자홍(吳自弘) 등과 황간분파소 순검들에게 붙잡혔다. 한성경무소 감옥에서 옥중 투쟁을 벌이다가 그 해 2월 16일(음력 1월 4일) 사망하였다. 대한민국 정부는 1977년 건국훈장 독립장을 추서하였다.

85) 진암(眞庵) 이병헌(李炳憲, 1870-1940)

본관은 합천이다. 호는 진암(眞庵), 백운산인(白雲山人)이다. 이병헌은 1870년(고종 7년) 12월 18일 함양군 병곡면 송평리에서 태어났다. 남명 선생의 벗인 청향당 이원의 13세손이다. 10세조 이전(李銓)이 단성에서 함양으로 이주하여 함양에 터를 잡았다. 구한말의 혁신유학자로 1910년 일본의 조선 침탈로 나라가 기울어지자 국권회복의 길은 오로지 교육에 있음을 강조하였으며 민족의식을 고양하는데 힘썼다. 유교개혁론을 주창한 학자로서 한국의 유학사, 사상사에 큰 발자취를 남겼다. 유교복원론을 비롯하여, 특히 산청에 배산서당을 건립하여 공교운동(孔敎運動)을 벌인 것은 특별한 의미를 지니는 것으로 평가된다.

1910년 일제에 의해 나라가 망하자 우리 전통 사상이라고 할 수 있는 '유교' 역시 명맥을 유지하기가 힘들었다. 당시 뜻있는 선비들은 유교의 명맥을 유지하고자 나름대로 노력했지만 역부족이었다. 유교 부흥을 위해 체계적으로 앞장선 인물이 바로 진암 이병헌이며, 진암의 유교 부흥 근거지가 바로 산청 배양마을 배산서당이다. 배산서당의 창건 주역 진암(眞菴) 이병헌(李炳憲)은 유학의 현대적 개혁론을 주장한 한말 '공교운동(孔敎運動)'의 지도자로 널리 알려진 유학자로 당시 지역 유림들로부터는 '이단(異端)'이라고 거센 비판을 받기도 했던 독특한 인물이다.

진암은 전통 유학을 가학으로 이어오는 집안에서 태어나 젊은 시절에는 사서삼경과 제자백가를 두루 섭렵하는 등 일반 선비로서의 길을 걷고자 했다. 그래서 20세 때까지 고향에서 과거 공부를 하는 등 입신 양명에 뜻을 두었으며, 21세 이후로 새로운 지식을 얻고자 서울을 자주 왕래했다. 25세 때 당시 안동 춘양의 학산(鶴山)에 은거하고 있던 면우 곽종석을 몇몇 벗들과 찾아갔지만, 만나지 못하고 돌아왔다. 진암이 면우를 찾아간 것은 그의 처신에 대한 자문을 구하고자 해서 였는데, 이때는 뜻을 이루지 못하고 다시 2년 뒤인 1896년 '한주집' 교정을 위해 거창 원천리에 머물고 있던 면우를 찾아가 제자의 예를 갖추고 학문에 정진하고자 했다. 이때 진암의 나이 27세였다. 진암은 면우 문하에 들어간 것을 계기로 '한주학파'의 학자들과 교유하면서 성리학에 대한 깊이를 더할 수 있었다. 34세 때인 1903년 서울에 올라가 시국의 변화에 접하면서, 강유위(康有爲)의 변법(變法)과 세계 정세에 관한 서적을 읽고 새로운 문명에 눈을 뜨게 된다. 당시 서울로 올라온 진암은 남산에서 전차가 다니는 것을 눈으로 목격하고 시대의 변화를 실감하면서 대응할 방법을 고민하다가 마침내 서양문물에 관심을 가지게 되었으며, 이때 청나라에서 일어난 무술정변(戊戌政變)과 강유위의 변법사상을 접하게 된 것이다. 진암은 강유위의 사상에 경도되면서 공자교에 관심을 가지게 되었으며, 이때부터 이를 체계화하는데 일생을 바치게 된다. 이로부터 진암은 공자교에 관심을 가지는 한편, 고향에서는 애국 계몽운동에 앞장서게 된다. 41세 때 경술국치를 당하자 고향인 함양 송평리에서 학교를 설립해 본격적인 계몽운동에 앞장선다. 당시 우리민족의 시급한 과제는 교육에 있다고 판단해 송호서당에 의숙(義塾)을 세워 마을의 아동들을 모아놓고 교육에 전념한 것이다. 하지만 일본 수비대가 강제로 의숙에 들어와 구타를 하고 삭발을 하는 등 방해가 끊이지 않았다. 진암은 고향에서 계몽활동이 여의치 않자 곧 서울로 올라가 박은식을 만나 지방 교육의 어려움을 토로하고 만주로 건너갈 계획을 세웠다. 마침내 진암은 45세 때 1914년 중국으로 건너가 북경에서 공교회(孔敎會)를 참관하고 홍콩에서 강유위를 처음 만났다. 진암을 처음 만난 강유위는 잃어버린 나라를 구하기 위해서는 유교의 종교화를 통해 민족의 정신을 하나로 묶는일이 시급하다는 것을 강조했다. 진암은 강유위의 권유에 따라 유교의 사상적 재정립을 목표로하는 '유교 복원론'의 제시와 함께 한편으로는 종교화를 지향하는 공교운동을 전개하게 되는 것이다. 진암이 강유위의 권유에 따라 실질적인 공교운동을 전개한 것은, 54세 때인 1923년 단성 배양에 배산서당에 공자상을 봉안하면서 부터였다고 할 수 있다. 당시 진암은 유교복원을 위하여 배산서당에 문묘와 도동사, 강당을 짓고 중국 곡부의 연성공부(衍聖公府)와 협의하여 그곳에서 공자의 진영을 모셔와 문묘에 봉안하였고, 도동사에는 청향당 이원, 퇴계 이황, 남명 조식, 죽각 이광우를 배양했다. 진암의 이러한 노력들은 당시 유림들로부터 거센 비판을 받게 된다. 1923년 9월 19일 중국에서 가져온 공자상을 봉안하던 날. 당시 도내 유림들은 주자(朱子)가 빠진 문묘를 건립한 것과 자신의 선조인 청향당과 죽각을 도동사에 배향한 것 등을 이유로 성토를 당하기도 했다. 진암은 공자교 사상의 경학적 기초를 정비하는 데도 진력했다. 유교사상과 자주적인 민족사를 결합시켜 '역사교리착종담(歷史敎理錯綜談)'과 '오족당봉유교론(吾族當奉儒敎論)' 등을 저술한 것을 비롯해 '유교복원론 (儒敎復原論)'을 지어 공자교 사상의 체계화에 힘을 기울였던 것이다. '역사교리착종담'에

서는 백두산을 중심으로 일어난 동방 문화가 7000년이나 되어 중국
의 유교문화도 여기서 나왔다고 하는 등 우리의 자주적인 역사의식을
고취시켰다. '유교복원론'에서는 오직 공자만을 유교의 교주로 받들
어야 한다면서 우리나라 유교를 비판하기도 했다. 진암은 이후 전통
보수 유림들과 논쟁을 계속하였으며, 우리나라 근대 유학 사상이라고
할 수 있는 송학(宋學)은 중국에 아첨하고 외국을 배척하는 등 일대 혁
신을 해야만 유교의 원상을 회복할 수 있다고 주장했다. 1940년 진암
은 71세의 노구로 병고에 시달리고 있었다. 장남인 재교(在敎)에게 "다
른 종교는 모두 미신적 신비종교이고 유교만이 비미신적 종교이니 사
람들과 교제할 때는 반드시 이를 전파하라"라는 유언을 남기고 숨을
거두었다. 강당 현판은 중국의 유명한 학자 강유위(康有爲)의 친필이
다. 기문 역시 강유위가 지었고, 배산서당이 낙성될 때 김구, 이시영,
조완구가 쓴 축사와 박은식의 연기설(緣起說)이 걸려있다. 아마 우리나
라 서원 서당 중 이처럼 독립 투사의 글이 많이 걸려 있는 곳도 드물
것이다. 진암은 산청군 단성면 배양마을에 배산서당(培山書堂)을 지어
최초의 민립문묘(民立文廟)를 세웠다. 중국 곡부(曲阜)의 공교회로부터
승인을 받은 한국공교회지부를 설치하고 공교운동의 본산으로 삼고
자 하였다. 진암의 공교운동은 당시 조선사회의 보수적인 유림들로부
터 거센 항의에 부닥쳐 실패하고 말았다. 진암은 국가적 권위로부터
독립된 유교의 종교적 교단을 수립하고 조직화 하기를 추구하였던 유
교 개혁사상가로서 한국 유교사에 독특한 흔적을 남기고 있는 인물이
라고 할 수 있다.

86) 회봉(晦峰) 하겸진(河謙鎭, 1870-1946)

　본관은 진양이다. 자는 숙형(叔亨). 호는 회봉(晦峰) 또는 외재(畏齋)이다. 송정(松亭) 하수일(河受一)의 후손으로, 아버지는 하재익(河載翼)이며, 어머니는 김해김씨이다. 1870년(고종 7) 진주에서 출생하여 13세에 사서오경을 익혔고, 24세부터는 성리학을 논하기 시작했다. 27세 때 곽종석(郭鍾錫)을 찾아가 제자가 되었다. 이후 평생을 학문과 저술에 힘쓰다 1946년 별세하였다. 학문의 경지를 넓히기 위한 교유와 순례를 중시하여 17세에 당대의 명유 허유(許愈)를 만났고, 27세에 곽종석을 직접 찾아가 제자가 되었다. 29세 때에는 이승희(李承熙), 송준필(宋浚弼) 등과 교유하였으며, 경상도 안동, 성주, 선산 등지의 선현 유허지를 순례하였다. 후에 중국 순례에 나섰으나 목적을 이루지 못하고 만주에서 되돌아왔다. 일제침략기를 살면서 나라와 민족의 얼을 일깨우는 저술에 관심을 기울여 우리나라 선현들의 학문과 연원을 체계 있게 정리한 『동유학안(東儒學案)』을 짓고, 『해동명장열전(海東名將列傳)』을 저술하였다. 만년에는 『동시화(東詩話)』를 엮었는데, 정인보(鄭寅普)는 그 서문에서 "동국에서 일찍이 볼 수 없었던 진기한 시화"라고 극찬하고 있다. 『주어절요(朱語節要)』10권, 『도문작해(陶文酌海)』6권, 『명사강목(明史綱目)』18권, 『동유학안』30권, 『해동명장열전』을 지었으며, 만년에 『동시화』를 엮었다. 1957년부터 경상남도 진주시 수곡면의 덕곡서당(德谷書堂)에서 매년 제향하고 있다.

〈참고문헌〉

1. 참고문헌

『조선왕조실록』, 『三國史記』

이익, 『星湖僿說』

안정복, 『순암집』

하겸진, 『회봉집』, 덕곡서당, 1985

김경수, 『북송초기의 삼교회통론』, 예문서원, 2013

김경수, 『유학의 본질 남명학의 본질』, 글로벌콘텐츠, 2014

김경수 엮음, 『덕천서원지』 『용암서원지』 『신산서원지』, 글로벌콘텐츠, 2017

김경수·사재명, 『남명선생 문인자료집』, 남명학연구원출판부, 2001

오이환, 『남명학파연구』 상 하, 남명학연구원출판부,

오이환, 『남명학의 새 연구』 상 하, 한국학술정보㈜, 2012

진주시사편찬위원회, 『진주시사』 상, 진주시, 1994

최영성, 『한국유학통사』 상 중 하, 심산, 2006

김경수, 「남명의 실천성리학과 예학」, 『유학의 본질 남명학의 본질』, 글로벌콘텐츠, 2014

김경수, 「남명의 인물평을 통해 본 출처관의 기저」, 『유학의 본질 남
　　명학의 본질』, 글로벌콘텐츠, 2014
김경수, 「남명의 과거응시 그리고 남명과 『주역』」, 『동양문화연구』
　　제30집, 동양문화연구원, 2019.

2. 인물정보 인용 인터넷 자료

남명학연구원(http://www.nammyung.org)
독립기념관 한국독립운동사연구소(https://search.i815.or.kr)
디지털향토문화전자대전(https://www.grandculture.net)
우리역사넷(http://contents.history.go.kr)
조선왕조실록(https://sillok.history.go.kr)
한국사데이터베이스(https://db.history.go.kr)
한국민족문화대백과사전(https://encykorea.aks.ac.kr)
한국역대인물종합정보시스템(http://people.aks.ac.kr)